U0090056

民國歷史與文化研究

九 編

第 **5** 冊

生命踐行與人生之思
——梁漱溟的「大人」之路

黃 造 煌 著

花木蘭文化事業有限公司

國家圖書館出版品預行編目資料

生命踐行與人生之思──梁漱溟的「大人」之路／黃造煌 著
— 初版 — 新北市：花木蘭文化事業有限公司，2019〔民 108〕
目 2+200 面：19×26 公分
（民國歷史與文化研究 九編；第 5 冊）
ISBN 978-986-485-672-5（精裝）
1. 梁漱溟 2. 學術思想
628.08　　　　　　　　　　　　　　　　　108001120

ISBN-978-986-485-672-5

民國歷史與文化研究
九 編　第 五 冊　　　ISBN：978-986-485-672-5

生命踐行與人生之思
──梁漱溟的「大人」之路

作　　者　黃造煌
總 編 輯　杜潔祥
副總編輯　楊嘉樂
編　　輯　許郁翎、王 筑　美術編輯　陳逸婷
出　　版　花木蘭文化事業有限公司
發 行 人　高小娟
聯絡地址　235 新北市中和區中安街七二號十三樓
　　　　　電話：02-2923-1455／傳真：02-2923-1452
網　　址　http://www.huamulan.tw 信箱 hml 810518@gmail.com
印　　刷　普羅文化出版廣告事業
初　　版　2019 年 3 月
全書字數　189098 字
定　　價　九編 9 冊（精裝）台幣 17,000 元

版權所有・請勿翻印

生命踐行與人生之思
——梁漱溟的「大人」之路

黃造煌 著

作者簡介

黃造煌，1971 年生，湖北省黃梅縣人，2010 年 12 月畢業於湖北大學，獲歷史學博士學位，現任教於湖北師範大學。自 2004 年進入武漢大學哲學學院攻讀哲學碩士學位以來，著者一直遊走在中西思想之間，對於西方思想尤其關注近代的康德和現代的海德格爾，對於中國思想則特別傾心於儒家，而以原始儒家和現代新儒家研究爲志業，偶有所得如《荀子「君道」論的現代心理學意蘊》、《梁漱溟的社會整合思想——溝通新儒學和鄉村建設》，分別刊於《天府新論》、《哲學動態》。受梁漱溟「理性」論的提示，著者今後將主要致力於生命哲學的思考，以及從「情」入手闡揚儒家倫理。

提　　要

梁漱溟的作爲涵括其生命踐行與人生之思的生命之路，是一條邏輯和歷史相統一的，有其開端、轉進和歸宿的生命之路。

在其生命之路的開端，梁漱溟的生命踐行顯現爲從胸懷天下而積極用世到歸心佛家而出離世間的轉換，所以如此，一則源於其對人生實相的體悟；一則源於其社會理想的破滅。其立於佛家的《究元決疑論》則集中表達了他在經歷這種轉換之後的人生之思。這種人生之思簡而言之就是：宇宙的本體是無，人生唯是苦，由此人生的大道就是出世間，而以出世間爲終極的方便法門則是隨順世間。

梁漱溟生命之路開端的基本意蘊可表述爲：第一，自任天下的高遠志趣。這表現爲，他用世是爲了濟世，出世也是爲了救世，行是爲天下而行，思亦爲天下而思。第二，兼攝儒佛的精神根柢。其自小受世宦之家薰陶而早就具有的儒家精神，並沒有因爲他歸心佛家而遭放棄。這表現爲，他雖一心歸向佛家，但仍關心中國問題，而且在其思想上，儒家作爲順世間法成爲通往作爲生命終極的出世間法的佛家的一個環節。

在其生命之路的轉進階段，梁漱溟的生命踐行發生了從出世到用世的再度變奏，即由佛家回歸儒家，並謀求濟世。具體說就是，民國間苦難的社會現實、新文化運動的刺激、其父梁濟以死驚世的衛道之舉以及東方文化救世思潮的彌漫等促使其對生活產生新的感悟而最終回歸儒家；之後他按照自己的新儒家理想辦教育，從事鄉村建設，並積極奔走國事。此時梁漱溟的人生之思體現爲現代儒家的新民之道，即重光孔家之學。具體而言就是，要人沿著孔子指引的方向行走在人生大道上，成爲理性之人，而爲此設計的制度就是通過補充改造古代鄉約而成的鄉村組織即村學和鄉學。

於是，梁漱溟生命之路轉進的基本意蘊就是：第一，其現實生活的主導原則發生了由佛家到儒家的轉換；但佛家並未遭到放棄，相反得到了保留，並作爲終極信仰而成爲其入世濟世的力量源泉。第二，其救世之道也由出世間法的佛家轉爲順世間法的儒家，而由於儒家是通往佛家的一個環節，因而其以儒家之道濟世可說是爲最終實現以佛家之道救世的一種切實努力。

在其生命之路的歸宿階段，梁漱溟生命踐行的主旋律由積極建功濟世（立功）一轉而爲沉思社會人生（立言），這最早發生於一九四二年梁漱溟對自己人生使命的重新體悟，而一九四九年後更是如此。一九四九年後梁漱溟的生命踐行主要體現在兩個方面：一是理解急劇變革的現實社會；一是在其作爲個體無法掌控的境遇中進行心靈的修證。他此一時期的人生之思集中表述於《人心與人生》中，其基本架構就是，按其理想要必歸合乎事實的原則，先從人生（人類生活）言說人心，復從人心談論人生（人生問題）。

於是，梁漱溟生命之路的歸宿的基本意蘊就是：第一，儒佛在其生命踐行上實現了高度的融合，這表現爲，他憑藉佛家的悲願和智慧，以及儒家的道德自覺和擔當意識，驅動自身成己而成物。第二，他廣泛吸取當代包括自然、社會、人文等在內的各種科學成果，將實證和思辨相結合，用作爲生命的「心」在縱向上將自然與人，在橫向上將西、中、印等三種人生溝通起來，並指明未來的人生路向，從而建構起了一個圓融的人學思想體系。而這一體系就其自身的稟性而言，可以說達到了它所可能達到的高度。

　　梁漱溟的生命之路也可以說就是矢志尋求並踐行合理人生的道路。在此一道路上，他出入儒佛並最終兼攝儒佛，縱觀西、中、印並最終融合西、中、印，且行且思，且思且行，思行合一，不斷地領悟著並踐行著人生的大道，從而成爲得道者即「大人」。而其作爲「大人」所展示的生命境界，就是且仁且智且勇。

　　作爲如此的「大人」，他以其生命踐行與人生之思，界定了生命的本性即向上無對，劃定了人與其欲望和人與技術的關係的邊界，即人是欲望和技術的主體，從而在實際上回應了現代虛無主義、現代享樂主義和現代技術主義，也從而守護了生命。

　　於是，梁漱溟的生命之路就是守護生命的「大人」之路。

目

次

引　論

一、本文題解

　　本文以「生命踐行與人生之思——梁漱溟的『大人』之路」為題，意在通過對梁漱溟的生命踐行與人生之思的歷史考察，來追尋其生命之路，並證實其本性即「大人」之路。由此需要解釋：何謂人生之思，何謂生命踐行，又何謂「大人」之路。

　　所謂人生，即「人的生命存在、發展和社會化的完整過程。它是伴隨著人的生理存在、變化及消亡過程而同步進行的，人在社會中生存、生活、成長和成熟的過程，同時也是人認識自己、實現自己本質的過程。這就是說，人生就是做人的過程。」〔註1〕於是，人生之思就指人對於做人之道的思考。

　　所謂踐行，即實踐，也就是人將某種理念落實到自己的生命活動之中；而生命之作為人的生命，是一個包括肉體和心靈在內的整體。於是，生命踐行無非就是強調人以其肉體和心靈全面參與的方式踐行某種理念，也就是說踐行此一理念成為了其整個生命活動的根本規定。

　　所謂「大」，《說文解字》解釋道，「天大，地大，人亦大，故大象人形。」〔註2〕這是說人即為大。然而，人何以能與天、地同為大？《中庸》講道，「唯天下至誠，為能盡其性；能盡其性，則能盡人之性；能盡人之性，則能盡物之性；能盡物之性，則可以贊天地之化育；可以贊天地之化育，則可以與天地參矣。」〔註3〕在這裡，性即貫通天、人的大道。因之，人能與天、地同為

〔註1〕陳志尚：《人學原理》，463，北京：北京出版社，2005。
〔註2〕許慎：《說文解字》，213，北京：中華書局，1963。
〔註3〕《中庸》第二十二章。

大在於人能領悟並踐行此大道。由此，我們可以一般地講，「大人」就是超越人自身的局限而領悟並踐行大道，甚至與大道同體的人，即得道者。而「路」即事物生成的道路。於是，「大人」之路就是得道者生成的道路。梁漱溟的「大人」之路就是其作爲得道者的生成之路，而這也就是其不斷奮進的生命之路。

這樣，本文問題就具體化爲：梁漱溟是如何思考做人之道的；梁漱溟是如何踐行其理想之道的；梁漱溟的生命之路是怎樣的，又何以是得道者的生成之路。

那麼，本文爲何要採取這樣的研究進路？這就需要回顧梁漱溟研究史。

二、梁漱溟研究前史

自一九二一年發表《東西文化及其哲學》以來，梁漱溟其人及其思想就長期是學界或政界關注的焦點之一。大致說來，學界或政界對梁漱溟其人及其思想進行較大規模的學術研究或政治批判經歷了三個歷史階段：第一階段，從一九二一年至一九四九年中華人民共和國成立前，主要是學術探討；第二階段，從一九四九年中華人民共和國成立至一九七八年大陸改革開放前後，主要是政治批判；第三階段，從二十世紀八十年代中後期文化討論熱興起至今，主要是學術探討。就著述形式看，有兩大類，一大類是專門針對梁漱溟的研究著作、論文；一大類是散見在林林種種的思想史教材和專題性著作、論文中有關梁漱溟的部分。再就切入點來看，論者主要已從以下方面對梁漱溟及其思想開展過政治批判或學術研究：文化學、新儒學、鄉村建設、政治及法律、人生哲學、倫理學、佛學、教育學等；另外，有些研究者還從思想的承續的角度，探討了梁漱溟的思想與宋明理學、佛學、馬克思主義、西方哲學的淵源關係。

從較長的歷史時段來看，我們今天實際上還處在近代以來的社會轉型階段，因而梁漱溟當初基於中華民族的歷史境遇而提出的中國文化的前途問題、人生道路的抉擇問題、中華民族的出路問題等仍是我們繞不過去的重要問題，以此，當二十世紀七八十年代我們敞開國門迎接八面來風之際，梁漱溟半個多世紀以前提出的問題再度引起人們熱烈的討論，而梁漱溟的相關思考自然也引起人們持續的關注和研究。這樣，一九四九年以前圍繞梁漱溟的思想而展開的討論就其基本論域而言在二十世紀七八十年代後的相關討論中基本得到了重現並得到了深化。另外，一九四九年至一九七八年間的對於梁

漱溟其人及其思想的政治批判沒有實質性的學術價值。故此，本文只對二十
世紀八十年代以來關於梁漱溟其人及其思想的重要研究成果進行梳理。

（一）梁漱溟的思想淵源和歸屬

　　梁漱溟的思想淵源十分複雜。其早期哲學思想的基礎最主要的有三個，
即唯識學、宋明心學、柏格森哲學。其中，唯識學是梁漱溟在借用西方經驗
主義一系的理論和某些心理學理論的基礎上重新加以解釋了的，其感覺主義
特徵使他得以順利接受心學和柏格森哲學的某些內容。而其對宋明心學的接
受則是從王艮得其門而入的，並且受到了唯識學和柏格森哲學的極大影響。〔註
4〕至於柏格森哲學，梁漱溟在其思想發展的不同階段，對它的理解和接納有
所不同：在寫作《究元決疑論》時期他將柏格森哲學和佛家哲學作了比較，
並以之說明世間的變化；在寫作《東西文化及其哲學》時則將柏格森哲學作
為評價世界文化發展趨勢的根據之一；一九二零年以後他開始吸收柏格森哲
學的創化論學說，並加以改造，構成《人心與人生》一書的基本思想。〔註5〕

　　除此之外，以變化和中庸調合為特徵的《易經》哲學也是梁漱溟建立其
中國哲學之形而上學的理論來源。〔註6〕

　　而在梁漱溟晚年，馬克思主義也成為了其思想來源之一。有人認為，一
九四九年後梁漱溟對於馬克思主義或吸收、或利用、或者儒化。〔註7〕甚至其
晚期的著作《人心與人生》就是其融匯新儒學與馬克思主義哲學的一次嘗試。
〔註8〕

　　正由於梁漱溟思想淵源複雜，既出入儒佛又兼融中西，且其思想的發展
歷經大半個世紀，穩中有變，因而其思想歸屬也變得撲朔迷離，以致人們很
難絕對地將其歸入某個既定的思想陣營，這尤其體現在學者們圍繞梁漱溟是
儒家還是佛家爭訟不已。大多數學者基於梁漱溟一生思想和實踐的主導傾
向，都將其歸入現代新儒家的行列，並且公認其為現代新儒學的開啟者，然
而又不否認其思想帶有十分濃厚的佛學色彩。〔註9〕正如有的學者所指出的，

〔註4〕王宗昱：《梁漱溟》，133～138，臺北：東大圖書股份有限公司，1992。
〔註5〕王宗昱：《梁漱溟與柏格森哲學》，載於《社會科學家》1989年第03、04期。
〔註6〕曹躍明：《梁漱溟思想研究》，100～104，天津：天津人民出版社，1995。
〔註7〕鄭大華：《梁漱溟與馬克思主義》，載於《湖南大學學報》2006年9月。
〔註8〕祝薇：《現代新儒學與馬克思主義哲學的一個交匯點——從《人心與人生》看
　　　　梁漱溟晚年思想的變化》，《學術探索》2004年第5期。
〔註9〕鄭大華：《梁漱溟傳》，147～164，北京：人民出版社，2001。

梁漱溟的儒家積極入世的人生是以佛家出世的態度和境界作爲背景與力量源泉的，在一定程度上可以將佛家作爲其思想與實踐的終極指向來看待。〔註 10〕正因爲如此，王宗昱認爲梁漱溟屬於現代新佛家並非空穴來風，其理由是梁漱溟在晚年回答訪問時一再聲明持佛家精神並過佛家的生活是自己終生的心願。〔註 11〕不過，或許梁漱溟本人的說法更接近事情的眞相。他在接受艾愷的訪問時說，「說我是儒家比說我是佛教徒還合適，因爲讓大家瞭解起見比較合適。」「我自認爲是佛教徒，不過就社會上多數人，一般人來說，不如像你說的是一個儒家之徒好。」〔註 12〕也就是說，在梁漱溟自己看來他是亦儒亦佛——就個人的終極信仰看他歸屬佛家，就其在社會上的實際作爲及影響看他歸屬儒家。而且從大乘佛教要救世而儒家要濟世，因而二者具有共通性來講，梁漱溟亦儒亦佛毫不足怪。

（二）梁漱溟的文化思想

如前述，在一般人看來梁漱溟屬於現代新儒家，作爲如此，可以說現代新儒學的文化哲學本質在梁漱溟這裡凸顯得最爲清晰，〔註 13〕並且，在事實上梁漱溟作爲現代新儒家也正發端於縱論中、西、印文化的《東西文化及其哲學》，因而歷來對於梁漱溟的研究都不能繞開其文化思想。這些研究主要涉及梁漱溟的文化哲學（或文化元理論）和具體的東西文化觀等兩個層面。

梁漱溟的文化哲學的特出之處首先體現爲其「存在體驗」式的文化哲學研究方式，即，他是以人生的主觀態度與傾向來整體把握對象的方式來理解西方、中國與印度的文化的。〔註 14〕

然而正是這樣的研究方式，一方面使其文化哲學閃耀著不可磨滅的理論光輝，另一方面也造成了巨大的理論困境。就前者而言，它把人心作爲文化的根本，其深刻之處就在於揭示了文化的價值源頭；〔註 15〕它凸顯了文化發

〔註 10〕 郭齊勇、龔建平：《梁漱溟哲學思想》，243～246，武漢：湖北人民出版社，1996。

〔註 11〕 王宗昱：《是儒家，還是佛家——訪梁漱溟先生》，載於《中國文化與中國哲學》第 1 輯，北京：東方出版社，1986。

〔註 12〕 〔美〕艾愷採訪，梁漱溟口述，一耽學堂整理：《這個世界會好嗎——梁漱溟晚年口述》，337，北京：東方出版中心，2006。

〔註 13〕 何曉明：《現代新儒家早期代表論略》，載於《天津社會科學》1990 年第 5 期。

〔註 14〕 郭齊勇、龔建平：《梁漱溟哲學思想》，91，武漢：湖北人民出版社，1996。

〔註 15〕 柴文華、蔡惠芳：《文化的形而上建構》，載於《齊齊哈爾師範學院學報》1994 年第 4 期。

展中的特殊性、民族性問題，打破了文化研究中的西方中心主義，給中西文化比較提供了一個新的座標。〔註 16〕就後者而言，鄭大華指出：梁漱溟以意欲作爲人類文化的終極依據顯然有違於人類生活的實踐本質；以意欲的趨向將人類文化劃分爲西、中、印等三個類型則失之籠統、武斷；而其文化路向說本身既是一歷時性過程又是一共時性結構，因而存在著不可克服的文化進化論與文化相對論的邏輯矛盾。〔註 17〕

當然，對梁漱溟而言，建構一種獨特的文化哲學非其本意，爲中國文化把脈並尋求出路才是其眞心所在，因而其文化思想的重點就落在具體的東西文化觀上。

研究者們對梁漱溟關於東西文化的具體闡釋、比較的路徑和模式進行了分析。如曹躍明認爲，在其早年著作《東西文化及其哲學》中梁漱溟是從哲學的路徑來闡釋和比較東西文化的；但此後梁漱溟轉向從社會歷史的路徑來闡釋和比較中西文化，這反映在其中期的著作《中國文化要義》中；而這種轉變是梁漱溟自二十年代後期由書齋中的文化學者成爲一個現實中的社會實踐活動家的結果。〔註 18〕

郭齊勇認爲，梁漱溟進行中西文化比較的基本模式是：西方文化：身的文化—人對物（自然）的關係—人心之妙用（用）—理智—有對—向外—人類第一期文化；中國文化：心的文化—人與人（社會）的關係—人心之美德（體）—理性—無對—向內—人類第二期文化。〔註 19〕

梁漱溟闡釋、比較東西文化旨在作文化揀擇以爲中國文化謀求出路，因而其中實已滲透著其特定的文化取向，故貞定其文化取向的性質並對其東西文化觀作出相應的評價就成爲梁漱溟文化思想研究中的又一要點。

奠定梁漱溟文化取向的《東西文化及其哲學》寫作於新文化運動時期，因此新文化運動常常成爲衡量梁漱溟文化取向的參照，但梁漱溟的特立獨行使其與新文化運動的思想關係變得複雜難辨，由此學界對其文化取向歧見紛出。有人強調梁漱溟與新文化運動的差異性，認爲梁漱溟是新文化運動的批評者，儘管他並不全盤否定和反對新文化運動，其文化取向是保守主義的。〔註 20〕

〔註 16〕　鄭大華：《梁漱溟傳》，75～82，北京：人民出版社，2001。
〔註 17〕　鄭大華：《梁漱溟傳》，75～82，北京：人民出版社，2001。
〔註 18〕　曹躍明：《梁漱溟思想研究》，233～319，天津：天津人民出版社，1995。
〔註 19〕　郭齊勇、龔建平：《梁漱溟哲學思想》，125～126，武漢：湖北人民出版社，1996。
〔註 20〕　鄭大華：《梁漱溟傳》，144～147，北京：人民出版社，2001。

與此不同，另有一些人比如馮友蘭強調梁漱溟與新文化運動的趨同性而認為，梁漱溟對於新文化運動，第一是贊成，第二是參加活動，因而是新文化運動內部的「一幟」，但屬於其右翼。〔註21〕正由於此，王宗昱指出，梁漱溟至少在其早期即新文化運動時期不屬於悲觀的保守主義者，甚至還算一個樂觀的革命家，儘管在後來其文化觀趨向保守主義。〔註22〕而陳來則進一步通過多方分析指出，梁漱溟的早期文化觀可說是多元主義的。〔註23〕當然，也有學者強調梁漱溟與新文化運動事實上是有分有合的，因而對其文化取向應當辯證地看。如喬清舉認為：梁漱溟的文化觀是多元與一元的矛盾統一；多元論提供保留傳統價值的前提，一元論則是學習西方文化的理論基礎；最終達到的是一個「中體西用」的結論。〔註24〕馬勇則認為，梁漱溟對中國傳統文化的闡釋實際是綜合了中西文化之長而對傳統文化作出的重新整合，是以中國社會存在為本位的人類文化互補論。〔註25〕而郭齊勇等則乾脆稱梁漱溟的「保守主義」為「反傳統的保守主義」。〔註26〕

至於對梁漱溟東西文化觀的評價則兼涉歷史和現實。歷史地看，鄭大華認為，作為保守主義者的梁漱溟和梁啓超等一道對於五四之後的文化保守主義的興起起了推波助瀾的作用；〔註27〕景海峰指出：梁漱溟的東西文化觀，是繼「中體西用」模式後，中國人回應與容受西方文化之挑戰所創造的最為圓融和形而上色彩最為濃厚的文化體系之一。〔註28〕

現實地看，柴文華等人認為：梁漱溟在中國現實文化的選擇和建構上堅持文化的世界性和民族性雙向互動的原則，為我們今天的文化建構留下了深刻的啟示。〔註29〕胡偉希認為，梁漱溟的「人生三路向」說留給後人的啟示是：在終極意義上，西、中、印三大文化只能彼此對話、溝通和互補，而永

〔註21〕 馮友蘭：《中國現代哲學史》，80～82，廣州：廣東人民出版社，1999。

〔註22〕 王宗昱：《梁漱溟》，105，臺北：東大圖書股份有限公司，1992。

〔註23〕 陳來：《現代中國哲學的追尋──新理學與新心學》，3～40，北京：人民出版社，2001。

〔註24〕 喬清舉：《梁漱溟文化思想通論》，載於《孔子研究》1995 年第 1 期。

〔註25〕 馬勇：《梁漱溟評傳》，80，合肥：安徽人民出版社，1992。

〔註26〕 郭齊勇、龔建平：《梁漱溟哲學思想》，306～307，武漢：湖北人民出版社，1996。

〔註27〕 鄭大華：《梁漱溟與五四時期的文化保守主義》，《求索》1987 年第 4 期

〔註28〕 景海峰：《梁漱溟對西方文化的理解與容受》，《深圳大學學報》1994 年 11 月。

〔註29〕 柴文華、蔡惠芳：《文化的形而上建構──梁漱溟和賀麟的文化哲學》，《齊齊哈爾師範學院學報》1994 年第 4 期。

遠不會消失其個性；對於中國與世界文化的未來說，與其說去尋求和建立一種統一的文化模式，毋寧說應該鼓勵文化的多元發展和互補。〔註30〕

（三）梁漱溟的新儒學思想

至少在梁漱溟看來，中國文化的核心是以孔子爲代表的儒家，因此，當他研究東西文化並指明中國乃至人類當下的出路就在於中國文化的復興時，他就自然而然對中國傳統的儒家之學作出了自己的闡釋和發揮，從而建構起他的新儒學。由是就有以下重要問題：梁漱溟是如何建構起其新儒學的，其特色何在，有何意義。

郭齊勇等人的《梁漱溟哲學思想》和王宗昱的《梁漱溟》都對梁漱溟新儒學的建構專門作了精詳的勾勒，並各有特色。

郭齊勇等指出，梁漱溟儒學觀的發展經歷了兩個基本階段：第一個階段是《東西文化及其哲學》出版前後，此時梁漱溟以泰州自然主義理解儒家思想。第二個階段是在二十世紀三十年代後，此時梁漱溟通過宋明儒學來領悟孔孟儒學，並形成了自己儒家生命哲學的大致框架。這種建構歷程表現在核心概念的轉換上就是由生命直覺（本能的道德），到道德理性（反乎本能的道德），到宇宙生命（爲道德奠定根基的宇宙本體）的層級遞進。

可以看出，郭齊勇等是以道德的凸顯爲主線來勾勒梁漱溟新儒學的建構歷程的。然而在梁漱溟這裡，生命與心同義，由是也可以說道德的根據在於人的自由自覺的主宰之心。因此，道德的凸顯實即心的朗現。這樣，以心的凸顯爲主線來勾勒梁漱溟新儒學的建構歷程就應在情理之中。

王宗昱正是如此。而且與其他學者以《東西文化及其哲學》作爲梁漱溟新儒學建構的開端不同，他認爲，只是從講授「孔家思想史」起，梁漱溟方開始其新儒學的建構，這表現爲梁氏變原先從儒家形而上學原則入手爲從生活事實也即人的心理或生理入手來研究儒學，對傳統儒學中的一些概念給予了重新的界定，在吸收佛學和柏格森的生命創化論的基礎上對儒學的人性論進行了新的說明。

基於此，王宗昱認爲，梁漱溟的新儒學建構可分爲兩個大的階段，即仁學和心學。在仁學階段梁漱溟主要是借助西學的概念對孔子的思想進行了重構，其核心就是作爲本體的仁。到了心學階段前期，人心上升爲本體，在此

〔註30〕　胡偉希：《梁漱溟的「人生三路向」說與中西印文化的互補》，載於《孔子研究》1994年第1期。

梁漱溟揭示出人心的主體性內涵是自由自覺。然而問題仍然存在，這就是作為如此的人心何以呈現。於是梁漱溟的新儒學建構進入心學階段的後期。在此，梁漱溟通過對身心關係的討論，指出了修養的必要——修養的過程就是人心顯現的過程，也就是近道的過程。修養工夫所要達到的境界和心學歷來所倡言的一樣，即「天地萬物一體之仁」。

作為如此建構的梁漱溟的新儒學，其特色何在呢？陳來指出，梁漱溟的儒學是一注重心理學詮釋的現代儒家哲學，心理學的進路是梁漱溟發展現代儒家思想的基本方向。〔註31〕黃玉順指出，在現代新儒家的諸家之中，唯有梁漱溟的新孔學是以「生活」為基本觀念的，並且它是出於對儒家所固有的生活觀念的領悟，正是這使它成為當代儒學「生活論轉向」的先聲。〔註32〕

至於對梁漱溟新儒學思想的評價主要著眼於其對儒學的繼承和發展。馮友蘭指出，梁漱溟的哲學思想是「接著」，而不是「照著」陸王講的，他把陸王派沒有講清楚的講清楚了，因而比以前的陸王派進了一步。〔註33〕鄭大華則認為它分別從批判科學主義、認同陸王心學的進路、「援西學入儒」的範式以及「同情的理解」中國歷史文化的方法等方面開啟了現代新儒學。〔註34〕不僅如此，韓強還認為，梁漱溟用理性為體、理智為用改造了傳統儒學的心性論，使之提高到現代哲學認識論的水平，並且用唯識無境和真善美的價值作為聯接理智與直覺的環節，從而為現代新儒學的進一步發展提供了理論上的新方法。〔註35〕顏炳罡也強調：梁漱溟以敏銳的直覺釋仁，力圖超越理智主義的限定而體悟天理流行之生活本真，以剛的生活態度釋仁，旨在探求中西文化最深層處的契合點，以實現民主精神與科學精神同儒家最深層的對接，使孔子生命與智慧重新活轉於現代，這在當代新儒學發展史上具有範式意義。〔註36〕

〔註31〕 陳來：《現代中國哲學的追尋——新理學與新心學》，249，北京：人民出版社，2001。

〔註32〕 黃玉順：《當代儒學「生活論轉向」的先聲》，載於《河北大學學報》2008年第4期。

〔註33〕 馮友蘭：《中國現代哲學史》，84，廣州：廣東人民出版社，1999。

〔註34〕 鄭大華：《民國思想家論》，3～112，北京：中華書局，2006。

〔註35〕 韓強：《現代新儒學心性理論評述》，39，瀋陽：遼寧大學出版社，1992。

〔註36〕 顏炳罡：《仁·直覺·生活態度——梁漱溟對孔子哲學的創造性詮釋》，載於《東嶽論叢》2004年9月。

（四）梁漱溟的鄉村建設思想及實踐

作爲一個典型的儒家人物，面對迫切的人生與社會問題，梁漱溟不滿足於思想，更要讓思想見之於實踐。因此，一當通過殫精竭慮的思考，明確了中國乃至世界的發展方向就其根柢而言就是中國的儒家文化後，他就走出書齋，投身社會改造的洪流，將自己的思想付諸實踐，以期爲中國也爲世界開出一條眞正的光明大道。這樣，就有了他的立足一隅卻圖謀遠大的鄉村建設的思想與實踐。

對於梁漱溟的鄉村建設的思想與實踐，學者們一般是在如實勾畫其基本思路的基礎上，指陳其洞見、誤區、失敗的原因，並從總體上評估其性質和意義。

首先，就梁漱溟在鄉村建設上表現出的對於中國問題的把握，大多數學者有如下共識：梁漱溟把鄉村的問題不是作爲個別的枝節問題，而是作爲中國一個整個問題來看待，並主張從中國社會本身去尋找中國問題解決的方案，這都是極有見地的；其誤區就在於，在尋求解決方案時過分誇大了中國社會的特殊性，否認了人類社會發展的普遍性。〔註37〕

其次，學者們主要從鄉村社會組織建設和經濟建設問題對梁漱溟的鄉村建設方案進行了評論。

就鄉村社會組織建設問題，馬勇指出：梁漱溟肯定農民在社會發展中的作用並認爲組織農民團結農民才是解決中國問題的唯一正確途徑，的確高明；另外他還號召知識分子深入農村，身體力行與農民結合，發動和組織農民，這也屬高遠之見；然而失誤也很明顯，這在於他不瞭解鄉村中的階級關係，而把鄉村視爲抽象的整體，只見其外部矛盾而不見其內部矛盾，因而實際上無法眞正把廣大鄉村居民組織在一起而形成一種團體力量，〔註38〕即出現梁漱溟所謂的「號稱鄉村運動而鄉村不動」的尷尬局面。高旺則揭示了這種尷尬局面的體制性根源，即梁漱溟所建構的鄉農學校處於民主主義與權威主義、現代性與傳統性的雙重困境中，而這注定了其中不可能有眞正的民主，而只有鄉村士紳的家長式統治，從而在實際上鞏固了地主階級統治的根基。〔註39〕

〔註37〕 馬勇：《梁漱溟評傳》，155～168，合肥：安徽人民出版社，1992。

〔註38〕 馬勇：《梁漱溟評傳》，184～186，合肥：安徽人民出版社，1992。

〔註39〕 高旺：《鄉農學校模式：梁漱溟的政治體制構想及其實驗》，《河北學刊》1997年第5期。

郭齊勇等人則從更本源的人性角度指出了問題所在。這就是，梁漱溟對於人的認識的片面——至少輕忽了身這一重要層面，導致其標舉培養健全的具有理性精神的人格，而這遠遠超離於農村社會的現實實際，因而無法喚醒農民的自覺，組織當然也就無法推動。最好的反面例子就是，專事政治軍事活動，強調階級鬥爭又以土地分配農民的共產黨偏偏能喚起中國農民的獻身精神。〔註40〕

關於經濟建設問題，梁漱溟曾強調中國經濟一定要築基於兩點之上：以農兼工（即由農業引發工業）和由散而合（即合作化）。對於前者，高力克指出，梁漱溟主張從農業引發工業的路線，有其深刻合理之處，但因不能解決農民的土地問題，又脫離國家工業化背景，實際上行不通。〔註41〕對於後者，楊菲蓉認為，梁漱溟合作理論及其運動的最重要特點是高揚理性，也取得了一些實際成就，其性質是一場以梁漱溟為代表的知識分子所倡導的、以中農貧農為主體的、以合作方式漸次達於共營共享共有之社會資本及經濟制度的和平建設運動。〔註42〕

再次，學者們對梁漱溟鄉村建設運動失敗的原因進行了分析。前述梁漱溟的誤區都可說是其鄉村建設運動失敗的重要原因，但朱漢國指出，其首要原因在於梁漱溟沒有認識到解決帝國主義和軍閥問題是解決中國一切問題的前提。〔註43〕當然，一般認為，鄉村建設的失敗也有其直接的原因，諸如日本人的入侵、韓復榘及其部下消極抗日並蓄意利用鄉農學校等。〔註44〕然而這都不是根本原因。

又次，關於梁漱溟鄉村建設的性質八十年代以來大致有這麼幾種觀點：封建主義論，比如夏利認為，梁漱溟的鄉村建設具有濃厚的封建色彩，是反映和維護封建地主階級利益的；〔註45〕民粹主義論，比如李澤厚認為，梁漱溟的鄉村建設具有某種民粹主義的性質和色彩；〔註46〕改良主義論，比如馬

〔註40〕 郭齊勇、龔建平：《梁漱溟哲學思想》，169～174，武漢：湖北人民出版社，1996。
〔註41〕 高力克：《歷史與價值的張力——中國現代化思想史論》，212～215，貴陽：貴州人民出版社，1992。
〔註42〕 楊菲蓉：《梁漱溟的合作理論與鄧平的合作運動》，重慶：重慶出版社，2001。
〔註43〕 朱漢國：《梁漱溟鄉村建設研究》，201～205，太原：山西教育出版社，1996。
〔註44〕 景海峰、黎業明：《梁漱溟評傳》，142，北京：人民出版社，1999。
〔註45〕 夏利：《梁漱溟政治研究》，107，長春：吉林人民出版社，2005。
〔註46〕 李澤厚：《中國現代思想史論》，287，天津：天津社會科學院出版社，2003。

勇認為，梁漱溟的鄉村建設就性質而言屬改良主義。〔註47〕但對梁漱溟這樣一個複雜的思想家，以上三種定論其實都難以範圍其全部，但相對而言改良主義論更妥帖。

最後，關於梁漱溟鄉村建設的意義問題。從其在歷史上的實際成效來講，曹躍明指出，由於相對保守的政治立場，梁漱溟的鄉村建設運動對當時的政治秩序起了一種輔助與維繫的作用，對當時的政治法律秩序具有一種補充的效果。〔註48〕馬勇也基於同樣的理由而認為，梁漱溟的鄉村建設事業一定程度上成了現政權的點綴。〔註49〕總之，它雖然也取得過一些具體成就，但並沒有真正解決它要解決的農民和農村問題。儘管如此，梁漱溟鄉村建設的理論與實踐對於今天依然頗有借鑒意義。善峰指出，梁漱溟的工作的意義體現在：他發現了中國作為鄉村社會的真實；發現了解決中國問題的力量在基層；注重民族傳統的重建有其方法論上的意義等。〔註50〕

與以上一般的研究路數不同，顧紅亮從生活世界的視域透視梁漱溟的鄉村建設。他指出：梁漱溟的「鄉村」可看作是一個包括禮俗世界、政治世界、生命世界等在內的生活世界；其鄉村建設理論可說是中國特色的「儒家生活世界」理論，它表述了一種基於對儒家傳統和西方現代性觀念雙重反思的現代性觀念。〔註51〕可以說，由此顧紅亮實際上達到了對於梁漱溟轉入儒家後的思想的整體穿透。

（五）其他問題

梁漱溟不是一個書齋中的某種學問的專門家，而是一個以問題為中心的思想家和實踐家。他不僅有基於自己的生命體驗而作的關於人生問題的思考，更有基於自己的觀察而作的關於社會問題的思考，並且在他這裡人生問題和社會問題是緊密相關的。他不僅思考人生，更且身體力行；他不僅思考社會，更要改造社會。這就使得他的思想呈現出立體性和多面性。因而，歷來相關的研究的切入點也多種多樣，除了上述幾個主要方面外，其他還有諸如政治學、法學、人生哲學、倫理學、佛教、教育學等等，不一而足。

〔註47〕　馬勇：《梁漱溟評傳》，210，合肥：安徽人民出版社，1992。
〔註48〕　曹躍明：《梁漱溟思想研究》，357，天津：天津人民出版社，1995。
〔註49〕　馬勇：《梁漱溟評傳》，210，合肥：安徽人民出版社，1992。
〔註50〕　善峰：《梁漱溟社會改造構想研究》，354～355，濟南：山東大學出版社，1996。
〔註51〕　顧紅亮：《儒家生活世界》，上海：上海人民出版社，2008。

關於梁漱溟的法律和政治思想，許章潤的解讀最具典型意義，這在於他抓住了梁漱溟相關思想中至今仍有生命力的基本理念，即「立法」源於已成的「活法」。要而言之，梁漱溟揭櫫出法律作爲一種表達生活方式的規則、制度和意義三位一體的社會——文化設置的意義，在此基礎上揭示了中西方法律文明的特質和成因以及近代中國移植西方法律的困境，並指出了在中國重建以法制爲基礎的新的治道與治式的可能途徑。其途徑大概說來有三：第一，立足於中國固有的精神培養民眾的新習慣、新能力，而不是簡單地移植西方的法律；第二，政治與經濟應天然合一；第三，政教天然要合一。〔註52〕與之相應，建立在法律之上的憲政，也不能是對於西方憲政的簡單的移植，而是要從中國社會構造的改變、建設著手，從培養民眾新習慣、新禮俗開始，從儒家思想與西方民主精神的融通處，把西方民主精神、民主制度迎接進來，從而建立起基於固有文化的自我更新而逐漸引申、發揮、步步演進而來的中國憲政。〔註53〕

關於梁漱溟的人生哲學思想，郭齊勇等在《梁漱溟哲學思想》中有精彩的梳理。大致說來，梁漱溟的人生哲學可分爲三個階段：從梁漱溟十四五歲開始學會有自己的思想到二十九歲由佛家轉入儒家之前爲第一個階段，這一時期梁漱溟的思想幾經周折而確立起佛家人生觀，其代表作是《究元決疑論》，其要義是「出世間義」和「隨順世間義」，它爲梁漱溟人生與哲學的發展畫出了基本的軌跡；轉入儒家起至二十世紀二十年代後期從事鄉村建設運動之前爲第二階段，這一時期梁漱溟將儒家思想與生命派哲學作一初步的結合，奉行的是泰州自然主義的人生觀，有關思想集中體現在《東西文化及其哲學》和關於「合理的人生」問題的幾次演講中，簡而言之就是「無目的地向上奮進」；從鄉村建設運動以後至晚年爲第三階段，這一時期，梁漱溟立定儒家生命哲學立場，但思想上有一個從「一個人的圓滿」到「宇宙生命的無對」的發展，相關思想主要體現在《朝話》、《鄉村建設理論》、《中國文化要義》和《人心與人生》等著作中，一言以蔽之就是，奮鬥，以實現人作爲類生命的可能性。〔註54〕

〔註52〕 許章潤：《說法 活法 立法——關於法律之爲一種人世生活方式及其意義》，108～111，北京：清華大學出版社，2004。

〔註53〕 許章潤：《說法 活法 立法——關於法律之爲一種人世生活方式及其意義》，149，北京：清華大學出版社，2004。

〔註54〕 郭齊勇、龔建平：《梁漱溟哲學思想》，221～243，武漢：湖北人民出版社，1996。

　　梁漱溟倫理思想的核心是「以對方爲重」。陳來指出，這一倫理觀，具有
與突出主體意識不同，也與「交互主體性」觀念不同的意義，是一種以「他
者」優先爲特徵的倫理；它不僅突出了對他者的承認，也強調了對他者的情
誼、義務和尊重，並且這種尊重不是交換意義上的，而是「不計自己」「犧牲
自己」「彷彿沒有自己」地「以對方爲重」；它與後現代思想提出的「他者」
概念在關注的焦點上遙相呼應，確有重要的意義。〔註55〕

　　佛教思想也是梁漱溟思想的一個重要維度。對此，程恭讓認爲，梁漱溟
的佛教思想既是對西方文化刺激作出的反應，也是對佛教本眞傳統的一種回
歸，既是他個人人生終極關懷的寄託，又是文化大轉變時代中國文化戰略的
理性表露；〔註56〕梁漱溟對於近世佛化的批評，表明了他對佛教思想超絕價
值的獨異理解與領會，可以看作是中國佛教復興思潮的別一路向，並對太虛
「人生佛教」思想觀念的成熟具有重要的啓示意義。〔註57〕

　　如前所述，梁漱溟是一個爲著解決人生和社會的實際問題而思考的思想
家，因而一旦自覺有所得他就要將之付諸實踐，由此，教育就是一個重要而
必不可少的環節。以此，郭齊勇認爲，「從一定意義上看，梁漱溟畢生所從事
的活動都可視爲教育活動，梁漱溟因此也就是一位教育家」。大體說來，梁漱
溟的教育思想有兩個發展階段：在二十世紀二十年代初，基於其自然主義人
生觀，梁漱溟將中西方的教育作了區分，認爲西方的教育是知識的傳授，中
國傳統的教育是情志的培養，二者各有得失，但情志的教育是根本，爲此而
開展教育以根本解決中國問題的具體途徑就是像宋明人那樣再創講學之風；
到了二十世紀二十年代後期至三十年代，隨著其儒家生命哲學的建構以及鄉
村建設實踐的展開，梁漱溟的教育思想又有了新的發展，這就是，理性是人
類的類生命，但落實到個體生命的實踐中，它一方面是潛在的可能，另一方
面要依靠人的精神自覺，爲了啓迪人的自覺以開發理性就必須開展教育，爲
此要建立完整合理的教育系統，作爲這樣的教育系統，它是學校教育與社會
教育的統一，進行的是終身式的教育，生活化的教育。〔註58〕由於梁漱溟教

〔註55〕陳來：《「以對方爲重」：梁漱溟的儒家倫理觀》，《浙江學刊》2005年第1期。
〔註56〕程恭讓：《梁漱溟的佛學思想述評》，《孔子研究》1998年第2期。
〔註57〕程恭讓：《從太虛與梁漱溟的一場爭辯看人生佛教的理論難題》，《哲學研究》
　　　　2002年第5期。
〔註58〕郭齊勇、龔建平：《梁漱溟哲學思想》，246～253，武漢：湖北人民出版社，
　　　　1996。

育思想的這些特質，顧紅亮有一個判斷：梁漱溟對教育觀念的思考走的是一條生命教養的道路，若將其置於現當代中國思想史的語境中加以觀察，它預示著超越「啓蒙與救亡」範式的可能性，雖然還不能說梁漱溟已經完成了這種超越。〔註 59〕

三、本文的研究路徑

綜觀上述已有的研究成果，可以看出，人們對於梁漱溟思想的研究的總趨勢是日趨深入精細，這當然有可能使我們對梁漱溟的思想有更加準確細膩的理解。但凡事都有兩面性，即是說隨著研究的日趨精細深入，問題也隨之而來，這就是人們很容易陷入只見樹木不見森林的窘境，並且由於不見「森林」而導致對於「樹木」的誤解，因爲局部只有在整體中才能得到準確的理解。

那麼，如何既見樹木又見森林呢？這就需要抓住根本，而在梁漱溟思想中最根本的問題不是別的，是人生的問題，即如有的學者所指出的，梁漱溟思想的各個層面上的理論都可以在其人生思想中找到最後的根據，〔註 60〕或如有的學者所說，梁漱溟實際是以文化問題切入中國問題，而又以人的問題切入文化的問題，最後立足於人。〔註 61〕並且由於此，人生問題成爲梁漱溟一生的關心所在，如他所說，「我少年時，在感受中國問題刺激稍後，又曾於人生問題深有感觸，反覆窮究，不能自己。」〔註 62〕事實上，梁漱溟在其一生中固然時而趨重於中國問題，時而趨重於人生問題，但總在這兩個問題上沉思，即便有時其思考的重心落在中國問題上，但這也是以對於人生問題的思考作爲根本和前提的，因爲如他所說，「人生問題較之當前中國問題遠爲廣泛、根本、深澈。」〔註 63〕其一生的著述也可以印證這一點：梁漱溟第一部著作《究元決疑論》談的是人生問題；其成名作《東西文化及其哲學》談的也是人生問題；繼其後的《鄉村建設理論》雖不是直接談人生問題，但其中心卻是如何安頓中國人的人生，立足當前，卻意在未來；《中國文化要義》是對《鄉村建設理論》中關於老中國特徵的放大，因而其旨歸根本上仍同於《鄉

〔註 59〕 顧紅亮：《梁漱溟的教育觀念及其意義》，《南京社會科學》2010 年第 1 期。
〔註 60〕 武東生：《現代新儒家人生哲學研究》，61，瀋陽：遼寧大學出版社，1994。
〔註 61〕 郭齊勇、龔建平：《梁漱溟哲學思想》，309，武漢：湖北人民出版社 1996。
〔註 62〕 梁漱溟：《梁漱溟全集》（三），5，濟南：山東人民出版社，2005。
〔註 63〕 梁漱溟：《梁漱溟全集》（三），5，濟南：山東人民出版社，2005。

村建設理論》；其最後一部著作《人心與人生》談的依然是人生問題，並且是其關於人生問題的收官之作。以此，本文將梁漱溟的人生之思作爲考察重點之一。

　　但是，就梁漱溟而言，我們要很好地理解其關於人生問題的思考，又不能只就其人生思想而論其人生思想，還要充分關注和理解其生命踐行。這在於，梁漱溟不是一個學院型思想家，而是一個實踐型思想家，其思想主要不是源於書本，而是源於其生命踐行，並最終又落實到其生命踐行上，由此其人生思想和其生命踐行是渾然一體，密不可分的。如他所講，「我不是『爲學問而學問』的。我是感受中國問題之刺激，切志中國問題之解決，從而根追到其歷史，其文化，不能不用番心，尋個明白。什麼『社會發展史』，什麼『文化哲學』，我當初都未曾設想到這些。從一面說，其動機太接近實用（這正是中國人的短處），不足爲產生學問的根源。但從另一面說，它卻不是書本上的知識，不是學究式的研究；而是從活問題和活材料，朝夕瘝瘝以求之一點心得。其中有整個生命在，並非偏於頭腦一面之活動；其中有整整四十年生活體驗在，並不是一些空名詞假概念。」〔註 64〕「就以人生問題之煩悶不解，令我不知不覺走向哲學，出入乎東西百家。然一旦於人生道理若有所會，則亦不復多求。假如視哲學爲人人應該懂得一點的學問，則我正是這樣懂得一點而已。這是與專門治哲學的人不同處。又當其沉潛於人生問題，反覆乎出世與入世，其所致力者，蓋不徒在見聞思辨之見；見聞思辨而外，大有事在。這又是與一般哲學家不同處。異同得失，且置勿論。卒之，對人生問題我有了我的見解思想，更有了我今日的爲人行事。同樣地，以中國問題幾十年來之急切不得解決，使我不能不有所行動，並耽玩於政治、經濟、歷史、社會文化諸學。然一旦於中國前途出路若有所見，則亦不復以學問爲事。究竟什麼算學問，什麼不算學問，且置勿論。卒之，對中國問題我有了我的見解思想，更有了今日我的主張和行動。」〔註 65〕總之，要理解梁漱溟的思想必須理解其生命踐行，要理解其人生思想更要理解其生命踐行，反之亦然。而這正是許多梁漱溟思想研究者未給予充分關注的，並由此導致對於梁漱溟思想發展歷程中的某些關節解釋不清，比如對梁漱溟在二十世紀二十年代末期思想由原先相對激進轉趨相對保守，一般研究者多以「戲劇性的變化」稱之，

〔註64〕　梁漱溟：《梁漱溟全集》（三），4，濟南：山東人民出版社，2005。
〔註65〕　梁漱溟：《梁漱溟全集》（三），5～6，濟南：山東人民出版社，2005。

具體原因不得而知。以此，本文將梁漱溟的生命踐行與其人生思想聯繫起來加以考察。

那麼，本文是不是要對梁漱溟的生平和思想進行全景式的敘論呢？非也。本文是要把梁漱溟的生平和思想作爲一個生命的整體而清晰地刻畫其生成的道路，是要以其思想中的根本問題即人生問題爲主線來揭示其開端、中間和結尾，並把握它們之間的邊界和轉換，由此揭示出其生命的本性——「大人」。

爲此，本文將分爲五個部分展開論述，現簡要分述如下：

引論部分交代本文題旨、梁漱溟研究前史、本文的研究路徑和基本結構。

第一章敘論梁漱溟生命之路開端時期的生命踐行和人生之思，指明作爲其生命之路的開端的基質。

第二章敘論梁漱溟生命之路轉進時期的生命踐行與人生之思，指明作爲其生命之路的轉進的意蘊。

第三章敘論梁漱溟生命之路歸宿時期的生命踐行和人生之思，指明作爲其生命之路的歸宿的內涵。

結語部分指出梁漱溟的生命之路是守護生命的「大人」之路。

第一章　梁漱溟生命之路的開端：用世出世，不離救世

　　所謂開端，是一事物成為其自身的起點；而作為起點，它實際已包含了事物後來發展的全部秘密。這在於，起點不僅僅是起點，它也是終點，只不過，當起點經過一定的過程到達終點時，它不只是簡單地返回自身，而是極大地豐富了自身的內容。

　　那麼，梁漱溟生命之路的開端是怎樣的呢？又何以如此？

一、生命踐行的最初變奏：從用世到出世

　　在其生命之路的開端，梁漱溟的生命踐行顯現為從積極用世到出離世間的轉換；其積極用世表現為胸懷天下，而其出離世間則表現為歸心佛家。

（一）胸懷天下

　　作為世宦之家的子弟，梁漱溟在其生命的最初階段也是志存高遠，頗以天下為己任。他這一高遠志趣的最直接的淵源就是其父親梁濟。那麼梁濟是一個什麼樣的人呢？

　　據梁漱溟為其父親所作的《桂林梁先生遺書・年譜》記載，梁家原本世宦之家，累世懷抱修齊治平的儒家理想。正由於此，梁濟自小就經受了嚴格的儒家教育，以致後來他雖然沒有像其先祖那樣金榜題名與建功立業，而是仕途坎坷，但其先天下之憂而憂，後天下之樂而樂的經世濟民的情懷絲毫遜於其先祖。

　　例如，早在中法戰爭爆發的時候，他就審時度勢，寫了一篇數千言的建

議。甲午戰爭爆發的時候，他鑒於敵我雙方力量的懸殊，上書力陳不可輕易用兵。光緒十九年（公元一八九三年）北方發生大水災，梁濟在當年六月初九日記中記道：「連年以來，天災流行，氣象慘沮，觀天心即可知國運矣。眞令人焦愁無計。而熱鬧場中庸碌之人全不介意，是誠可爲痛哭也。」〔註 1〕另外，因「積年對社會腐敗之不滿，加之庚子事變中親見全國上下愚昧無知，不明世界大勢，幾乎召取亡國大禍」，他「決心開發民智，傾家蕩產，在所不顧」，〔註 2〕其現實表現就是，從一九零一年起他資助彭翼仲創辦《啓蒙畫報》，以灌輸新知，啓迪童蒙；並且當彭翼仲辦報事業陷入絕境之時，仍毫不猶豫傾囊相助。

正是在這種極其強烈的經世濟民理想情懷的主導下，一方面，梁濟終其一生都非常注重自己的道德修養，力圖把自己塑造成一個從內在精神到外在行爲都臻至完美的道德完人，另一方面，他又能緊跟時代的步伐，新知致用。

在道德修養上，他爲自己規定了幾條座右銘：「第一要勤於讀書」，「專看先賢語錄、名臣議論」；「第二要力戒虛僞」，「權貴者尤當避嫌遠引」；「第三要寡交遊」；「第四要愼禮貌」；「第五要檢束身心」。〔註 3〕實際上，在日常生活中他就是以此嚴格要求自己的。〔註 4〕梁濟對道德完美的追求還表現在其爲人處世上。梁濟十一歲時家道中落而無錢延請塾師，不得已，他便去姑丈劉家的私塾讀書。劉家的長女也即梁濟的表姐劉祖庚在一九零三年因病去世，彌留之際將其三個遺孤託付給梁濟照料。梁濟對他們精心撫教，視同己出。其表姐遺下的財產以及幫助募助的資金他都存入銀行，遇有開支則一筆不漏

〔註 1〕 梁漱溟：《梁漱溟全集》（一），565，濟南：山東人民出版社，2005。
〔註 2〕 汪東林：《梁漱溟問答錄》，24，武漢：湖北人民出版社，2004。
〔註 3〕 轉引自鄭大華：《梁漱溟傳》，10，北京：人民出版社，2001。
〔註 4〕 據梁漱溟回憶，梁濟「平日起居飲食，攝衛周謹，莊敬日強，盛暑不袒裼，在私室無惰散欹斜之容。……不吸煙，家人兒女相率無吸煙者。不近酒，與宴集，不喝拳，不耽滋味。每食菜蔬列前，獨取其惡者，曰爲大將者自己先吃苦，餘其甘美與人享之。」「每晨猶必先家人興，有晏寢，無晏起。日夕爲劄記，字或小於蠅頭，行列鰲然。出門遊散，或時不假代步。於眾中語，吐音朗澈，中氣充實，聞於遠坐。生平於博弈之事一不之習，或不知爲之，或知之而不爲也。都中新闢遊樂之場猥鄙雜沓，終不一履其地。足跡尤未嘗一進女閭。」（《梁漱溟全集》（一），591，濟南：山東人民出版社，2005）在經過聖廟禁門重地時，若步行他則屏息輕步，若坐車則必下車步行；經過先賢祠宇墓舍、忠孝貞烈牌坊，「必肅顏靜志，去眼鏡，正衣襟，以昭敬禮。」（轉引自鄭大華：《梁漱溟傳》，11，北京：人民出版社，2001。）

地記帳在冊，直到一九一八年在他自沉於靜業湖前還不忘在遺書中轉託友人代管。其心之精誠認真，令人感佩，以致其好友林灝就此事評價道：「雖家人骨肉不啻也。」〔註5〕對親朋故舊梁濟固然是古道熱腸，對官場上的歪風邪氣則深惡痛絕。儘管在官場他也不乏榮升晉級的門路，比如潘祖蔭、孫毓汶、李守愚、徐繼畬、翁同和等當朝的權貴重臣都是他父親生前的至交好友，而他自己也給一些大人物如顧肇新、孫毓汶、李文田等人當過幕僚，還給滿族公爵軍機大臣那桐的孩子當過家庭教師，但他寧願當一個小小的從七品的內閣中書，整天做一些抄抄寫寫的工作，也不願意利用官場的這些關係資源為自己的仕途升遷打通關節。民國初年，國蹙財匱，民不聊生，而一些官吏卻要求大幅加薪，政府竟也照准施行。梁濟當時在民政部任一般的小職員，他對此竭力反對，甚至以拒領工資的方式表示抗議，並最後決定辭去官職。

在新知致用上，梁濟著眼於民族的生存與強盛，反對務虛，強調務實及學有用之術。在其光緒十八年（公元一八九二年）四月初六日的日記中，他曾就讀書的次第緩急議論道：「洋務西學新出各書深切時事，斷不可以不看，蓋天下無久而不變之局。我只力求實事，不能避世人譏訕也。」〔註6〕而梁漱溟則在《桂林先生遺書》中記道：「公平居存心君國，而公生之年適丁國家多事之秋。自庚申英法陷天津，甲申法人並安南、丙戌英人並緬甸，甲午日本並朝鮮，乙未割臺灣，丁酉德人取膠澳，及是年俄人又索旅順大連，外侮日逼。公每訪問通人研究世界大勢，隨以所聞箚記之。家貧親老，自憾不獲遠遊，諄諄以教子弟出洋為言。有『務必以出洋當一件正大要緊之事，勿惜費、勿憚勞、即使竭盡大半家資亦不為過』之語。是年次子煥鼎開蒙讀書，公為延師於家授《地球韻言》，取其略語世界大勢也。俗例以《論》、《孟》、《學》、《庸》、《詩》、《書》、《禮》、《易》、《春秋》課童子者，公顧以為未急，迄不使讀，第令誦朱子小學而已。亦謂變法以停科舉為先，決計不更教兒輩事帖括也。」〔註7〕

毫無疑問，梁濟的諸種品質對梁漱溟都產生了相當的影響，以致梁漱溟後來回憶道，「即先父之視我，亦自謂我與他相似；當我十七歲時，先父曾字我曰『肖吾』」。〔註8〕大致說來，梁漱溟從其父所受的影響有以下幾個方面：

〔註5〕轉引自鄭大華：《梁漱溟傳》，12，北京：人民出版社，2001。
〔註6〕梁漱溟：《梁漱溟全集》（一），562，濟南：山東人民出版社，2005。
〔註7〕梁漱溟：《梁漱溟全集》（一），573，濟南：山東人民出版社，2005。
〔註8〕梁漱溟：《梁漱溟全集》（二），6，濟南：山東人民出版社，2005。

第一，認眞。一如梁濟，梁漱溟爲人行事也篤實認眞。這表現爲，一旦有一個他自認爲的確的想法，他就要努力將之付諸實踐。正如後文將要提到的，他認同郭人麟的觀念，便尊其爲師，記錄其片言隻語；他認爲世間充滿苦難且唯有出世間人才能獲得拯救，便皈依於佛，終生茹素；他終生都注意道德修養，企望接近聖人；〔註 9〕如此等等。第二，崇實。梁漱溟講道，「先父是一實用主義者，我亦隨之而成爲一實用主義者。」〔註 10〕「凡事看它於人有沒有好處，和其好處的大小。假使於群於己都沒有好處，就是一件要不得的事。掉轉來，若於群於己都有頂大好處，便是天下第一等事。」〔註 11〕正由於此，梁漱溟起初對中國傳統學問毫無興趣，即便後來受郭人麟的影響而開始放棄狹隘的實用主義，但從根本上講他關注的還是中國的實際問題，所做的也還是實在的事情。第三，濟世。梁漱溟雖然沒有接受正式的儒家教育，但因耳濡目染，他和其父一樣有著強烈的濟世之心。他一生的學習興趣主要集中在人生問題和社會問題，矢志爲社會做一番大事業，他自認一生最有價值的正是在後人看來失敗的鄉村建設事業以及抗戰和解放戰爭時期爲國是的奔走，都表明了這一點。

除了梁濟，作爲梁漱溟的父執，彭仲翼先生對於梁漱溟的影響也不可忽視。彭翼仲是蘇州人而長大在北京，其豪俠勇敢的脾氣爲人，以及家住江南並鄰近上海而得與外面世界相通的環境機緣，使得他成爲一個愛國志士和維新先鋒，〔註 12〕「是清末愛國維新運動一個極有力人物」。〔註 13〕彭翼仲能成爲如此人物，憑藉的是他嘔心瀝血創辦的《啓蒙畫報》、《京話日報》、《中華報》等報紙。它們分別以開啓童智、民智、官智爲職志。並且據梁漱溟考察，《啓蒙畫報》，「就中國人自辦者說，它是第一家」。〔註 14〕

然而，彭仲翼辦報的出發點固然好，報紙的內容也相當不錯，其發展卻並非一帆風順，甚至充滿坎坷。由於當時風氣未開，社會上一般人都沒有閱讀報紙的習慣，因此，《啓蒙畫報》和《京話日報》雖然售價低廉，但銷量都不大，而報館開支卻不小，於是入不敷出。自一九零二年春天至年尾，爲維

〔註 9〕 艾凱認爲，梁漱溟有「聖人迷」的傾向。（見〔美〕艾愷著，鄭大華譯：《最後的儒家——梁漱溟與現代中國的困境》，57，長沙：湖南人民出版社，1988）。

〔註 10〕 梁漱溟：《梁漱溟全集》（二），6，濟南：山東人民出版社，2005。

〔註 11〕 梁漱溟：《梁漱溟全集》（二），679，濟南：山東人民出版社，2005。

〔註 12〕 梁漱溟：《梁漱溟全集》（二），669，濟南：山東人民出版社，2005。

〔註 13〕 梁漱溟：《梁漱溟全集》（七），76，濟南：山東人民出版社，2005。

〔註 14〕 梁漱溟：《梁漱溟全集》（二），670，濟南：山東人民出版社，2005。

持報紙的運營，彭仲翼把所有的家產都搭進去了，依然負債累累。年關之時，債主的催逼及家人的埋怨使彭仲翼面臨絕境，幾乎要上弔自殺。就在這時，梁漱溟的父親挺身而出，傾其全部家財支持彭仲翼的事業。這樣，憑藉著開發民智，改造社會，挽救國難的高尚而頑強的信念的支撐，彭仲翼及其同仁竭盡全力，居然使瀕臨倒閉的報業起死回生。而這報業的復活實又得力於他們對兩起涉外的事件的跟蹤報導和為伸張正義而不遺餘力地呼號，以及為消弭一時的國難而發起的國民捐款運動。一次，北京東交民巷使館界的一個外國兵，坐人力車非但不給錢，還打傷車夫。對此，《京話日報》一面在新聞欄目詳細記述其事，一面連日發表評論，並要求某外國兵營對該兇手予以懲戒，對車夫予以賠償，還號召北京市所有人力車夫聯合起來同某外國兵營抗衡，即事情如果不按我方要求了結，遇見某外國兵要乘車一律不許。由於《京話日報》的積極報導鼓動，此事引起了全社會的關注，某外國兵營迫於輿論壓力不得不依報紙上所提條件照辦。此事雖小，但考慮到當時清政府官員畏洋人如畏虎，《京話日報》面對驕橫的洋人，敢於仗義執言，並成功地達到了目的，不能不說難能可貴，自然也就受到了愈來愈多的讀者的關注和歡迎，因之，報紙的銷量陡增。又一次，美國禁止華工入境，並對在美華工十分苛刻。《京話日報》抓住此事重點報導，並發起一場持續數月的抵制美貨運動，得到社會各界的熱烈響應。這當然也增加了《京話日報》的影響力。至於它所發起的國民捐款運動，則影響更大。先是由報人著論，其大意就是說，庚子賠款白銀四萬萬兩，分期償付，為期愈久，本息累積愈大，而既然遲早總是要國民負擔，不如國民自動一次性拿出來更划算，那麼，以全國四萬萬人口計算，剛好每人出一兩銀子，就可立馬消除此一國難。《京話日報》的這一主張一經發出，便在全社會引起了廣泛的討論。各界最終達成共識，並付諸行動。一時間，「自車夫小販、婦女兒童、工商百業以至文武大臣、皇室親王，無不響應。」〔註15〕

可以想見，作為《京話日報》的創辦者，彭仲翼的高遠志趣以及在辦報過程中所表現出的高尚人格，對梁漱溟而言肯定也有著幾乎不亞於其父的感染力。晚年的梁漱溟對彭仲翼其人其事的深情回憶就很能說明這一點；〔註16〕另外，還是一個小學生的時候，梁漱溟就響應《京話日報》的號召參與抵制

〔註15〕 梁漱溟：《梁漱溟全集》（二），672，濟南：山東人民出版社，2005。
〔註16〕 梁漱溟在 1960 年寫成長文《記彭仲翼先生》（見《梁漱溟全集》（二），76～104，濟南：山東人民出版社，2005）。

美貨運動，這也是一個明證。

　　總之，在這樣的家庭環境和最切近的社會環境的薰陶下，少年梁漱溟即已具備不同凡俗的向上之心和經世濟民的高尚情懷。正如他自己所說，「一面是從父親和彭公們的人格感召，使我幼稚的心靈隱然萌露對社會對國家的責任感，而鄙視那般世俗謀衣食求利祿底『自了漢』生活。更一面是從那維新前進底空氣中，自具一種邁越世俗的見識主張，使我意識到世俗之人雖不必是壞人，但缺乏眼光見識，那就是不行的；因此，一個人必須力爭上游。頃所謂一片上進心，大抵在當時便是如此。」〔註17〕

　　就在這種向上之心和濟世情懷的驅動下，梁漱溟一方面勤奮地自學和思考，另一方面積極參加社會實踐。

　　梁漱溟的自學始於其學童時代，並在相當大的程度上得力於雜誌和報紙。他說：「許多專門書或重要典籍之閱讀，常是從雜誌報紙先引起興趣和注意，然後方覓它來讀底。即如中國的經書以至佛典，亦都是如此。他如社會科學各門的書，更不待言。因為我所受學校教育，以上面說的小學及後面說的中學而止；而這些書典都是課程裏沒有的。同時我又從來不勉強自己去求學問，作學問家；所以非到引起興趣和注意，我不去讀它的。——我之好學是到真「好」才去「學」的。而對某方面學問之興趣和注意，總是先借雜誌報紙引起來。」〔註18〕自學之初，梁漱溟較早接觸的是彭翼仲先生創辦的《啓蒙畫報》和《京話日報》。

　　作為以開啓童智為鵠的報紙，《啓蒙畫報》主要介紹科普知識、歷史掌故、名人軼事等。其內容豐富，圖文並茂，淺顯易懂，很受兒童的歡迎。梁漱溟自認為從中受益頗大。正如他所說，「我從那裡面不但得到了許多常識，並且啓發了我胸中很多道理，一直影響到我後來。」〔註19〕但在思想和人格上給予梁漱溟以更直接影響的卻是《京話日報》。這種影響主要包括兩個方面：一是《京話日報》在其開辦過程中所發生的事件給予他的影響（這在前文已經提到，此不贅述）；一是《京話日報》的內容本身所給予他的影響。《京話日報》的主要內容是新聞和議論。新聞當中，北京的社會新聞約占三分之二，另外大約三分之一則是所謂的緊要新聞，涉及國內外的重大事件。議論多半指陳時弊，揭露社會的陰暗面，鼓吹維新運動，很有影響。《京話日報》以一

〔註17〕 梁漱溟：《梁漱溟全集》（二），674，濟南：山東人民出版社，2005。
〔註18〕 梁漱溟：《梁漱溟全集》（二），669，濟南：山東人民出版社，2005。
〔註19〕 梁漱溟：《梁漱溟全集》（二），670～671，濟南：山東人民出版社，2005。

般人爲對象，又採用白話文，粗通文墨的兒童也能看，故此，梁漱溟也常常閱讀之。這促使梁漱溟很早就關注和思考社會、人生大事，從而其在智識上呈現出早慧的特點，而其在中學時代的自學方向，乃至此後大半生的思想和實踐的大致方向也得以奠定。

然而，儘管十歲時梁漱溟即已愛看《啓蒙畫報》和《京話日報》，並幾乎成癮，已可算是自學，而事實上這些報紙也確實給予梁漱溟以不少滋養，但在梁漱溟看來，這還算不得眞正的自學，眞正的自學須從向上心說起。這是因爲，「所謂自學應當就是一個人整個生命的向上自強，要緊在生活中有自覺。單是求知識，卻不足以盡自學之事。在整個生命向上自強之中，可以包括了求知識。求知識蓋所以瀹發我們的智慧識見；它並不是一種目的。有智慧識見發出來，就是生命向上自強之效驗，就是善學。」〔註20〕

那麼，眞的自學始於何時呢？始於其向上之心的確立之時，而這大約發生於其入讀中學前後。在《我的自學小史》中，梁漱溟回憶道，「特別是自十三四歲開始，由於這向上心，我常有自課於自己底責任；不論何事，很少須要人督迫。並且有時某些事，覺得不合我意見，雖旁人要我做，我亦不做。」〔註21〕

中學時代的梁漱溟又是如何自學的呢？

一九零六年，梁漱溟進入順天中學堂學習。順天中學堂是北京最早的新式中學之一。當時學堂裏的主要課程，除了國文外，還有英語和數學。在同班同學之中，梁漱溟和廖福申、王毓芬、姚萬里等彼此交誼很好；並且爲了互相勉勵，他們還以廖福申爲頭結成一個自主學習的團隊。他們不僅在知識的學習上相互提攜，以致自學的進度常常超過老師教學的進度，而且在人品的養成上也互相敦促，比如，廖福申就曾提議以每個人的短處標出一個字來作爲相呼之名，以資警惕。當時，廖福申給王毓芬的名字是「懦」，給姚萬里的名字是「暴」，給梁漱溟的名字是「傲」，給他自己的名字是「惰」。〔註22〕均可謂一針見血，切中要害。比如梁漱溟的傲在其讀中學時的表現確有一端，

〔註20〕　梁漱溟：《梁漱溟全集》（二），674，濟南：山東人民出版社，2005。
〔註21〕　梁漱溟：《梁漱溟全集》（二），674，濟南：山東人民出版社，2005。
〔註22〕　鄭大華指出，「在順天中學堂參與自學小團體的經歷對梁漱溟一生有非常重要的影響，他後來從事教育改革，組織類似自學小團體是其內容之一。」（鄭大華：《梁漱溟傳》，12，北京：人民出版社，2001。）本文要進一步指出的是，其實，梁漱溟本人幾乎終生都在實踐著這樣一種自學模式，一個典型的例子就是他和他的追隨者在學識和人格上的長期的相互砥礪。

那就是語不驚人死不休。他尤其喜歡作翻案文章，有時可出奇制勝，有時則弄巧成拙。一位姓王的國文教師十分惱恨梁漱溟的作文方法，便在其作文卷上批道：「好惡拂人之性，災必逮夫身！」這簡直可算是詛咒了。但如同硬幣有兩面，傲既是梁漱溟的短處，也是他的長處，他一生吃虧在此，得益也在此。對此，梁漱溟後來也有反省，這就是當談到自己早年的向上之心時，他說，「這種心理，可能有其偏弊；至少不免流露一種高傲神情。若從好一方面來說，這裡面固含蓄得一點正大之氣，和一點剛強之氣。──我不敢說得多，但至少各有一點點。我自省我終身受用者，似乎在此。」〔註 23〕也就是說，梁漱溟的傲實際是其向上之心的自然流露，而非真的目空一切。他終其一生都能夠見賢思齊，就很好地說明了這一點。

當然，就梁漱溟而言，更重要的自學尚不在此。他講道，「真的自學，是由於向上心驅使我在兩個問題上追求不已：一人生問題；二社會問題，亦可云中國問題。此兩個問題互有關聯之處，不能截然分開，但仍以分別言之為方便。從人生問題之追求，使我出入於西洋哲學印度宗教中國周秦宋明諸學派間，而被人看作是哲學家。從社會問題之追求，使我參加了中國革命，並至今投身社會運動。今屆五十之年，總論過去精力，無非用在這兩問題上面；今後當亦不出乎此。而說到我對此兩問題如何追求，則在中學時期均已開其端。」〔註 24〕這就是說，從中學時代起，社會、人生問題就已是梁漱溟縈懷不已、思索最多的問題。

作為一個正在積極探求社會、人生問題的中學生，梁漱溟學習和思考所憑藉的主要是早先梁啓超創辦並主編的《新民叢報》和《新小說》，以及稍後出版的立憲派主辦的《國風報》和革命派主辦的《民主報》。按梁漱溟的說法，這些都是當時住在北中國內地的人所可能擁有的最好的自學資料。

《新民叢報》一九零二年二月創辦於日本橫濱，從創刊到一九零七年十一月停辦，前後近六年，共出版了九十六期。梁漱溟擁有的是其中一九零二年至一九零四年三整年所出的。《新民叢報》是二十世紀初資產階級改良派的重要刊物，也是梁啓超宣揚在中國實行君主立憲、反對民主革命的重要陣地。《新民叢報》稱其宗旨在於「新民」，而且在一開頭發表並在隨後五年分期刊載的就是梁啓超所寫的《新民說》。在《新民說》中，梁啓超一面提示了新人

〔註 23〕 梁漱溟：《梁漱溟全集》（二），674，濟南：山東人民出版社，2005。
〔註 24〕 梁漱溟：《梁漱溟全集》（二），679，濟南：山東人民出版社，2005。

生觀，一面又指出中國社會應如何改造，而這正是梁漱溟所關心的問題，因此對梁漱溟頗有助益。梁啓超還在報紙上大量介紹或論述古今中西諸多思想家及其思想，西方的如從古希臘柏拉圖、亞里斯多德，到近代培根、笛卡爾、孟德斯鳩、伏爾泰、盧梭、康德，到現代邊沁、孔德、達爾文，中國的如從周秦諸子直到近世明清大儒，等等。經由閱讀這些文章，梁漱溟較早就對中西歷史上第一流思想家的思想有所接觸和領會，並爲以後更深入的學習、甄別、選擇和吸納打下了基礎。按照其新民的思路，梁啓超還輯錄了大量的先儒格言，以立志、省察、克己、涵養等分門別類，並自加按語跋識。這也使梁漱溟受益匪淺，而且正如他所說，「這助益，是在生活上，不徒在思想上」。〔註25〕

《新小說》是中國近代小說雜誌期刊（月刊），由梁啓超一九零二年創刊於日本橫濱，次年遷移至上海，由廣智分局發行一年，總共出了二十四期。梁漱溟擁有其全年一巨冊。在創刊號上，梁啓超發表《論小說與群治之關係》，極力強調小說與改良社會的關係，認爲小說在各種文學樣式中居於最上乘。這實際上表明了《新小說》和《新民叢報》的宗旨如出一轍，即志在新民。《新小說》所載小說，主要爲創作，也有譯篇，按內容分類登載。其中有歷史小說、政治小說、科學小說、哲理小說、冒險小說、偵探小說；以後又有語怪小說、法律小說、外交小說、寫情小說、社會小說、箚記小說、傳奇小說等等。小說之外，亦有戲曲、地方戲、笑話、雜記、雜歌謠等登載其間。所載作品，就其內容而言無所不有，特別是各期小說，極大地豐富了讀者的知識見聞，增進了其對於歷史社會的瞭解。這無疑對梁漱溟也產生了積極的影響。

《國風報》一九一零年二月創刊於上海，編輯兼發行人何國楨，但實際主持人則是梁啓超。它是繼《新民叢報》、《政論》後立憲派的主要報刊之一。《國風報》的宗旨與《新民叢報》和《新小說》相近，這就是忠告政府，指導國民，灌輸世界之常識，造成健全之輿論。因這一宗旨，《國風報》上的文章以關乎國計民生的政治、經濟制度的爲多，主要有談論國會制度、責任內閣制度、選舉制度、預算制度等文章，其他關於國庫制度、審計制度，乃至銀行貨幣等問題的文章亦不在少數。所以如此是因爲當時清政府正籌備立憲，並形成了一場運動。一向關心國計民生的梁漱溟當然關注這場運動，因而閱讀《國風報》就成了他的家常便飯，並在這過程中學習了不少近代國家法制知識，而這爲他以後討論政治制度奠定了知識基礎。

〔註25〕梁漱溟：《梁漱溟全集》（二），682，濟南：山東人民出版社，2005。

　　《民主報》是在資產階級革命派同盟會的機關報《民報》的影響下創辦的一種日報。但對梁漱溟更有意義的卻是以梁啓超爲代表的立憲派和以胡漢民、汪精衛爲代表的革命派關於中國是要革命共和還是要君主立憲的爭論的文章。這些爭論文章原發表在立憲派和革命派各自的刊物《新民叢報》、《國風報》和《民報》上，後被結集成書以《立憲派與革命派之論戰》爲名在日本出版印行。對於這本書梁漱溟反覆閱讀，熟稔於心。其間情形正如他後來在《自述》中所說，「我與此書，幾於無時或離，日間則攜之而走，夜間則枕之而睡。」〔註26〕

　　由於注意時局，梁漱溟每天必讀的報紙還有當地的《北京日報》、《順天時報》和《帝國日報》等，外埠的《申報》、《新聞報》、《時報》等。廣泛的閱讀瞭解，加上積極的思考，使得梁漱溟每每談起時局來頭頭是道，完全不像一個普通的中學生。

　　在梁漱溟中學時代的自學中，除了讀書而外，還有很重要的一個方面就是交友。在梁漱溟當時的朋友中有兩個人是不可忽視的，一個是郭人麟，一個是甄元熙，前者影響了他的人生思想，後者促進了他的政治思考。

　　郭人麟，河北樂亭縣人。他比梁漱溟年長兩歲，而班級則低一級。因此，雖然是一校同學，朝夕相見，卻並無往來。一直到梁漱溟進入中學第三年的一天，他們偶然在校內的假山上相遇，進而攀談。這一番交談使梁漱溟在思想上發生極大變化。梁漱溟原本自負要救國救世，建功立業，僅論胸襟氣概似乎極其不凡；但由於其父的影響，他在人生問題上抱持一種狹隘功利的見解，重事功而輕學問。這使得他對於具有實用價值的東西還能注意，至於所謂的文學、哲學之類的則竟直以爲是誤人騙人的東西而一概加以排斥。正如他所說，「我入中學時十四歲，國文教師教我的唐宋八大家的古文，我最不高興；國文講義，我向例不看，尤其不喜歡空洞的議論，如蘇東坡之萬言書。至若莊子上的文字，更叫我頭痛痛恨。因爲莊子上的文字，富有哲學意味，玄妙極頂；類如『此一是非，是是非非，非非是是，』實在是故示玄妙，完全是騙人誤人的東西。所有《莊子》、《老子》一類書，我概不以爲然。其他如古文、詞章、文選派之六朝文章，我無一不厭惡。我從來沒有在國文上下過工夫。」〔註27〕另外，即便對於人格修養的學問，由於受梁啓超《德育鑒》

〔註26〕 梁漱溟：《梁漱溟全集》（二），16，濟南：山東人民出版社，2005。
〔註27〕 梁漱溟：《梁漱溟全集》（二），6～7，濟南：山東人民出版社，2005。

的啓發，固然也能留意；但在他看來人格修養只是手段而已，即是說，人格修養之所以必要，只是因爲要作大事必須有人格修養才行。諸如此類的，顯然都很淺陋；儘管有不少更淺薄的人對其不同意，或還加以駁斥，但都不足以動搖梁漱溟的自信。然而，自從遭遇郭人麟，情況就大不相同。郭人麟是何等人物呢？「他天資絕高，思想超脫，於老、莊、易經、佛典皆有心得，而最喜歡譚嗣同的《仁學》。」〔註28〕其思想境界在當時顯然要高於梁漱溟，因而其精神亦足以籠罩梁漱溟。所以當梁漱溟面對郭人麟慷慨陳詞，表示願爲國家做一番大事業，郭笑而不以爲然，並反過來開導梁漱溟：既是想做事業，自己必須先有身心的修養。梁漱溟不服氣，回之以「我亦看《理學宗傳》、《陽明語錄》等書」。〔註29〕郭人麟又繼續開導：我們必須先將世間之得失成敗利害等等，都看來無動於衷，方可能有大無畏之精神，而不會因爲稍受挫折就心灰意懶；如果像梁漱溟這般拘謹、狹隘、呆板，只講有用之學，實在不能成就大事；必先有了很高的學問，日後才有辦法。郭人麟的一席話，無一不是針對梁漱溟而循循善誘，並最終打動了梁漱溟。從此以後，梁漱溟就與郭人麟不時親近，相與往還。郭人麟每有所講談，梁漱溟都靜心傾聽，且一一予以筆錄，並在記錄本上題名「郭師語錄」。梁漱溟的認眞上進與謙虛好學由此可見一斑。而這也招來了同學們的譏笑，他們稱梁漱溟爲「梁賢人」，稱郭人麟爲「郭聖人」。無論如何，自從與郭人麟接近後，梁漱溟一向狹隘的功利主義見解被打破了，他開始尊重以前頗不以爲然的關乎人生問題的哲學等諸種學問。梁漱溟自己也認爲這是他思想上的一大轉進。

　　甄元熙，廣東台山縣人。他年紀約長梁漱溟一兩歲，是梁漱溟所在班的插班生。因爲都關心時局的緣故，他們兩人很快成爲了好友。但在初時，兩人的政見大不相同；甄元熙傾向於革命，而梁漱溟受梁啓超影響，只熱心政治改造，不同情排滿。在政治改造上，梁漱溟又以英國式政治爲上善之治，並否認君主國體民主國體在政治改造上有什麼不同。梁漱溟還認爲，在政治改造運動上可以用種種手段，而最妙莫過於俄國虛無黨人的暗殺辦法。梁漱溟的這種種理論和主張雖然都來自於立憲派，但並非簡單的鸚鵡學舌，而是經過了反覆的思考之後才接受的。正因爲如此，他常常和甄元熙進行面對面的辯論或秘密的筆戰，但竟一時誰也無法說服誰。辯論期間，甄元熙爲了說

〔註28〕　汪東林：《梁漱溟問答錄》，33，武漢：湖北人民出版社，2004。
〔註29〕　梁漱溟：《梁漱溟全集》（二），7，濟南：山東人民出版社，2005。

服梁漱溟，悄悄地借給他一本書即《立憲派與革命派之論戰》，梁漱溟認真讀完了全書，但依然沒有像甄元熙所期望的那樣改變自己的政治立場。然而到了一九一一年，梁漱溟的政治立場發生了戲劇性的變化，即由立憲派轉向革命派。一方面這固然是事實教訓的結果，〔註30〕另一方面他與甄元熙的交往在其中所起的作用也不容否認，即是說，與甄元熙的辯論促進了他的政治思維的成熟，同時甄元熙的革命激情也深深感染了他。

梁漱溟既然不是為了學問而學問，而是為了事功而學問，當然就不滿足於紙上談兵，而置身於社會運動的洪流之外。事實上，他一當有了主見，就迫不及待，躍躍欲試。

梁漱溟一度持君主立憲主張，認為中國只要走上了憲政軌道，就一切都有辦法；因此，當一九一零年以張謇為代表的各省諮議局代表，為促成清政府盡早開國會、行憲政，連續發起聲勢浩大的赴京伏闕請願運動，他也頗為之振奮，甚至曠課參加請願，並興奮而又認真地旁聽了幾乎每一次的諮政院的會議。〔註31〕

當感到立憲無望，梁漱溟便轉到了革命派立場。不久，辛亥革命爆發，受這種形勢的鼓舞，從順天中學畢業的梁漱溟，放棄了升入大學繼續念書或找個職業謀生的念頭，而是與甄元熙一道參加了京津同盟會，投身革命。他參加京津同盟會的第一個行動就富有其行思一致的個性色彩，這就是，他不顧家人的反對，剪去了作為清王朝順民標誌的腦後長辮，以表示與清王朝徹底決裂。當時的京津地區仍然在清王朝的控制之下，因此，京津同盟會的活動，諸如暗殺、秘密會議、製造炸藥、傳送軍火等都屬地下性的，危險而又

〔註30〕 所謂事實是多方面的，梁漱溟舉了一個較大的事例，他說，「康梁的『百日維新』雖然失敗了，但過了若干年之後，主張君主立憲的人卻有增無減，也可以說是一股不小的潮流吧。因為這種主張是以不推翻清王朝統治為前提的一種改良，特別是在西太后不能主政和病死之後，清庭也允許各省成立諮議局，中央也成立了資政院，還派大臣出洋考察憲政，成立了憲政編查館。最後還發表上諭，提出經過九年準備，便召開國會，正式立憲，先把省諮議局改為省議會等等。但性急的君主立憲派們都認為九年太遠了，等不及，紛紛要求提前召開國會搞憲政。各省因此派出請願團到北京向政府請願。這一舉動使清廷惱火，答覆說，九年準備的時間不容改變，並強行把各地請願代表逐出北京。清廷這一行動，使君主立憲派們大失所望。清廷失去人心，許多立憲派人皆轉為革命派。」（汪東林：《梁漱溟問答錄》，34～35，武漢：湖北人民出版社，2004）

〔註31〕 梁漱溟：《梁漱溟全集》（五），533，濟南：山東人民出版社，2005。

刺激。這正合年輕的梁漱溟的口味，但遭到了一心贊同立憲的父親的強烈反對，然而認準革命的梁漱溟依然我行我素。時至一九一二年初，清帝退位，民國成立，京津同盟會會員們轉而投身於各種政治活動。梁漱溟和甄元熙等人一道加入孫炳文任總編的《民國報》，做起了編輯和記者的工作。到了這年八月，同盟會改組爲國民黨，越明年春天，《民國報》被收爲國民黨的機關報，領導換成了湯漪，加之此時梁漱溟因各種因素思想趨於複雜，〔註32〕他就此自動脫離了國民黨，於是他早年短暫的革命經歷便告結束。

這次短暫地投身國民革命，雖然對梁漱溟而言是小試牛刀，但若縱觀其一生行程，依然有其重要的意義。這就是，從心理發展的角度來講，他的這段經歷使其自小就具有的要做大事的事功情結得到了充分的釋放，也使他對於社會、人生有了切實的感受，從而爲他隨後的思想退潮以及再度回歸作了某種準備。實際上我們將看到，這段革命經歷正是促使梁漱溟由胸懷天下而積極事功到歸心佛家而出離世間的重要因素之一。

（二）歸心佛家

梁漱溟之所以急流勇退而歸心佛家，其原因大體不外乎兩個方面：一是對人生實相的體悟；一是社會理想的破滅。

種種跡象表明，天性敏感多思的梁漱溟很早就具有濃重的宗教家的情懷，這表現在，當他幾乎還是一個少不更事的少年的時候，他就對人類的命運表現出了深切的關注和積極的思考。據梁漱溟回憶，「我十四五歲時開始爲人生問題所困惑。我看到家裏的女工天天做飯，洗衣，辛苦得很，我問她是否辛苦，她說習慣了。看上去她並不感到苦，臉上常有笑容。但我自己呢，家境尚好，又是家中的小兒子，備受父母疼愛，看上去好像不存在什麼不滿意的地方，但內心卻常常很苦悶。爲什麼？我反覆思索，人生的苦樂不在外界（環境），而在自身，即在主觀。其根源在自己的欲望，滿足則樂，不滿足則苦，這種欲望是無窮盡的。第一個欲望滿足了，第二個欲望又來了，而欲望是很難全部滿足的。我還觀察社會上的人，當時有的人坐轎子，坐馬車，稱得上榮華富貴；坐不起轎子和馬車的人則步行。千萬不要以爲坐轎子的樂，走路的苦，那可不一定。坐轎子的正在爲某個難題（欲望）發愁，步行的卻悠然自得，並未感到苦。」〔註33〕梁漱溟的這種感悟頗似佛祖釋迦牟尼對於

〔註32〕參見汪東林：《梁漱溟問答錄》，46，武漢：湖北人民出版社，2004。
〔註33〕汪東林：《梁漱溟問答錄》，47，武漢：湖北人民出版社，2004。

人生實相的徹悟。實際上，梁漱溟「大約十六七歲時，從利害之分析追問，而轉入何謂苦何謂樂之研索，歸結到人生唯是苦之認識，於是邃爾傾向印度出世思想了。」〔註 34〕故十七歲時他曾拒絕其母親為其議婚，二十歲開始食素，並大量搜求佛典研讀，一心想著出家為僧，直至二十九歲才放棄。

當然，我們應該注意到，儘管年少的梁漱溟不時有宗教情緒的流露，並且這也是他後來所以能走向佛家乃至他成為「這一個」的素質和前提，但這種情緒與其當時懷抱天下的事功之心相比，可說是微不足道的，或者說至少還在後者的掩蓋之中。真正促使他最終歸心佛家的是他在辛亥革命之後社會人生理想破滅的經歷。

上文提到，一九一一年懷抱革命理想的梁漱溟從順天中學堂畢業，轉年進入同盟會主辦的《民國報》任編輯兼外勤記者。然而也就是在做記者期間其所見聞的政治現狀無情地摧毀了他的革命理想。

民國初年中國的政治既亂且惡。辛亥革命雖然推翻了清王朝的封建統治，建立起了資產階級的共和國中華民國，但政權卻被北洋軍閥的頭子袁世凱堂而皇之地抓在了手中。就在清帝宣佈退位的第二天，孫中山辭去了中華民國臨時大總統的職位，由袁世凱接任，並且在袁世凱的陰謀脅迫下，臨時政府被迫遷往袁世凱的老巢北京。這樣中國表面上實現了南北的和平統一，但社會各階級階層間的分化組合卻愈演愈烈，中國政局猶如萬花筒，亂象叢生。表現之一就是，當時打著各種旗號的政黨和團體像變戲法似的不斷湧現，正所謂，「黨派林立，黨爭不休，原則模糊，獨立依附，惟利是趨，本性使然，黨中見黨，派復有派，分和無常，脫黨跨黨，進出自由，黨德敗壞，因人而黨，主義無別，政見雷同」〔註 35〕而據統計，僅一九一二年在民政部備案的政黨和團體就有八十五個。〔註 36〕民初政治之惡表現為：當時，各色政客、投機分子紛紛粉墨登場，為爭權奪利而彼此爾虞我詐，勾心鬥角；甚至一些革命黨人也為「糖衣炮彈」所擊倒，與各色投機分子和政客幾成一丘之貉；而革命黨為爭取所謂的議會多數席位，「自甘墮落」。一九一二年宋教仁聯合統一共和黨等一些小黨派，將同盟會改組為國民黨；新組成的國民黨不僅拋棄了同盟會的「平均地權」的綱領，取消了它在其公開時期提出的「男女平

〔註 34〕 梁漱溟：《梁漱溟全集》（二），691～692，濟南：山東人民出版社，2005。
〔註 35〕 茅海建：《戊戌政變的時間、過程與原委——先前研究各說的認知、補證、修正》（一），載於《近代史研究》2002 年第 4 期。
〔註 36〕 轉引自鄭大華：《梁漱溟傳》，25～26，北京：人民出版社，2001。

等」的主張，篡改早先的「力謀國際平等」的主張為「維持國際和平」，而且還接納了不少政客、流氓和投機分子；從而一個原本自負偉業的革命團體蛻變成了營營苟且的政客的避難所。對此，民初的名記者黃遠庸曾抨擊道，「今日政界，乃不知下筆將從何處說起，其吾輩自認已無復氣力寫出此等千奇百怪千險萬惡之社會也。」〔註37〕

對於民初政治的種種黑暗，梁漱溟由於職務的關係，當然多有瞭解。在《我的自學小史》中，他講道：「在此期間，接觸最多者當然在政治方面。前此在中學讀書時，便夢想議會政治，逢著資政院開會〔宣統二年三年兩度開會〕，必輾轉懇託介紹旁聽。現在是新聞記者，持有長期旁聽證，所有民元臨時參議院民二國會的兩院，幾乎無日不出入其間了。此外若同盟會本部和改組後的國民黨本部，若國務院等處，亦是我蹤跡最密的所在。還有共和建設討論會（民主黨之前身）和民主黨（進步黨的前身）的地方，我亦常去。當時議會內黨派的離合，國務院的改組，袁世凱的許多操縱運用，皆映於吾目而了了於吾心。許多政治上人物，他不熟習我，我卻熟習他。」〔註38〕

就他所瞭解的黑幕，梁漱溟晚年在接受汪東林採訪時，略略回憶了一二，比如，關於袁世凱的所作所為和國會議員的醜態。他說：「袁世凱在北京舉行臨時大總統宣誓就職大典時，我作為《民國報》的記者，目睹了這場典禮。時間在民國元年3月10日，地點是參議院，院址在今國會街。主要出席者為參議院全體議員和全體閣員。時間一到，軍樂聲起，袁世凱由議長林森陪同登上講壇。林森首先致詞，接著袁世凱宣誓就職。典禮結束後，他們由禮堂走向庭院，經過走廊的時候，袁世凱與我們近在咫尺，交臂而過。他矮矮的個頭，光著禿腦袋（帽子拿在手裏），留著短鬚，已有幾根花白，鬍鬚周圍及兩頰都沒有修刮乾淨，一套軍裝也是皺巴巴的，與大總統就職的莊重典禮很不相稱。尤其是那副漫不經心的模樣，分明是很不鄭重。

「就在袁世凱宣誓就職前十天，即1912年2月29日晚，曹錕第三鎮陸軍兩個營在袁的導演下，在北京發動了『兵變』。當晚，我正陪同母親在前門外大柵欄廣德樓戲院聽戲，忽然鑼鼓驟停，臺上的演員不知所措，見一人走到臺前，大聲對觀眾說『戲不能再演了，外邊發生兵變，情勢危急，請盡快各自回家吧！』我同母親急匆匆走出戲院，見許多『變』兵正在大柵欄一帶

〔註37〕黃遠生：《遠生遺著》，149，上海：上海書店，1991。
〔註38〕梁漱溟：《梁漱溟全集》（二），687，濟南：山東人民出版社，2005。

搶劫，就像土匪進了城，空氣很是緊張。第二天夜晚，『變』兵又劫掠西城。緊接著，京郊通州、高碑店、長辛店、黃村、三家店等地都發生『兵變』，進而蔓延到天津、保定各地，鬧得不亦樂乎。這是怎麼回事？原來南京臨時政府爲促使袁去南京就任臨時大總統，派蔡元培、宋教仁、王兆銘等六人爲專使和歡迎員，來京迎接袁世凱南下。專使們到達北京後的第三天，『兵變』突發。『變兵』們竟殺氣騰騰地闖進了迎袁專使的住宅。『兵變』的第二天，蔡元培等不得不以北方兵變、袁世凱不能南下等情，急電南京臨時政府。緊接著『兵變』愈演愈烈，連日、德、英、美、法諸國也藉口保護北京使領館之安全，紛紛從天津、山海關、青島等地調兵進京，憂心忡忡的迎袁專使們再次急電南京，請求臨時參議院批准臨時政府可暫設北京，袁世凱可以不必南行受職云云。幾天後，南京臨時政府參議院便作出決議，接受迎袁專使的請求。於是『兵變』平息，老謀深算的袁世凱耍弄了書生氣十足的革命黨人。對於『兵變』發生後的情況，當時各報都有所報導。我也就『兵變』當夜所見寫了文章。

「1913 年 4 月 8 日，中華民國第一屆正式國會開張，參眾兩院議員加起來近八百人，當時人稱『八百羅漢』。這期間我常採訪參眾兩院，採訪特別多的是參加眾議院議長競選的張耀曾。張耀曾，字鎔西，雲南人，是家母的堂弟，我稱他爲『鎔舅』。我常常從他那裡打聽國會的一些內幕情況。先說議員們的醜態和國民黨議員的內部爭鬥。外地議員一到北京，便有三方面的人出面接待，實際是爭奪、拉攏。一是袁世凱政府內務部的；一是左翼政黨國民黨；另一是操於梁啓超、湯化龍之手的右翼政党進步黨。不少國民黨議員經不起金錢、美女的拉攏，到北京不幾天就投入袁世凱和進步黨的懷抱。當時北京有一家由袁世凱資助、議員康世鐸主持的《民視報》，每天在一版搶眼的顯著地位刊登國民黨議員脫黨的報導，方法頗爲特別：今天報導三人脫黨的姓名，明天又有三個，累加成六人後，再登一次，羅列起來，逐漸增多。袁世凱以此打擊國民黨的聲勢。『八百羅漢』還由議院規定，每位月薪五百大洋，這使一部分議員成天在八大胡同（當時北京妓院的集中地）花天酒地，名聲極壞。國民黨議員內部的矛盾，還表現在眾議院議長的選舉上。國會成立後，參議院很快選出了張繼爲議長，王正廷爲副議長。但眾議院的議長由於國民黨內部爭奪激烈，卻遲遲不能選出。加之袁世凱從中收買、操縱，在爭議一個多月以後，終於使眾議院落入右翼政黨之手，選出湯化龍爲議長，陳國祥

為副議長，都是進步黨人。國會正式成立後的另一項任務是制定一部憲法，以替代《臨時約法》。參、眾兩院推定五名議員在天壇起草，因此當時人稱《天壇憲草》。這部《憲草》是根據國民黨和進步黨分別擬定的憲草基礎上制定出來的。國民黨方面的執筆人是張耀曾，進步黨方面的執筆人是梁啓超。《天壇憲草》的基本精神與《臨時約法》一致。袁世凱曾派施愚等人干預《憲草》的制定，但被議會拒絕了，袁世凱十分惱怒。正當《天壇憲草》準備交付參、眾兩院討論的時候，袁世凱於 1913 年 6 月先後下令免除了江西都督李烈鈞、安徽都督柏文蔚、廣東都督胡漢民的職務，『二次革命』立即爆發。袁世凱卻藉口國會中的國民黨議員與『亂黨』（指舉行『二次革命』的革命黨人）有聯繫，下令收繳了國民黨議員的議員證書，隨後又指令內閣熊希齡總理副署解散了國會。」〔註39〕

顯然，現實政治生活中的種種醜惡現象，與其對於理想政治的想像實在是懸隔天壤，這不能不讓梁漱溟大失所望──他可是揣著救民於水火的救國夢的啊！這樣的政治，這樣的人物，能救國救民嗎？！正如他後來回憶說：「漸曉得事實不盡如理想。對於『革命』、『政治』、『偉大人物』⋯⋯皆有『不過如此』之感。有些下流行徑、鄙俗心理、以及尖刻、狠毒、兇暴之事，以前在家庭在學校所遇不到底，此時卻看見了；頗引起我對於人生，感到厭倦和憎惡。」〔註40〕

於是，他十四五歲時便已萌生的人生苦難意識，雖一度被激流奔湧的時代所召喚的生命熱情和進取意志所遮掩，這時便迅速蔓延了開來，而主宰了他的思想和情感；以致他無法承受幾近崩潰。據他回憶：「我在北京街上閒走，看見一個拉人力車的，是一個白頭髮的老頭，勉強往前拉，跑也跑不動，而坐車的人，卻催他快走，他一忙就跌倒了，白的鬍子上面，摔出血來！而我的眼裏，也掉出淚來了！然而這在現在經濟制度下，這是當然的！沒誰顧著誰的！在競食上的失敗者，結果自該如此！我受種種的感觸，反覆地思索，使我的血達到了沸點，那一年我幾乎要成了瘋狂。有一回事使我至今想起來，有如在目前的，是我在北京東四牌樓馬路上往南走，看見對面兩個警察用白繩子縛著一位瘦弱無力的、面目黎黑的中年男子，兩邊夾著他走來──看那樣子大約是一個無能的小偷──我瞪著兩眼，望著警察，幾乎要發瘋；幾乎

〔註39〕 汪東林：《梁漱溟問答錄》，41～44，武漢：湖北人民出版社，2004。
〔註40〕 梁漱溟：《梁漱溟全集》（二），687，濟南：山東人民出版社，2005。

要跑上前去，把他從警察手裏奪過來!……這明明是社會逼他成這個樣子，他不敢作別的大犯法的事，只偷偷摸摸救救肚餓，而你們如狼似虎逮捕他，威嚇他，治他的罪，這社會好殘忍呀！我因爲心裏這樣激昂，精神狀態很不穩定，所以有那一年在南京自殺未成的事。」〔註41〕

對於辛亥革命後污濁現實的不滿乃至絕望，以及他那始終不渝的聖徒般的救世情懷，使梁漱溟的思想朝著更加激進的方向發展，這就是他一度醉心於社會主義。大約在 1912 年底或 1913 年初，梁漱溟在家翻閱舊書，偶然撿得日本人幸德秋水所著而爲張繼翻譯的《社會主義之神髓》一書。該著理論並不高深，因此起初梁漱溟並未多加注意，但到後來，書中有些反對私有財產的話，卻引起了他思想上深刻的共鳴。

他開始明確意識到，「這種個人本位的經濟制度——產業私有的經濟制度——在我們中國社會上雖有那些生產過剩，經濟恐慌的問題，而他是現在社會上秩序不安寧，社會上種種罪惡，種種痛苦的源泉。」〔註42〕

他進一步解釋道，「從這個人本位的經濟制度，使我們成一個競食的世界，有本領搶得著飯吃的就算搶著了，沒本領搶不著就沒有份。雖然有很嚴重的法律，如軍隊、警察、司法官維持著不許大家軼出範圍，去作這種的競賽，然而前面看見擁有多財的優厚享受，後面有無食的逼迫，怎能不叫他以暴力或詐巧來偏鋒取勝？這就是土匪、強盜、騙子、滑棍，和種種不可舉名的這類事情所由發生，使我們在社會中處處都是荊棘，常常要提防暴客，小心詐騙，不定那一時有生命危險，損失，被欺。所有社會上秩序不安寧這一面的種種問題，何莫非產業私有的結果？我們願處在這樣恐怖危險的社會中嗎？我們不要求一個平安境地嗎？我們如果要去危就安，不將這種經濟制度根本改換過，怎麼能行？在另一面看，這類有力氣的，欺侮沒力氣的，巧詐的欺侮老實的，都是社會上一種罪惡，而社會把他製造成拼性命，冒刑罰，受唾罵，以欺侮他人的人，又豈不是一種社會的罪惡？豈不可痛？然而這種有力氣有智巧能夠取勝得勢的，還算是好的；其尤爲罪惡，尤爲痛苦的是在那沒力氣，沒智巧的弱者一面，像是老的、幼的、殘廢的，和婦女，和老實膽小人們，他們只有甘受欺凌，磕頭叫爺或拿著身體委曲獻媚，受人槽蹋、侮弄，以求食了！所有乞丐、小偷、娼妓，和社會類乎此的人，都是這樣發

〔註41〕 梁漱溟：《梁漱溟全集》（四），736〜737，濟南：山東人民出版社，2005。
〔註42〕 梁漱溟：《梁漱溟全集》（四），735，濟南：山東人民出版社，2005。

生出來的。」〔註43〕

　　不僅如此，「於這不安寧、罪惡、痛苦，不合理幾種之外，還有一層社會退化、墮落、低降的問題。在這時候普及教育是不能講的；他衣食尚且難得湊合，拿什麼來入學買書？沒有教育，拿什麼來提高社會程度？只有退化罷了！在這時候，公眾衛生，是不能講的，他衣沒的穿，飯沒的吃，污臭的布片，腐敗食糧，也是好的，說什麼清潔衛生？通常應用的儀容禮節，更是講不來，自不待言了。總而言之，一切讓全社會進步增高的事都不能行的。而種種的罪惡，種種的壞事情，滋長無已，都足以使社會上道德墮落，疾病增加，心理方面，生理方面，愈趨敗壞低降，都是必然的事！在這種經濟制度下，宗教家不要說救世救人，你不根本上把這制度改變過，說什麼話不是白說？你要想救世救人，就當從這裡下手，這裡根本改變過來，自然沒事。道德家不用對著富人勸什麼勤儉，講什麼禮義；對貧人不必誠什麼安分，說什麼廉恥；你不根本從這裡下手，改變制度，只有背著你的希望走而已！你果然希望他們好，改了制度，自然沒事！教育家！你希望人人都受教育嗎？你果然是，你就應當先來改變這個制度。政府、法官、警察！你們果然要社會秩序安寧嗎？你們莫再拿著法律、警察，來維持這產業私有制度，而根本改變了這個制度，自然好了！倘若不然，縱有怎樣嚴密的法律，多少偵探，多少警察，也不過多造罪孽，多多殘忍而已！慈善家！你果然慈善嗎？你不根本來改革這個制度，你那慈善事業，為效幾何？衛生家！你果然要眾人講衛生嗎？你不從根本來改革這個制度，你的衛生，從何講起？總而言之，我們人人，都不必對社會抱什麼好意，作什麼好事；你果然抱好意想讓社會好，你只有從這裡著手。其餘都是白說！這便是中國雖沒有西洋從工業革新以來的那一回事，而經濟制度的改正，依舊成為問題的意義了。」〔註44〕

　　那如何改正這種作為一切不安寧、罪惡、痛苦及不合理根源的經濟制度呢？走社會主義道路。正如梁漱溟自己所說：「人類日趨於下流與衰敗，是何等可驚可懼的事！教育家挽救不了，衛生家挽救不了，宗教家、道德家、哲學家都挽救不了。什麼政治家，法律家更不用說。撥本塞源，只有廢除財產私有制度，以生產手段歸公，生活問題基本上由社會共同解決，而免去人與人間之生存競爭。——這就是社會主義。」〔註45〕

〔註43〕　梁漱溟：《梁漱溟全集》（四），735，濟南：山東人民出版社，2005。
〔註44〕　梁漱溟：《梁漱溟全集》（四），737～739，濟南：山東人民出版社，2005。
〔註45〕　梁漱溟：《梁漱溟全集》（二），691，濟南：山東人民出版社，2005。

經過這一番深思熟慮，梁漱溟自認為找到了問題的癥結所在及解決的辦法，便迫不及待地要告知世人。就在這年冬天，他書生氣十足地將自己的這些想法寫成一本叫做《社會主義粹言》的小冊子，並刻於蠟紙，油印數十本贈人。

顯然，梁漱溟的這些想法抽象地看，貌似可行，實則是他一廂情願。他將一切問題都歸於私有制，認為只要實行社會主義公有制則一切問題就將自動消失。這是將複雜的問題簡單化了。也正由於此，他對《社會主義精髓》所講的關於資本家、勞動者的劃分以及階級理論毫無興趣，因而無法進一步瞭解私有制自身產生、維繫和終將消亡的內在必然性。這樣，他對於私有制和社會主義的理解始終都只是停留在抽象的層面上，當然，更不可能把它具體扣合到中國問題上。因而可以說，他對於社會主義的熱情與其說是出於一種對人類命運的理論的洞見，不如說是出於對人類命運的宗教的悲憫。這也就注定了他對於社會主義的熱情是浮泛、抽象和浪漫的，而不可能沿著一條現實的路徑轉化為一種基於科學的社會主義理論指導的實際行動。

這樣一種熱情當然難以持久，又由於梁漱溟深知其人品並頗感厭惡的江亢虎當時也在中國宣傳一種社會主義思想，社會主義在他心中就迅速黯淡下去了。〔註46〕

至此，寄於辛亥革命的理想破滅了，而社會主義道路作為一種可能性在其心中也只是曇花一現。而這就在實際上導致了兩個方面的後果：一，確證了他關於社會充滿罪惡與苦難的想像；二，面對這充滿罪惡與苦難的社會現實，他有心無力，難以作為，這強化了他早年關於人生唯是煩惱和痛苦的觀念。而導致這一切的根源又何在呢？梁漱溟發現，一切都源於生命自身的荒謬性。因此，欲根除這一切不幸，唯有超乎其上，並洞見生命的本性即空。所以他在《談佛》中講道：「蓋經世諸家，悲憫為懷，睹夫人之受苦為惡，而思所以救濟之，志原可敬，特誤在『人人飽暖，天下太平，斯即苦惡盡祛，極樂現前。』而不悟苦惡即藉人性，（即妄心耳）而有一方謀人類生存發達，一方謀祛苦惡，實南轅北轍，絕對的不可能也。是故社會主義既行，大同不難立致，而人之受苦為惡，則絕無以異於疇昔。所謂一切有為之為有漏法者此也。然後諸家乃憬然悟，翻然悔，而別求所謂無漏者，思之思之，鬼神通之，而後知四大假合之非身相，六塵緣影之非心相，則其入於佛也，馹馬追

〔註46〕梁漱溟：《梁漱溟全集》（二），687～688，濟南：山東人民出版社，2005。

而弗及，千牛挽而莫回矣。故觀於今日社會主義潮流之盛，而知佛理之彰不遠矣。」〔註47〕

於是在一九一三年以後的四年間，梁漱溟就一頭紮進浩瀚的佛典之中，企圖從中尋覓擺脫人生苦難的出路。當時北京琉璃廠西門的有正書局有大量的佛學書籍出售，另外，有正書局主事者狄葆賢主持發行的每月一期的《佛學叢報》、金陵刻經處刻出的佛典、常州等處印行的佛典等都可以在這一塊買到，這給了梁漱溟學習資料上的方便。除了學佛之外，梁漱溟還學醫。他之所以學醫，是因為「雖心慕金剛經所云「入城乞食」之古制，自度不能行之於今，擬以醫術服務人民取得衣食一切所需也。」〔註48〕出世之念，固已十分堅決。

不過需要指出的是，即便是歸心佛法，梁漱溟也仍然沒有忘情世間。正如他所說，「我二十歲至二十四歲期間，即不欲升學，謝絕一切，閉門不出，一心歸向佛家，終日看佛書。在此時期內自己仍然關心中國問題，不肯放鬆，不肯不用心想。」〔註49〕一九一五年他編成《晚周漢魏文鈔》一書準備交由商務印書館出版，在該書自序中他說道，「夫一民族之與立，文化也；文化之中心，學術也；學術所藉以存且進者厥為文字（上古簡牘繁重或由口授）。存者敘述故典，綜事之類也；進者揚搉新知，布意之類也。今舉國以治古文，圖耀觀覽而廢綜事布意之本務，則是斫毀學術，阻逆文化，而使吾族不得競存於世界也！嗚呼豈不悖邪？」。〔註50〕這表明了他編此書的良苦用心在於改變文風以促進保存和發展民族文化的事業，進而使我們的民族自立於世界民族之林。

梁漱溟一方面修習佛教，甚至一度以出家做和尚為志業，而另一方面又不忘情世間，可見，修習佛教尤其是大乘佛教對於他而言，不僅僅是尋求個人終極意義上的心理慰藉，也是他探求社會問題與人生問題的繼續。而這與大乘佛教的精神也是吻合的，因為大乘佛教不僅要度己，還要度人，只度己不度人，入不了大乘。

於此，我們可以說，梁漱溟不論是用世還是出世，都不離救世。而這也就注定了他最終還是要回到世間，而且是以一種更加超脫的心態回到世間，

〔註47〕　梁漱溟：《梁漱溟全集》（四），495，濟南：山東人民出版社，2005。
〔註48〕　梁漱溟：《梁漱溟全集》（二），692，濟南：山東人民出版社，2005。
〔註49〕　梁漱溟：《梁漱溟全集》（二），17，濟南：山東人民出版社，2005。
〔註50〕　梁漱溟：《梁漱溟全集》（四），503～504，濟南：山東人民出版社，2005。

重拾雄心，力扛救世的大任。而作爲他這一時期的人生思想的總結，其長文
《究元決疑論》正向我們透露了這個中消息。

二、立於佛家的人生哲思：出世間法救世

　　從一九一三年至一九一六年，梁漱溟沉溺於佛學的修習之中。通過這種
修習，他一方面重新確立了其生命的價值根基，並由此他早前由於理想破滅
而致的精神彷徨無助得以化解，〔註51〕另一方面則基於自己的生命體驗自認
找到了眞理。於是，出於其不滅的救世情懷，他要爲苦難的世間之人指點迷
津了。這就是《究元決疑論》的寫作。這一點在他談到《究元決疑論》的寫
作動因時表露得尤爲明顯。

　　他講道：「譬有親族、戚黨、友好，或乃陌路逢值之人，陷大憂惱病苦，
則我等必思如何將以慰解而後即安。又若獲大園林，清妙殊勝，則我等必思
如何而將親族、戚黨、友好乃至逢值之人相共娛樂而後乃快。今舉法喻人者，
亦復如是。此世間者多憂、多惱、多病、多苦，而我所信唯法得解，則我面
值於人而欲貢其誠款，唯有說法。」〔註52〕

　　又說：「然此法者是殊勝法，是超絕法，不如世間諸法易得詮說。我常發
願造論曰『新發心論』，閱稔不曾得成。而面人時，尤恐倉卒出口，所明不逮
所晦，以故懷抱篤念，終不宣吐；迨與違遠，則中心悢悢如負歉疚（吾於遠
生君實深抱此恨者也）。積恨如山，亟思一償，因雜取諸家之說，乃及舊篇，
先集此論。」〔註53〕

　　顯然，梁漱溟認爲，此世間是一個多憂、多惱、多病、多苦的世間，唯
有他所謂的超絕法即出世間法方能得解，而他自認爲證悟了這一超絕之法，
因此迫不及待地想要與世人分享，以實現其普度眾生的宏願。雖然寫作《究

〔註51〕　對此梁漱溟的研究者艾凱解釋道，「通過佛學的自療法，他慢慢地達到了對於
　　　　虛幻世界的暫時表象無動於衷的境界。通過唯識形上學，他上升到領會知識
　　　　的源泉和事物的終極本質的境界。他超脫了內在與外觀的衝突所引起的內心
　　　　緊張，因爲他現在知道，宇宙間的萬事萬物，如人們所知道的那樣，僅是現
　　　　象，本體或康德的物之自體，只有通過直覺的體認才能瞭解。他自身的意欲，
　　　　人類和自然的罪惡，好和壞的想法，道德的責任以及宿命論，都可用這個終
　　　　極不變的實在相對地予以說明。」（〔美〕艾凱：《最後一個儒家——梁漱溟與
　　　　現代中國的困境》，鄭大華譯，52，長沙：湖南人民出版社，1988）
〔註52〕　梁漱溟：《梁漱溟全集》（一），3，濟南：山東人民出版社，2005。
〔註53〕　梁漱溟：《梁漱溟全集》（一），3，濟南：山東人民出版社，2005。

元決疑論》的直接原因是其忘年之交黃遠生的被害，但從「我常發願造論曰『新發心論』」可以看出，他的這種「造論」意願蓄勢已久，因此，與其說是至交黃遠生的被害直接導致了他的這一寫作，不如說正是黃遠生的被害讓他以爲把他儼然在握的眞理告訴世間之人已經到了刻不容緩的地步了，以致他冒著「所明不逮所晦」的風險，「雜取諸家之說，乃及舊篇，先集此論」。〔註54〕

作爲爲世人指點人生大道之作，《究元決疑論》的思路大體是這樣的：首先依據相宗和性宗論定宇宙的本體即是無；然後指出人生的眞相就是苦；最後認定人生的大道就是出世間，唯有出世間方能救世間，而作爲以出世間爲最終目標的方便法門是隨順世間。

（一）宇宙本體的論定：萬法都是無

梁漱溟所謂的「究元」，就是要追問並最終確定宇宙的本體，由此爲作爲出世間法的人生大道奠定形上根基。爲此，他採取了性宗和相宗的思想進路。

在闡述性宗之義時，梁漱溟以法國學者魯滂的《物質新論》來比附佛家的《楞嚴經》和《起信論》的旨意。〔註55〕在梁漱溟看來，魯滂的《物質新論》中所體現的物質觀和佛教所講的宇宙觀不謀而合。其論證過程大體如下：先是列出魯滂所著《物質新論》的主要觀點，〔註56〕然後指出，魯滂所謂的

〔註54〕「造論」一詞的使用更是表明了梁漱溟的救世情懷以及滿滿的自信。

〔註55〕由於「以太」假設的破除，這種比附在今天看來已沒有任何意義，就是梁漱溟自己後來也認爲這種比附並不十分合理，比如他在1923年爲《究元決疑論》寫的《附記》中講道「以魯滂的《物質新論》和佛家的《楞嚴經》《起信論》來比附，立論最是不當。且不論魯滂的話可靠不可靠，亦不論自安斯坦的發明以來物質的觀念變更，從前科學上假定的『以太』取消，而此以『以太』立說者能否成立。根本上這種以相彷彿的話頭來比附立論，是使入思想混沌的一條路，是學術上的大障，萬要不得的。而且『以太渦動』附會『忽然念起』也實在可笑的。我們求知首當致謹於方法，而若魯滂《物質新論》的主張，是否從謹嚴的方法求得來的，蓋甚難言。」（梁漱溟：《梁漱溟全集》（一），21～22，濟南：山東人民出版社，2005）不過，這種比附本身倒是提醒我們，梁漱溟在相當程度上受到了近代科學實證思潮的影響。其實，他後來寫作《人心與人生》時基於理想要合乎事實的理念所採取的思想進路也反映了這種影響。

〔註56〕這些觀點包括：（一）物質昔雖假定不滅，而實則其形成之原子由連續不絕之解體而漸歸消減。（二）物質之變爲非物質，其間遂產出一種之物。據從來科學主張，物體有重，而以太無重，二者如鴻溝；今茲所明，乃位於二者之間者。（三）物質常認爲無自動力，故以爲必加外力而始動。然此說適得其反，蓋物質爲力之貯蓄所，初無待於供給，而自能消費之。（四）宇宙力之大部分，

宇宙第一本體即不可思議的以太正和佛家的如來藏或阿賴耶相當。這種相當表現在諸多方面。第一，以太渦動形成原子，進而形成世界；而正如《起信論》所講，如來藏或阿賴耶，「不生不滅，與生滅和合，非一非異，能攝一切法生一切法。」〔註57〕第二，以太之渦動類於如來藏或阿賴耶的忽然念起；渦動何由而生既不能知也不能言，同樣如來藏或阿賴耶何以忽然念起亦是無明。第三，渦動不離以太，無明不離真心。第四，渦動雖然形成世界，但以太還是以太；而「是心從本已來自性清淨而有無明，為無明所染有其染心，雖有染心而常恒不變」。〔註58〕第五，渦動停止，則質力隨之而滅，但這只是質力之相續滅，而消歸於以太，而非以太滅；同樣，「因無明風動，心與無明俱無形相，不相捨離，而心非動性，無明滅，相續則滅。」「然所言滅者唯心相滅，非心體滅。如風依水而有動相，若水滅者則風相斷絕，無所依止。以水不滅，風相相續唯風滅，故動相隨滅，非是水滅。」〔註59〕第六，魯滂認為，物質之以太不能變成鋼鐵岩石，力與物質屬於同一物只是形式不同；而《般若》云：「色即是空，空即是色。」第七，魯滂認為，「宇宙無休息，縱有休息之所，亦非吾人所住之世界，而其間亦必無生物。死非休息也。」〔註60〕

如電氣冒熱，均由物質解體時所發散原子內之力而生者也。（五）力與物質同一物而異其形式。物質者即原子內力之安定的形式，若光熱電氣為原子內力之不安定形式。（六）總之原子之解體與物質之變非物質，不外力之定的形式變為不定的形式。凡物質皆如是不絕而變其力也。（七）適用於生物進化之原則，亦可適用於原子。化學的種族與生物的種族，均非不變者也。（八）力亦與其所從出之質同，非不滅者。魯云：『原子者乃由以太之渦動而形成者也。非物質之以太能變成岩石鋼鐵。』『凡物質之堅脆，由回轉速度之緩急。』『運動止，則物質歸於以太而消滅。』又云：『光者不過有顫動特性之以太之失平衡者，復其平則滅』『宇宙之力以質力二者失其平衡生以復平滅。』又云：『物質有生命且亦感應。』『物質化非物質者今所獲有六種質，漸分解歸於萬物第一本體不可思議之以太者也。』『物體因燃燒或其他方法而破壞，斯為變化，而非滅；可由天平不減其分量驗之，而所謂滅乃一切消失。』又云：『此以太之渦動與由此而生之力如何而失其自性而消歸於以太乎？如液中漩渦以失平遂顫動，放射周圍，轉瞬而消滅於液中。』又云『宇宙無休息，縱有休息之所，非吾人所住之世界；而其間亦必無生物。死非休息也。』又總括之云：『一、翕聚其力於物質之形之下，二、其力復漸消滅，此為一循環；幾千萬年更為新輪迴。』（梁漱溟：《梁漱溟全集》（一），4～6，濟南：山東人民出版社，2005）

〔註57〕 梁漱溟：《梁漱溟全集》（一），6，濟南：山東人民出版社，2005。
〔註58〕 梁漱溟：《梁漱溟全集》（一），6，濟南：山東人民出版社，2005。
〔註59〕 梁漱溟：《梁漱溟全集》（一），6，濟南：山東人民出版社，2005。
〔註60〕 梁漱溟：《梁漱溟全集》（一），7，濟南：山東人民出版社，2005。

梁漱溟認爲，無休息就是質力之變化，也可以說是因果律或者輪迴說；死亡是變化的狀態之一，任何人都逃避不了，因此要出離大苦海，只有修無生。第八，《楞嚴經》中講到，克就根性，直指眞心，五陰、六入、十二處、十八界、七大，一切世間之物，無不是菩提妙明元心。而《楞嚴經正脈疏》對此解釋道，「前言寂常妙明之心最親切處現具根中，故克就根性，直指眞心。然雖近具根中而量周法界，遍爲萬法實體。」〔註61〕梁漱溟認爲，此一實體不是別的，正是以太；並強調說，「佛說固以魯君之言而益明，而魯君之所標舉，更藉佛語證其不誣焉。」〔註62〕

總之，通過以上的比附，梁漱溟旨在闡明，「所究元者不離當處」，〔註63〕而「元」者，「本非因緣，非自然性，清淨本然，周遍法界」。〔註64〕

梁漱溟對於相宗三無性的闡釋主要依據的是《三無性論》和《佛性論》以及章太炎的相關論述。

何謂「三無性」呢？爲此，法相宗首先指出有所謂的「三性」，即分別性（遍計所執性）、依他性（依他起性）、眞實性（圓成實性）。分別性是指，一切眾生，普遍地計較、執著於各種事相。〔註65〕依他性則是指，一切萬法，無量事相，都是假借種種外緣而生，外緣去則滅，生生滅滅，稍不停息。眞實性就是指本來圓滿、本來現成、眞實不虛的眞如佛性。

在指出「三性」之後，相宗唯恐人們妄執「三性」，因此又依《解深密經》立下「三無性」的教義，即所謂相無自性性，生無自性性，勝義無自性性，總之一切皆無自性；〔註66〕並又恐後學者落入執於「空無」的陷阱，乃由《成

〔註61〕 梁漱溟：《梁漱溟全集》（一），7，濟南：山東人民出版社，2005。

〔註62〕 梁漱溟：《梁漱溟全集》（一），7，濟南：山東人民出版社，2005。

〔註63〕 梁漱溟：《梁漱溟全集》（一），8，濟南：山東人民出版社，2005。

〔註64〕 梁漱溟：《梁漱溟全集》（一），8，濟南：山東人民出版社，2005。

〔註65〕 這些事相包括內六根、外六塵、中六識等共計十八類相。其中，內六根指眼根、耳根、鼻根、舌根、身根、意根等；外六塵指色界、聲界、香界、味界、觸界、法界等；中六識指眼識、耳識、鼻識、舌識、身識、意識等。

〔註66〕 《解深密經》云：「我依三種無自性性密意，說言一切諸法，皆無自性，所謂相無自性性，生無自性性，勝義無自性性。善男子，云何諸法相無自性性？謂諸法遍計所執相。何以故？此由假名安立爲相，非由自相安立爲相，是故說名相無自性性。云何諸法生無自性性？謂諸法依他起相。何以故？此由依他緣力故有，非自然有，是故說名生無自性性。云何諸法勝義無自性性？謂諸法由生無自性性故，說名無自性性。即緣生法，亦名勝義無自性性。何以故？於諸法中，若是清淨所緣境界，我顯示彼以爲勝義無自性性。」（《解深密經》卷二，大正16）這是說，一切法，都是無生無滅的，都是本來寂靜、

唯識論》進一步破「空無」之執。〔註67〕經過兩番破執之後，「三無性」的眞義方得以闡明，這就是：（一）相無自性。一切諸相，都是隨緣起而生，隨緣去而滅，都不是恒常的，因而都是沒有自性的。然而，說相無自性，不是說性全無，而只是說相是非實在的。實在的是什麼呢？實在的是作爲諸相之生生滅滅的妙有的本性，即空。（二）生無自性。既然一切諸相，都隨緣起而生，隨緣去而滅，則生滅之相，也當是虛妄不實的，故「生無自性」。但「生無自性」不是說「生相全無」，因爲生滅幻相，作爲體之妙用，宛然猶在；「生無自性」也不是說「無生」，因爲執於「無生」即等於執於有，這依然落在中道之外，而所謂中道即不落兩邊，也即，既不是有，也不是無，而是無化。（三）勝義無自性。「勝義」即圓成實性，也即眞如實相。體固不易，相卻萬變而無定相，因此勝義無自性。但「勝義無自性」不是說「一切全無」；若執於「一切全無」則仍然是執於法。

由此，前述「三性」即分別性（遍計所執性）、依他性（依他起性）和眞實性（圓成實性）其實皆無自性，即以無性爲性。

但是，從梁漱溟所引的材料以及對材料的組織和詮釋來看，他對「三無性」意義的理解與原典相比有所不同，儘管在最終的結論的表述上看不出有什麼差別。其思路大體上是這樣的：

首先援引《三無性論》中所講，「一切有爲法，不出此分別（遍計所執性）依他（依他起性）兩性。此兩性既眞實無相無生，由此理故，一切諸法同一無性。是故眞實性（圓成實性）以無性爲性。」〔註68〕

　　自性涅槃的。生則虛，滅亦幻，非實非眞。故生滅不已，即是大寂滅，即是性體空。

〔註67〕《成唯識論》云：「依此前所說三性，立彼後說三種無性，謂即相、生、勝義無性。故佛密意，說一切法，皆無自性，非性全無。說密意言，顯非了義。謂後二性，雖體非無，而有愚夫於彼增益，妄執實有我法自性，此即名爲遍計所執。爲除此執故，佛世尊，於有及無，總說無性。云何依此而立彼三？謂依此初遍計所執，立相無性。由此體相，畢竟非有，如空華故。依次依他，立生無性。此如幻事，託眾緣生，無如妄執自然性，故假說無性，非性全無。依後圓成實，立勝義無性。謂即勝義，由遠離前遍計所執我、法性故，假說無性，非性全無，如太虛空，雖遍眾色，而是眾色，無性所顯。」（《成唯識論》卷九，大正31）這段經文的要旨在於，「假說無性，非性全無」。之所以如此，乃是因爲，執「無」與執「有」無異，即使不執，也不離乎法執。這是強調，實相之境，不可思議之，唯有親證，方能得之。

〔註68〕梁漱溟：《梁漱溟全集》（一），7，濟南：山東人民出版社，2005。

　　再依上文邏輯，即由一切有爲法不出分別依他兩性和此兩性無相無生（即無自性）推出一切法皆無自性也即眞實性就是以無性爲性，依次羅列材料——先是《三無性論》和《佛性論》有關論述分別性爲虛妄的材料，後是《三無性論》和《佛性論》以及章炳麟《建立宗教論》中的有關論述依他性之爲虛妄的材料。〔註69〕

　　最後他總結道，「所究元者唯是無性。唯此無性是其眞實自性。分別性者但有名言，多能遮遣，唯依他性少智人所不能省。若離依他，便證圓成，自佛而後乃得究宣。合前義言，所云周遍法界者，一切諸法同一無性之謂也。」〔註70〕

　　對比相宗（法相宗）原典和梁漱溟關於三無性義的論證，可以看出，梁

〔註69〕　所引材料依次如下：分別性者無有體相，但有名無義，世間於義中立名，凡夫執名分別義性，謂名即義性，此分別是虛妄執，此名及義兩互爲客故，由三義故，此理可知。一者先於名智不生如世所立名。若此名即是義體性者，未聞名時即不應得義，既見未得名時先巳得義；又若名即是義，得義之時即應得名；無此義故，故知是客。二者一義有多名，故若名即是義性，或爲一物有多種名，隨多名故應有多體，若隨多名即有多體，則相逼法一處得立，此義證量所違；無此義故，故知是客。三者名不定故，若名即是義性，名既不定，義體亦應不定：何以故？或此物名目於彼物，故知名則不定，物不如此；故知但是客。復次，汝言此名在於義中。云何在義？爲在有義？爲在無義？若在有義，前此難還成；若在無義，名義俱客。（《三無性論》）分別性由緣相名相應故得顯現（《佛性論》）由僻執薰習本識種子能生起依他性爲未來果，此僻執即是分別性，能爲未來依他因也。分別性是惑緣，依他正是惑體。此性不但以言說爲體，言說必有所依故。若不依亂識品類名言得立，無有是處。若不爾所依品類既無有，所說名言則不得立（《三無性論》）依他性緣執分別故得顯現。依他性者有而不實，由亂識根境故是有，以非眞如故不實。（《佛性論》）第二自性，由第八阿賴邪識，第七末那識與眼耳鼻舌身等五識，虛妄分別而成。（中略）賴邪唯以自識見分緣自識中一切種子以爲相分，故其心不必現行，而其境可以常在。末那唯以自識見分緣阿賴邪以爲相分，即此相分便執爲我，或執爲法，心不現行，境得常在，亦阿賴邪識無異。（因爾不得省知其妄）五識唯以自識見分緣色及空以爲相分，心緣境起，非現行則不相續，境依心起，非感覺則無所存。而此五識對色及空不作色空等想。末那雖執賴邪以此爲我以此爲法，而無現行我法等想，賴邪雖緣色空自他內外能所體用一異有無生滅斷常來去因果以爲其境，而此數者各有自相，未嘗更互相屬，其緣此自相者亦唯緣此自相種子，而無現行色空自他內外能所體用一異有無生滅斷常未去因果等想。此數識者非如意識之周遍計度執著名言也（因無想故），即依此識而起見分相分二者，其境雖無，其相幻有，是爲依他起自性。（見梁漱溟：《梁漱溟全集》（一），9，濟南：山東人民出版社，2005。）

〔註70〕　梁漱溟：《梁漱溟全集》（一），9，濟南：山東人民出版社，2005。

漱溟的論證少了一個環節，這就是他在破了「有執」執後未接著破「無執」執。這種差別對於相宗自身和梁漱溟自身意義何在呢？就相宗而言，破除了「無執」之執成為皈依者出入世間的依據，也就是說，只要無所執，就可以出而不出，不出而出。就梁漱溟而言，只破「有執」之執未破「無執」之執意味著出世間和住世間的交通被阻隔了。這與梁漱溟此前關於佛教就是以出世間法救拔一切眾生的看法是相吻合的，也與他以後反對近代佛教改革的態度是相呼應的。〔註71〕

正是基於對性宗和相宗的這樣一種理解，梁漱溟做出了「否定」世間一切的結論。其邏輯是這樣的：由性宗知，一切都是由不可思議的識心變現而來；由相宗知，一切皆無自性，真實性以無性為性；由此有三種義，即不可思議義、自然軌則不可得義、德行軌則不可得義。

所謂不可思議義就是說對宇宙本體的認識是不可能的。對此，梁漱溟是

〔註71〕 梁漱溟在《談佛》中講道，「佛教者，以出世間法救拔一切眾生者也（眾生或稱有情，一切含生者之謂也）。故主出世間法而不救眾生者非佛教，或主救眾生而不以出世間法者非佛教。」（梁漱溟：《梁漱溟全集》（四），493，濟南：山東人民出版社，2005。）又在《東西文化及其哲學》中指出，「佛教是根本不能拉到現世來用的；若因為要拉他來用而改換他的本來面目，則又何苦如此糟蹋佛教跡我反對佛教的倡導，並反對佛教的改造。」（梁漱溟：《梁漱溟全集》（一），537，濟南：山東人民出版社，2005。）對此，鄧子美有過如下評論：「梁漱溟當時依據小乘佛教的原教旨主義，認為只要不把出世或者向人的內心追求作為根本取向，就『不再是佛教』。但他當時不瞭解，或者未深入瞭解，出世的同時不離入世，向內追求往往是向外追求的必要補充；甚至宗教的根本取向在漫長的歲月中也可以逐漸改變，而仍取得人們的認同。假如嚴格依據小乘佛教的原教旨主義，那麼大乘佛教的不少宗派應被革出教門。例如，小乘佛教提倡自覺壓抑人的欲念，但受中國道家的自然主義影響的禪宗主張『平常心即道』，這無疑順應了人的欲念。小乘佛教主張消極忍耐，但兼容了儒家入世倫理的中國大乘佛教也讚賞『勇猛精進』，積極進取。小乘佛教把永桓的安寧、平靜懸為最高生活目的，但禪宗『日日是好日』命題恰恰為：幸福就在現世生活的任一方式之中，問題只在於人們對生活的態度。或許有人可以論證說，雖然表面相反，小乘佛教與禪宗的內在精神一致等等。可惜這類論證的本身也是對原教旨的異化。宇宙的無限、社會生活的豐富、印度佛教中國化的進程規定了小乘教與中國大乘佛教之間有著不同的走向，不同的價值目標，不同的改造可能。至少至梁漱溟晚年，他自己當年的論點雖未承認不確，卻也認為大乘佛教『首先是世間出世間的否定』。即承認了大乘入世傾向的可取。」（鄧子美：《傳統佛教與中國近代化──百年文化衝撞與交流》，134～135，上海：華東師範大學出版社，1994）可以看出，梁漱溟之所以固守出世間法，是因為他堅持從小乘佛教的原教旨主義立場出發來理解大乘佛教。

這樣具體推論的：既然所究元者無自性並周遍法界，則一切莫不是：即色，即空，乃至即因，即果。即是說一切「莫不是而百不是斯眞絕對者」。〔註72〕然而，「人心之思，歷異始覺，故一言水必有其非水者，一言風草木必有其非風非草非木者，與之爲對，而後可言可思」〔註73〕但若進入無對，「則其別既泯，其覺遂亡，覺且不能，何從思議？」〔註74〕這就見出所謂世間認識的局限了，即不能思議（認識）宇宙本體（元）。因此，「凡夫究元，非藉正法（佛法）不得窮了。」「要待窮了，須得證得。」〔註75〕顯然，所謂須得證得，就是要拋開世間認識所不能離的言詮去親證方能證得實相（宇宙本體）。

所謂自然軌則不可得義是說，既然宇宙間的一切事物皆無自性，因而皆不可思議，當然也就沒有什麼軌則可言了。梁漱溟還援引斯賓塞的觀點論證道，「既種種不可知，而其學術又不離此而得建立，則所謂學術者又云何而爲可知？然則若是者學術不異構畫虛空邪？曰是誠不遠。」〔註76〕

所謂德行軌則不可得義是說，既然世間的事物皆無自性，因而虛妄不眞，那麼作爲世間之物的德行也就不眞，也就無軌則可言。並且爲了徹底破除世間之人對於德行軌則的虛妄之執，梁漱溟從世間德行軌則的根本即自由和有定二者及其關係出發對世間德行軌則的眞實性進行了顛覆。梁漱溟認爲，按照世間的邏輯，「若心自由者則能揀擇善惡等而取捨之，以是故，德行得立。若心範圍於有定者，則不能揀擇取捨，以是故，德行則不得立。」〔註77〕然而，前面已經講到自然軌則不可得，因而有定即自然軌則不可避免地不成立；同樣，依據前述不可思議義，自由與不自由亦不可說；因此，以自由和有定來論證德行的立與不立本身就是荒謬的。在此，梁漱溟還對康德的眞我自由之論進行了批駁。本來在康德那裡，「眞我」即純粹實踐理性的我憑藉意志自律也即自由能夠踐履絕對道德命令，因此可以說，有德行的我就是自由的我，有德行即有自由。但梁漱溟認爲：第一，德行本身未定有無，只是一個假設，由之其所推論的自由當然也只能是假設；第二，康德「既言自由之義，而又

〔註72〕梁漱溟：《梁漱溟全集》（一），10，濟南：山東人民出版社，2005。
〔註73〕原爲梁漱溟引自嚴復譯《穆勒名學》，見《梁漱溟全集》（一），10，濟南：山東人民出版社，2005。
〔註74〕原爲梁漱溟引自嚴復譯《穆勒名學》，見《梁漱溟全集》（一），10，濟南：山東人民出版社，2005。
〔註75〕梁漱溟：《梁漱溟全集》（一），10，濟南：山東人民出版社，2005。
〔註76〕梁漱溟：《梁漱溟全集》（一），11，濟南：山東人民出版社，2005。
〔註77〕梁漱溟：《梁漱溟全集》（一），12，濟南：山東人民出版社，2005。

云『苟有人焉爲精密之調查,舉吾人之持論,吾人之情念,一切比較實驗之,尋出所循公例,則於吾人欲發何言,欲爲何事,必可預知之不爽毫髮,如天文家之預測彗星預測日食者然。』夫既自由,則發言作事,要待其自由揀擇,如何又循公例而可預側?相違法一處得立,不應道理。」〔註78〕

至此,梁漱溟完成了究元的思想進程。他總結道,「究元既竟,有爲世人所當省者,則所有東西哲學心理學德行學家言,以未曾證覺本原故,種種言說無非戲論。聚訟百世而不絕者,取此相較,不值一笑。」「撥雲霧而見青天,捨釋迦之教其誰能?」〔註79〕這裡,他再一次強調了由宇宙本體的無之性所凸顯的世間種種言說的虛妄,以及克服這種虛妄的途徑在於循釋迦之教證覺本原。

(二)生命困境的揭示:人生只是苦

出世間不僅有其宇宙本體的無性作依據,還有更切近的生命自身的困境作依據。梁漱溟認爲,生命自身的困境表現爲人生無目的以及人生是苦的。

關於人生無目的,梁漱溟是以性宗之義與柏格森的生命哲學相互發明來加以論證的。

他首先指出,「既究元者,則知無有中,幻有世間。所謂忽然念起,因果相續,遷流不住,以至於今。」〔註80〕這是說,從佛家看來,世間諸法皆爲幻相,這在於它們都是心的忽然念起所致。而作爲如此,諸法因果相續,遷

〔註78〕 其中梁漱溟所引乃梁啓超對康德學說的論述(見《梁漱溟全集》(一)第 10 頁)。從梁漱溟對此的詮釋可看出他對康德有很大的誤解。事實上,康德所謂自由,並非說在現實世界中有超出自然世界因果律的自由。康德強調,人作爲現象界的感性存在者,從屬於時間條件,他的任何行爲、活動和意志不過是自然機械系統的一個部分,遵循著嚴格的因果規律;但人作爲本體界的理性存在者,可意識到自己是不屬於時間條件的,他的這同一行爲、活動和意志只服從於理性的自我立法。而道德優於認識,本體高於現象,自由可以作爲原因干預自然。所以,我「能作」緣於我「應作」;其中「能作」服從於自然因果律,「應作」則屬於自由。在這裡,自由完全不包含心理學的內容和意義。因爲任何心理、意識仍然是在時間中受自然因果律支配,而康德的自由卻是先驗的,是超時間的,是與一切因果律截然分離的,(參見李澤厚:《批判哲學的批判——康德述評》,308~310,北京:讀書·生活·新知三聯書店,2007)或者說,自由居於由作爲自然機械系統一個部分的人的行爲、活動和意志所組成的因果鏈條的頂端,並且是自由開啓了這一因果鏈條。而此時的梁漱溟,正是把倫理和心理混爲一談,自然就無法理解康德所謂的自由了。

〔註79〕 梁漱溟:《梁漱溟全集》(一),12~13,濟南:山東人民出版社,2005。

〔註80〕 梁漱溟:《梁漱溟全集》(一),13,濟南:山東人民出版社,2005。

流不住。緊接著，他認爲而此遷流相續正是柏格森所謂的生活即生成進化。他援引柏格森的論點講道：「生活者知識緣以得有之原，又自然界緣以得有象有序爲知識所取之原也。哲學之所事，要在科學所不能爲，即究宣此生活而已。此生活之原動力，此生活所隱默推行之不息轉變，進化此慧性使認取物質世界，而又予物質以核實不假時間之現象，布露於空間。故眞元者非此核實之物質，亦非有想之人心，但生活而已，生成進化而已。」這是說，從柏格森看來，世間萬有的根本就只是生活而已，亦即生成進化而已；一切包括物質和人心都只是生活即生成進化的現象而已。

總之，在梁漱溟看來，不論是就性宗而言，還是就柏格森哲學而言，世間諸法整個就是一綿延的、無定性的現象之流。諸法之中當然包括人生，由此人生也就是一綿延的、無定性的現象之流。

不止於此，梁漱溟還指出，「柏氏舉一切歸納之於不息轉變，以爲唯此是眞，而求其原動力則不得，此無他，彼未嘗證得圓成實性（即眞如即涅槃），故不了其爲依他故。不了其爲清淨本然之眞心（即魯滂之以太）之忽然念起也。」〔註 81〕這即是說，在梁漱溟看來，柏格森以生成自身爲諸法的本體實則還未達到諸法的眞理；諸法的眞理就是眞如，也即清淨本然之眞心，生成正是清淨本然之眞心的忽然念起。清淨本然之心以無性爲性，故其忽然念起也是無性的，由此作爲忽然念起所致諸法之一的人生也是無性的。

這樣，不論是從現象層面來看，還是從本體層面來看，人生的本性就是無性。由此，「人生唯是無目的。」〔註 82〕所以，梁漱溟講道，「常見世間凡夫頗有舉人生目的以相揚榷者。或云德行，或云快樂，或云利他，或云功名，或云蕃衍子姓，或云克祀祖宗。姑不論其所樹唯是愚執。目的之云，本謂行趨之所取。今人生就其全歷史而言，已數萬千年；就個體言，已數十年。譬猶趨行既遠，忽而審議此行爲何所取，即此揚榷之一念，已暴露其本無目的。藉使揚榷而後有所定歸，則已非此行之目的，故人生唯是無目的。夫無目的之趨行，云何而可追憶其行趨之緣何而有？彼凡夫疑正法者，究問緣何忽然念起？緣何無明得起？正不異此。亦即以此忽然念起所以爲妄。無目的之行爲俗所謂無意識之舉動，無一毫之價值者，而即此號稱最高最靈之人類數千年之所爲者是矣！不亦哀哉！」〔註 83〕在梁漱溟看來，人生無目的可以說是

〔註81〕 梁漱溟：《梁漱溟全集》（一），14，濟南：山東人民出版社，2005。
〔註82〕 梁漱溟：《梁漱溟全集》（一），15，濟南：山東人民出版社，2005。
〔註83〕 梁漱溟：《梁漱溟全集》（一），14～15，濟南：山東人民出版社，2005。

人生最大的困境。

關於人生是苦的，梁漱溟認為：人皆有欲，有欲乃有苦樂；欲無已，苦樂無已；苦總多於樂；故人生只是苦。其具體論證如下：

首先立四大根本。「一、欲晐感覺言。感覺謂五根之所領納，如目悅美，身感痛。領納之先，雖不曾起求美拒痛等想，唯是潛伏不露，要得說為欲。」〔註84〕這是說，人的欲望源於其感覺，感覺是人的感覺器官領受外物的結果，而人天生就有眼、耳、鼻、舌、身等五種感覺器官，故人不能沒有感覺，不能沒有欲望。「二、苦樂唯因欲有；若無欲時亦無苦樂。」〔註85〕這是說，人之所以有苦樂是因為人有欲望，苦與樂是與人的欲望相伴而生的，有欲則有苦樂，無欲則無苦樂。「三、苦者欲不得遂之謂，此外無他義；苦之輕重，視其欲之切否。」這是說，所謂的苦無非就是因為人的欲望得不到滿足而致，欲望熱切則苦重，欲望寡淡則苦輕。「四、樂者欲得遂之謂，此外無他義；樂之薄甚，視其欲之切否。」〔註86〕這是說，所謂的樂無非是因為欲望得到了滿足而致，欲望熱切則樂大，反之則小。

然後在此基礎上，梁漱溟指出，第一，欲念無已時。正如前面已經指出的那樣，人天然有感官，因而天然有感覺，故由感覺而生的欲念就無可避免。而且，「假使有人，種種具足，一時不得可欲念者，必起煩悶；以覺官（五根）無所攝受故。其苦與憂惱無異；無念之欲不得遂故，無念欲〔感覺〕與有念欲無異故。當此無攝受苦成時，立迫此心作念，求所以攝受者。故方其悶時猶是無念欲，迨其煩時已是有念欲。以是義故，欲念生生無已，不得暫息。」〔註87〕此即，人固然因其天然有感官感覺而不可避免有欲念，從而不可避免有苦；即便人真的各方面的欲望都得到了滿足，因而可以一時無所欲念，從而似乎可以無苦，但實際上由此導致的人的感官無所攝受又會引起新的煩悶，而這與苦無所不同。第二，世間苦量多於樂量。因為欲念生生不已，欲念滿足則人得其樂，欲念無法滿足則人受其苦，是以人之苦樂亦生生不已。而現實生活中欲望不得遂的情況遠多於得遂的情況，是以苦遠過於樂。並且，人當其欲念時，預計欲念得遂則生忻樂，否則即生憂苦，既然欲念不遂常多於欲念得遂，則自然憂苦亦多於忻樂。二者相乘以加，故人世間苦遠遠多於

〔註84〕 梁漱溟：《梁漱溟全集》（一），16，濟南：山東人民出版社，2005。
〔註85〕 梁漱溟：《梁漱溟全集》（一），16，濟南：山東人民出版社，2005。
〔註86〕 梁漱溟：《梁漱溟全集》（一），16，濟南：山東人民出版社，2005。
〔註87〕 梁漱溟：《梁漱溟全集》（一），17，濟南：山東人民出版社，2005。

樂。第三，世間人所認爲的樂境如富貴、平安和苦境如貧賤、亂離的苦樂之
量都毫無二致，並都是苦量多於樂量。比如，「貧子慕千金之家而以爲樂者，
謂其有此千金也，而不知彼方且慕萬金之家而恥不逮及，其欲已不在此，云
何而有其樂（本前第一設據）？貧子之執以爲樂者，在彼則已厭之矣。故說
千金之家爲樂亦非，說千金之家爲苦亦非，千金之家自始與苦樂之情不相涉。」
〔註88〕因此，「凡舉某何之境遇爲樂，某何之境遇爲苦，皆不得成立。故知境
遇自始與苦樂不相涉，若欲較量苦樂，此毫不相涉之境遇不得羼入熒惑其間，
則彼貧子富家既同其有欲，同其欲念生生無已，同其或邃或不遂，自亦同其
苦苦樂樂而未有毫釐之差別。」〔註89〕這就是說，苦樂與財富的多少無關，
只要人有欲念。第四，世間所希望的樂境如文明進化、大同世界等與人所希
望的富貴一樣都是惑妄。正如章太炎在《俱分進化論》中批評進化論者之希
望進化而力陳苦樂俱進之義時所說，「一，感官愈敏，應時觸發，其感樂則愈
切其感苦亦愈切；二，衛生愈善，無少毀傷，其感樂則愈久，其感苦亦愈久；
三思想愈精利害較著，其思未來之樂愈審，其慮未來之苦亦愈審；四，資具
愈多，悉爲己有，其得樂之處愈廣，其得苦之處亦愈廣；五，好尙愈高，執
著不捨，其器所引之樂愈深，其器所引之苦亦愈深。」〔註90〕總之，人類愈
是進步，愈是聰明，則欲念愈奢，則苦樂之量愈大，因而後世之苦必定大於
今日之苦。

（三）人生道路的選擇：出世與順世

　　宇宙本體是無，因而世間萬相盡屬虛妄，而世間之人卻執其爲有，於是
有「人生唯是苦」的生命困境。那麼，如何擺脫生命的困境呢？佛家言，「苦
海無邊，回頭是岸。」這是說，擺脫困境的關鍵是要回頭，一旦回頭我們就
身在大樂的彼岸；而所謂的回頭其實就是體無，即洞見並親證作爲此岸的世
間在根本上都是虛妄不實的，也就是出世間。所以梁漱溟說，必出世，「出
世間義立，而後乃無疑無怖，不縱浪淫樂，不成狂易，不取自經，戒律百千，
清淨自守」。〔註91〕總之，唯有出世間生命乃能得以安頓。

　　然而，梁漱溟不僅要度己，更要度人，或者說普度眾生才是他眞正的目
標，於是就有了這樣一個問題：以出世間法普度眾生的現實性何在？

〔註88〕　梁漱溟：《梁漱溟全集》（一），17，濟南：山東人民出版社，2005。
〔註89〕　梁漱溟：《梁漱溟全集》（一），17～18，濟南：山東人民出版社，2005。
〔註90〕　梁漱溟：《梁漱溟全集》（一），17～18，濟南：山東人民出版社，2005。
〔註91〕　梁漱溟：《梁漱溟全集》（一），19，濟南：山東人民出版社，2005。

　　梁漱溟意識到這是一個現實的問題，並給出了自己的回答：「爲世間人不能盡以出世期之，眾生成佛，要非今日可辦，則方便門中種種法皆得安立。釋迦設教，上契無生，下教十善。德行之義，若知爲隨順而有，非其本有，則云何不可？寬隨順之途，亦所以嚴出世之教，如來措置莫不得宜。」〔註92〕於是有了第二義即隨順世間義。

　　當然，隨順世間只是權宜之法，它最終所指仍是出世間。梁漱溟說，「況以吾世智所測，成佛大願，將來必成。蓋人群之進，由圖騰而宗法，而軍國，而以社會主義圓滿爲其終局。迨彼其時，人類聰明已造其極，感苦至劇，而從境遇謀救苦之方已窮，如來大法，舉世同情矣。此見於歐土佛化之興，與人群變化所趨，可信其不虛者也。然則今之隨順世間促進進化者，亦所以促佛法之成功，亦未有違反耳。」〔註93〕

　　梁漱溟還強調指出，出世間和隨順世間可任人自擇，而在不能出世間的情況下，「如能常親正法，獲聞了義，雖住世間亦得安穩而住。」〔註94〕

　　通過對梁漱溟這一時期的生命踐行和人生之思的勾勒，我們實際已經揭示出其生命之路的開端的基本意蘊。這就是：

　　第一，自任天下的高遠志趣。這表現爲，他用世是爲了濟世，出世也是爲了救世；行是爲天下而行，思亦爲天下而思。以天下自任可以說是梁漱溟不竭生命動力的根本所在。

　　第二，兼攝儒佛的精神根柢。梁漱溟自小受世宦之家薰陶而早就具有的儒家精神，並沒有因爲他歸心佛家而遭放棄。這表現爲：他雖一心歸向佛家，但仍關心中國問題；而且在其思想上，儒家作爲順世間法成爲通往作爲生命終極的出世間法的佛家的一個環節。

〔註92〕　梁漱溟：《梁漱溟全集》（一），19，濟南：山東人民出版社，2005。
〔註93〕　梁漱溟：《梁漱溟全集》（一），20，濟南：山東人民出版社，2005。
〔註94〕　梁漱溟：《梁漱溟全集》（一），20，濟南：山東人民出版社，2005。

第二章 梁漱溟生命之路的轉進：重回世間，挾儒濟世

　　轉進首先意味著一事物在其發展的道路上出現了轉折；然而此一轉折絕不是對此前毫無保留的簡單的否定，而是基於對此前積極因素有所保留的否定，也就是揚棄，由此事物就實現由舊向新的躍進；因此，轉進就不僅僅是轉折，還是前進。

　　那麼，梁漱溟生命之路的轉進意味著什麼呢？而這又是如何發生的呢？

一、生命踐行的再度變奏：從出世到用世

　　前文曾提到，梁漱溟生命之路的開端的內核是自任天下的高遠志趣和兼攝儒佛的精神根柢，正是這潛在地注定了梁漱溟不可能耽於出世，只做一自了漢，而必定要重回世間，以擔負起天降之救世大任。作為如此，其在生命踐行上發生了從出世到用世的再度變奏，具體地說就是，歸宗儒家，並謀求濟世。

（一）歸宗儒家

　　經由《究元決疑論》的寫作，梁漱溟再度奠定了其人生的價值根基，人格也得以重新統合，他又信心滿滿地出發了。於是，在一九一六年八月他坦然結束了長達四年之久的近似僧人閉關修煉的隱居生活，接受新政府內閣司法總長張耀曾的邀請擔任其秘書。也就在這一年的多天，蔡元培應時任教育總長的范源濂之邀，從歐洲回國接任北京大學校長一職。對於蔡元培，梁漱溟可謂心儀已久，早在中學時代他就讀過蔡元培寫的名為《哲學要領》的哲

學著作。因此，當他聽說蔡元培已回國並即將就任北大校長，便央請范源濂介紹自己前往拜見。這樣，經范源濂的容許，梁漱溟便帶著《究元決疑論》晉謁蔡元培於官菜園上街的蔡的寓所。然而，出乎梁漱溟的意料，一見面，蔡元培就說他已於回國途經上海時在《東方雜誌》上看過他的文章，並存記在心，還說他此番就職北大，正要著意辦好哲學系，希望梁漱溟能加盟進來，出任印度哲學講席。對蔡元培的這一意向，梁漱溟未敢貿然回應。

此後不久，蔡元培正式就任北大校長，便正式提出聘請梁漱溟爲北京大學哲學講師，主講課程是印度哲學。梁漱溟雖然心氣頗高，卻又謙遜實在，當時回答說，「我只不過初涉佛典，於此外的印度哲學實無所知。而據聞在歐洲在日本一般所謂印度哲學，皆指『六派哲學』而言，其中恰沒有佛家。」〔註1〕其意是說他恐怕難以勝任這門課。蔡元培則鼓勵他說，「我們亦沒有尋到眞能教印度哲學的人。橫豎彼此都差不多，還是你來吧！你不是愛好哲學嗎？我此番到北大，定要把許多愛好哲學的朋友都聚攏來，共同研究，互相切磋，你怎可不來呢？你不要當是老師來教人，你當是來合作研究，來學習好了。」蔡的這番話打動了梁漱溟，於是他應承下來了。但一方面由於司法部的工作非常繁忙，梁漱溟一時還無法去職；另一方面他也確實還沒有作好授課的準備，不得已，在取得蔡元培的同意後，梁漱溟推薦佛學素養深厚且長於西文的許季上暫時代他授課。

轉眼到了一九一七年。這年春天，北洋政府的「府院之爭」激化，結果還鬧出了一場短命的張勳復辟的歷史鬧劇。鬧劇結束後，張耀曾下野，梁漱溟也隨之離開了司法部。這時，其妹夫鄒應萩突然病逝。梁漱溟便陪其妹妹送鄒的靈柩前往鄒的江西老家，在回京路過長沙時，正趕上南北軍閥爲爭奪對湖南的控制權而在湖南境內展開廝殺。軍閥之爭，所及之處，爲禍慘烈。對此，他回憶道，「方衡州構兵，吾離長沙聞有人探戰訊者附石油公司小船以行。傍昏時於某地泊岸，聞山頭一小兒哭號云『自天搶掠我們，晚上又來強姦我們，天呀！天呀！不能活了！』呼聲慘屬，一船愴惻。」〔註2〕又回憶道，「王範既潰，吾自長沙北歸。同舟者多北軍兵弁，入夜對坐而談。言在賀家山與南軍對壘三十三日，而凍雨者十七日。冷刺骨髓，山路滑油，僕死相繼。退兵之日，窮力潰走，不獲一息，兩踝盡腫。受傷之兵奄臥醫院，委之而去，

〔註1〕梁漱溟：《梁漱溟全集》（七），187，濟南：山東人民出版社，2005。
〔註2〕梁漱溟：《梁漱溟全集》（四），524，濟南：山東人民出版社，2005。

兩日無食。又傅良佐自河南招募腳夫前後將及萬人，亦悉委而去之。此輩本內地窮民，無裝服械餉，流散無所得食，有轉死溝壑而已。」〔註3〕諸如此類種種不堪，梁漱溟耳聞之，目睹之，情難自禁，一種要救濟天下蒼生的使命感如同激流陡然奔湧胸中。於是，甫一回京，梁漱溟便揮動如椽之筆，寫下了《吾曹不出如蒼生何》的萬言書，並自印三千份，廣爲散發。

　　在文中，梁漱溟列出了時局之種種問題，如法律之破壞、統一之破壞、兵火之創刈、營業之損失、金融之窘迫、閭閻之騷擾、水旱之災難、風俗之敗壞、學術之不講等，並指出這都是由政治上的武裝勢力所致，而政治上的武裝勢力之所以敢冒天下之大不韙，連年爭戰，則關鍵又在於「吾曹」即所謂的知識精英沒有承擔起應當承擔的社會責任，而只要「吾曹」奮起，高舉「非戰」大旗，組織國民息兵會，發動輿論，戰爭便可制止。以此，梁漱溟在文末大聲疾呼，並信心百倍：「自政治方面言，有待於吾曹之出而組織國民息兵會；自社會方面言，有待於吾曹之出而組織國民息兵會；攬全域而言，有待於吾曹之出面組織國民息兵會。吾曹不出，悉就死關，吾曹若出，都是活路。而吾曹果出，大局立轉，乃至易解決之事，乃必成功之事。今日之宇內更無有具大力量如吾曹者，握全國之樞機者不在秉鈞之當局，而在吾曹。嗟呼！吾曹其興起！吾曹不出如蒼生何？」〔註4〕

　　當然，期望通過「吾曹」講道理來開導軍閥以實現息兵，這只能是書生意氣，不可能有任何迴響。事實上，《吾曹不出如蒼生何》在當時也並沒有產生任何實際的影響。但對梁漱溟而言，這卻是他人生思想即將發生重大轉變的跡象。這我們只要看看他一九一六年前後的心態便不難得知。在一九一五年八月的《甲寅》雜誌上，他發表有《寄張寬溪舅氏書》，在其中他寫道，「夫世間捨養生送死亦更奚事？國破世亂而至於極，亦只生得其養死得其送而已，又奚加焉？國治世寧而至於極，亦只生不得其養，死不得其送而已，又奚加焉？概乎其不足道者也。此而不明、而憂苦焉，而憤慨焉、或非有道者之爲乎。」〔註5〕可以看出，此時的梁漱溟其心猶如古井，波瀾不興。到一九一六年他寫作和發表《究元決疑論》時，這種狀況有所改觀——他又有些憂時傷生了，但主要還是出於自己作爲個體的生命感受，並且其所謂的救世之

〔註3〕梁漱溟：《梁漱溟全集》（四），531，濟南：山東人民出版社，2005。

〔註4〕梁漱溟：《梁漱溟全集》（四），541，濟南：山東人民出版社，2005。

〔註5〕梁漱溟：《梁漱溟全集》（四），500，濟南：山東人民出版社，2005。

法就是以出世間法普度眾生。然而，一九一七年南方之行後，情況便大大不同，在《吾曹不出如蒼生何》中，梁漱溟真可謂激情澎湃，雄心萬丈。植根在其心靈深處的以天下為己任的社會責任感蘇醒了，他又要干預世間，一展身手了。

於是，一九一七年十月，梁漱溟真可謂昂首跨進了北京大學。一進校長室，他劈面就問蔡元培對孔子持什麼態度。這令蔡元培頗感意外，沉思片刻後，他回答道，「我們也並不反對孔子，儒家的學說作為一門學問，是必須認真研討的；至於儒家的學說對歷朝歷代以及當今政治、思想、文化的影響，可以有爭論」。〔註6〕對此，梁漱溟顯然不夠滿意，他傲然回應道，「我不僅僅是不反對而已，我這次進北大，除替釋迦、孔子發揮而外，不再作旁的事」。〔註7〕作為即將主講印度哲學的講師，替釋迦發揮理所當然，也是其所長，更何況釋迦之學此時還是他的安心立命之學。但為何還要替孔子發揮呢？

其一，如前所述，儘管他從小主要念的是 ABCD，四書五經幾乎沒有摸過，但儒家文化作為一種精神本身就是他靈魂的根柢之一，這保證了他起碼不會真正地排斥儒家，甚至可以說儒家對他有一種天生的親和力。

其二，平治天下其實還少不了孔孟那一套。在《吾曹不出如蒼生何》中他曾就如何制止戰爭提出要從政治和社會兩方面著手，而無論哪一方面都離不開民意的培養，民意養成則民勢養成，民勢養成則息兵有望。就政治而言，他講道，「自今以往，其宜猛省急圖。一力求民的勢力之養成，得此便是吾輩好地盤，一力求理的勢力之伸發，即此乃是我輩好武器。此種地盤闢得一分，即有一分不拔之基，此種武器則用之不敝而愈利。而捨此不圖，生路即絕，圖之若何？則群嚮導誘國民的意思下工夫，務使發揮表露，斯所謂養成民的勢力已，群知憑理而不憑力，而信理可以有力，斯所謂伸發理的勢力已。而民取徑於理以施展其勢力，則所施無濫。理而斷之自民，以表著其是非，效力更果。二者不可分歧。夫舉國之中，孰則非民？人心所向，孰不在理？此種勢力之發育，原是順其自然，應其需要，誰謂其事迂難圖也？而此種勢力一伸，武力亦即刻退聽，毫無扞格。」〔註8〕顯然，梁漱溟相信，理勝於力，民心不可違。就社會而言，他講道，「昧者俚傳，至云天降惡魔擾亂人世。吾

〔註6〕汪東林：《梁漱溟問答錄》，60，武漢：湖北人民出版社，2004。
〔註7〕汪東林：《梁漱溟問答錄》，60，武漢：湖北人民出版社，2004。
〔註8〕梁漱溟：《梁漱溟全集》（四），536，濟南：山東人民出版社，2005。

則以爲社會誠惡，而其人則皆不足言有爲惡之資，抑又莫不可與爲善。特一社會之中，善的勢力抑閉，惡的勢力發揚；一人之身善點抑閉，惡點發揚；故表現者若是耳。其一抑一揚則累年政治上之所影響，而握其樞機者端在好人。吾曹國民息兵會之組織，固在轉移政象，而同時亦即對於社會上之善惡勢力，人之善惡點而伸詘之矣。」〔註9〕可以看出，在梁漱溟這裡，人性與其說本惡，不如說本善，善進則惡退。統而言之就是，梁漱溟認爲，「吾曹」即我們這些好人誘民向善，人人向善則作爲善的理的勢力得以伸張，而戰爭自息，天下安定。這活脫脫就是再世孔孟的主張。

其三，梁漱溟生就的「好惡拂人之性」使然。「當時已是『五四』運動的前夕，北大校園內，孔子的學術已成爲爭論的熱點」，〔註10〕這對梁漱溟意味著什麼呢？本來，就其自身的學術條件而言，他自小接受的教育使他對西學原本有所偏好，但從學歷和學力來看，其西學功底的缺欠是顯而易見的；而對中國傳統儒家從學術上講他雖談不上厭惡，但確實也沒什麼固有的愛好。正如他自己所言，「溟自元年以來，謬慕釋氏，語及人生大道，必歸宗天竺，策數世間治理，則矜尚遠西，於祖國風教大原，先民德禮之化，顧不知留意」。〔註11〕總之，就梁漱溟的知識結構來說，在「西風」勁吹的時代，梁漱溟要想投入這場關乎民族命運的新文化運動中，講西學是不可能的了，而且這也不是作爲聘請方蔡元培的初衷；他稍能應付裕如的只能是印度哲學，並且嚴格地說還只是其中的佛學，這才是他在北大的安身立命所在。然而，以北大爲中心的新文化運動衝擊中國傳統文化的首要目標是以孔子爲代表的儒家，號稱要「打倒孔家店」。這種片面而決絕的做法一方面在實際上觸動了梁漱溟的精神根柢，並使他不能不從學理上對之產生懷疑；另一方面也使「好惡拂人之性」的他意識到要想在這場運動中充當弄潮兒，不能不講儒家和孔子。

正由於此，他在「剛進北京大學校門時就已想到了儒家哲學」，〔註12〕並「決心爲孔子、釋迦說個明白，走自己的路」，〔註13〕儘管以北京大學當時的師資實力來看，替孔子發揮，似乎還遠遠輪不上他。

帶著這樣的宏願，梁漱溟開始了其在北大的奮鬥。

〔註 9〕 梁漱溟：《梁漱溟全集》（四），537，濟南：山東人民出版社，2005。
〔註10〕 汪東林：《梁漱溟問答錄》，60，武漢：湖北人民出版社，2004。
〔註11〕 梁漱溟：《梁漱溟全集》（一），594，濟南：山東人民出版社，2005。
〔註12〕 汪東林：《梁漱溟問答錄》，59，武漢：湖北人民出版社，2004。
〔註13〕 汪東林：《梁漱溟問答錄》，60，武漢：湖北人民出版社，2004。

　　然而，眞正跨進了北大，事情比他原先想像的還要艱難得多。而其實這毫不奇怪。試想，當時能有幸躋身北大的諸路文化英雄，又有哪一個不是氣干雲霄，存心利用北大這個新文化運動的中心作爲平臺，來成就一番偉業呢？就中國歷史而言，那可是一個需要巨人並且產生了巨人的時代。面對時代的種種問題，各路文化英雄都在緊張地思考，並相互砥礪碰撞。這使得北大無可逃避地成爲了一個風雲際會的大舞臺。不僅如此，佔據這個舞臺中心的正是那些主張吸收西方新文化、反對中國舊文化的激進分子。這不能不使以佛安心，以發揮釋迦、孔子爲己任的梁漱溟倍感孤寂、壓抑。他回憶道，「民國六年，我應北京大學校長蔡子民先生之邀入北大教書，其時校內文科教授有陳獨秀、胡適之、李大釗、高一涵、陶孟和諸先生。陳先生任文科學長。茲數先生即彼時所謂新青年派，皆是崇尚西洋思想，反對東方文化的。我日夕與之相處，無時不感覺壓迫之嚴重。……其時文科教授中諸先生有講程朱老莊之學者，更有其他教員亦是講中國的學問。《新青年》雜誌之批評中國傳統文化，非常鋒利，在他們不感覺到痛苦；彷彿認爲各人講各人的話，彼此實不相干；彷彿自己被敵人打傷一槍，猶視若無事也。而我則十二分的感覺到壓迫之嚴重，問題之不可忽略，非求出一解決的道路不可。在我未肯定我的答案以前我一時可以緘默不言；但必是時時去找路子，探求答案，不稍甘一如他人之漠不關心也。」〔註14〕

　　但壓力也是機遇，梁漱溟的作爲再次證明了這一點。其實，也正是新文化運動對於中國傳統文化的攻擊給了梁漱溟一個絕地反擊的契機，而他原本自負但稍嫌抽象的文化使命由此也有了一個具體的目標。

　　於是，就在《新青年》諸子痛感「無敵者的寂寞」而上演「雙簧信」時，〔註15〕梁漱溟出擊了。一九一八年十月四日，他在《北京大學日刊》的第二百二十一號上刊出《徵求研究東方學者》的啓事。在該啓事中，他聲稱，「東

〔註14〕梁漱溟：《梁漱溟全集》（二），11～12，濟南：山東人民出版社，2005。

〔註15〕在五四文學革命運動前期，陳獨秀、胡適等人提出「文學革命」的主張，得到錢玄同、劉半農等人的熱烈響應。但在當時的中國，由於思想禁錮還很深，文學革命的主張在社會上並沒有引起多大的反響，發難者甚感寂寞。於是，錢玄同和劉半農就在《新青年》上發表了「雙簧信」，即由錢玄同化名王敬軒給《新青年》寫信，模仿舊文人的口吻，將他們反對新文學的種種觀點、言論彙集起來，然後劉半農回信，一一加以辯駁。「雙簧信」引起了社會的廣泛關注，被稱作是中國現代文學史上的一段佳話。（劉炎生：《中國現代文學論爭史》，23，廣州：廣東人民出版社，1999）

方學特指佛陀與孔子之學。由其發源地名之東方之學不止此，然其餘諸家之思致亦西方所恒有，獨是二者不見萌於彼土。其一二毗近佛陀者原受之於此，孔子則殆無其類。且至今皆爲西方人所未能領略。又東方文化之鑄成要不外是，故不妨徑以東方學爲名也。是二者孔子出於中國；佛雖出印度，然其學亦在中國。而吾校則此中國僅有之國立大學。世之求東方學不於中國而誰求？不於吾校而誰求？是吾校對於世界思想界之要求負有供給東方學之責任。顧吾校自蔡先生並主講諸先生皆深味乎歐化而無味於東方之化，由是倡爲東方學者尚未有聞。漱溟切志出世，不欲爲學問之研究，今願留一二年爲研究東方學者發其端，凡校內外好學君子有同心者極願領教。」〔註16〕在《北京大學日刊》的第二百四十一號上，他又登載啟事稱，「又有以溟爲反對歐化者，歐化實世界化，東方所不能外。然東方亦有其足爲世界化，而歐土將弗能外者。則溟所欲得良師友共究宣質證者也。」〔註17〕

緊接著，梁漱溟將之付諸實踐，即在北大哲學研究所開設「孔子哲學之研究」一課。每逢星期二、五，他就在哲學門教員室講演、答疑，以吸引學生，替孔家張目。就在一九一八年十一月五日所做的第一次演講中，他宣稱，「住世的思想之最圓滿者無逾於孔子，其圓滿抑至於不能有加」。〔註18〕這在北大校內引起軒然大波。也是在這次演講中，梁漱溟首次公開透露了他自己的心曲。一方面他說，「至於余之個人則切志出世，未能領孔子之化，好攬世間之務，拋出世修養。年來生活，既甚不合世間生活正軌，又甚不合出世生活正軌，精神憔悴，自己不覺苦，而實難久支，一年後非專走一條路不可也。」〔註19〕另一方面，他指出，在對有關孔子的六個方面的問題已有了答案後，〔註20〕他一改從前薄視孔子的態度，而「歎服之無窮」。〔註21〕這表明他正在釋迦和孔子之間徘徊，並且自覺到了這種徘徊。

〔註16〕　梁漱溟：《梁漱溟全集》（四），553，濟南：山東人民出版社，2005。
〔註17〕　梁漱溟：《梁漱溟全集》（四），552，濟南：山東人民出版社，2005。
〔註18〕　梁漱溟：《梁漱溟全集》（四），556，濟南：山東人民出版社，2005。
〔註19〕　梁漱溟：《梁漱溟全集》（四），555，濟南：山東人民出版社，2005。
〔註20〕　這六個方面的問題是：正面的三個，即倫理學原理問題、形而上學問題、孔子對政府和社會將如何實施教化的主張問題；反面的三個，即孔化與歐化如何衝突及衝突外所餘如何的問題、孔化與本土別家之異點如何的問題、孔子關於住世的人生問題。（《梁漱溟全集》（四），555～556，濟南：山東人民出版社，2005。）
〔註21〕　梁漱溟：《梁漱溟全集》（四），556，濟南：山東人民出版社，2005。

就在梁漱溟於北京大學爲捍衛東方文化而積蓄力量，並初露鋒芒，而個人生活的指針也開始發生搖擺的時候，另一對他而言不啻是驚天動地的災難性事件猝不及防地降臨在他身上，這就是其父梁濟的自殺。

一九一八年十一月十日晨，臨近六十大壽的梁濟在北京靜業湖投水自殺。在自殺前，梁濟留下了一份《敬告世人書》和給清朝皇室的遺折。在這些遺文中，他表達了一介匹夫「必將死義，以救末俗」的心願，並聲言他乃是爲殉清而死。這樣，梁濟之死就遠遠不止是一個體性的事件，而是一包含有豐富的政治、道德、文化內涵的社會性事件，從而引起了廣泛的關注和討論。人們的討論和評價由於各種因素而見仁見智，但大致有一個基本的共識，這就是，梁濟自殺乃出於獻身儒家理想。〔註 22〕正如梁濟在《別竹辭花記》中寫道，「吾固身值清朝之末，故云殉清。其實非以清朝爲本位，而以幼年所學爲本位。吾國數千年，先聖之詩禮綱常，吾家先祖先父母之遺傳教訓，幼年所聞，以對於世道有責任爲主義。此主義深印於吾腦中，即以此主義爲本位，故不容不殉。」〔註 23〕顯然，在渾身浸透著儒家文化氣息的梁濟看來，他作爲一介匹夫的責任就是衛道，而現實是道已墜落，他卻無力振起之，故只有以死驚世，或許這還能喚起人們的良知。

梁濟以衛道爲鵠的驚世之舉，無疑給正在東西文化的岔路口猶疑徘徊的梁漱溟以極大的震撼。晚年梁漱溟在談到這件事時講道：「我當時的想法和看法是複雜的。作爲父子，他突然以這樣的方式死去，我首先是痛苦不已。對清朝的滅亡和革命黨的勝利，我同父親的態度並不一致，但彼此一直相安無事。再說，我父親主張維新，對新學持開明的態度，且爲人忠厚篤實，包括他以身殉道的意念和決心，我心裏也是敬佩的。當然，這並不是說，我贊同父親所堅信不移並爲之獻出生命的那個『道』。」〔註 24〕在這裡，梁漱溟實際上或顯或隱地表達了這幾層意思：第一，爲父親如此離去而痛心；第二，父親開明、寬容、篤實、堅毅，固然令人感佩，然而可以想見，也正是這讓他爲自己違逆父志而加倍愧疚和痛苦；第三，他當時並不贊同他所理解的父親所殉之道，這還可以他一九一八年對其父殉道原因的分析爲證。當時在他看來，父親主要是因爲一方面年歲大了，「知識的攝取力先減了，思想的構成力

〔註22〕 林毓生：《中國傳統的創造性轉化》，212，北京：生活‧讀書‧新知三聯書店，1988。
〔註23〕 轉引自鄭大華：《梁漱溟傳》，45，北京：人民出版社，2001。
〔註24〕 汪東林：《梁漱溟問答錄》，17，武漢：湖北人民出版社，2004。

也退了，所有的思想都是以前的遺留，沒有那方興未艾的創造」，〔註25〕跟不上時代的變遷，另一方面對於外界政治上社會上種種不好的現象又不肯糊塗過去，所以自殺。

於此，我們可以說，父親殉道對於梁漱溟而言首先是一種情感上的震撼，正是這促使他反省到自己諸如違逆父意而醉心佛學，放棄君子的濟世之責等種種「不孝」之舉，且為此深感內疚，由此一種來自於道德人倫的壓力推動他由佛歸儒。但如果考慮到此時梁漱溟自身也正在人生的岔路口徘徊並為此心力交瘁，則父死於義對他而言就「不僅是一個情感的問題，而且直是個生命的問題。」〔註26〕這即是說，父親殉道將不能不提醒梁漱溟基於此時自身的生命體驗而審視這個不僅關乎個人生命，還關乎整個民族生命乃至整個人類生命的大問題，即中國民族文化精神的價值問題，而這當然會推動他走向儒家並最終自覺地成為民族文化精神的擔當者。所以，正如他在《思親記》所講，「以漱溟日夕趨侍於公，向嘗得公歡，而卒昧謬不率教，不能得公之心也。嗚乎！痛已！兒子之罪，罪彌天地已！逮後始復有寤於故土文化之微，而有志焉。」〔註27〕

如果說到目前為止，梁漱溟主要是基於其對生活的感悟而開始在人生思想上顯示出越來越強的由佛歸儒的趨勢，那麼，一戰後彌漫於西方並開始在中國廣泛傳播的反省西方文化的思潮，則從外部呼應和肯認了梁漱溟這種源於自身生活感悟的轉向。

一九一八年十一月，第一次世界大戰結束。戰爭造成了巨大的災難，由此，此前一直伴隨著歐洲現代化進程的對於現代化的反思，擴展為對整個西方文化的反思。當時不少人認為作為現代化代表的西方文明已經破產，需要東方文明來解救其弊，這就是所謂的「東方文化救世論」思潮的興起。作為這種論調的最好的標誌就是一九一八年斯賓格勒的《西方的沒落》的出版及流行。另有一些思想家雖然並不就此認為西方文化已完全破產，但確實由此注意到了中國文化的價值，因而提倡中西文化結合起來，以相互取長補短。比如羅素在《一個自由人的崇拜》中講道，「我們說，我們的文化最顯著的長處是科學方法。中國人的最顯著的長處是對人生之目標的看法。我們希望看

〔註25〕 梁漱溟：《梁漱溟全集》（四），549，濟南：山東人民出版社，2005。
〔註26〕 參見郭齊勇：《梁漱溟哲學思想》，107～109，武漢：湖北人民出版社，1996。
〔註27〕 梁漱溟：《梁漱溟全集》（一），594，濟南：山東人民出版社，2005。

見這兩種東西漸漸結合起來。」〔註28〕他又講道,「當我去中國的時候,我是去教書。但是每過一天,我在教學方面就想得更少,而在學習方面卻想得更多。在許多長久住在中國的歐洲人中,我發現這種態度是通常的。但是在小住和謀利的歐洲人中,這種態度是很少的。不幸地,他們之中很少有那種態度,因為中國人不長於我們所重視的東西——勇武和工業。但是那些重視智慧和美麗的人,甚至單純地享受人生的人,他們能在中國找到的智慧,美麗和人生樂趣比在忙亂的、紛擾的西方所能找到的要多得多,他們會樂於住在一個重視那些東西的國家。但願我能希望中國,為了酬謝我們的科學知識,能給我們一點他的寬大的容忍和沉思的恬靜的心境。」〔註29〕與此相應,一戰後的西方世界出現了一股學習中國文化的熱潮。〔註30〕

不唯西方人在對自身的文化進行反省,進而注意到中國文化的價值;甚至一些一度熱烈擁抱西方的中國人也開始對西方文化表示懷疑,更且猛然自覺到自己文化的價值所在。早在一九一六年,即戰爭還在進行的時候,《東方雜誌》主編杜亞泉就在《靜的文明與動的文明》一文中寫道:「近年以來,吾國人羨慕西洋文明無所不至,自軍國大事以至日用細微,無不效法西洋,而於自國固有之文明,幾不復置意。然自歐戰發生以來,西洋諸國日以其科學所發明之利器戕殺其同類,悲慘劇烈之狀態,不但為吾國歷史之所無,亦且為世界從來所未有。吾人對於向所羨慕之西洋文明,已不勝其懷疑之意見,而吾國人之效法西洋文明者,亦不能於道德上或功業上表示其信用於吾人。則吾人今後,不可不變其盲從之態度,而一審文明真價之所在。蓋吾人意見,以為西洋文明與吾國固有之文明,乃性質之異,而非程度之差;而吾國固有之文明,正足以救西洋文明之弊,濟西洋文明之窮者。西洋文明濃鬱如酒,吾國文明淡泊如水,西洋文明腴美如肉,吾國文明粗糲如蔬,而中酒與肉之毒者則當以水及蔬療之也。」〔註31〕

最典型的可能要算梁啓超了。作為中國近代史上屢開風氣之先的人物,梁啓超一度以西方為學習的榜樣,但自一九二零年偕張君勱赴歐洲考察歸

〔註28〕 〔英〕羅素:《一個自由人的崇拜》.胡品清譯,14,長春:時代文藝出版社,1988。

〔註29〕 〔英〕羅素:《一個自由人的崇拜》.胡品清譯,17,長春:時代文藝出版社,1988。

〔註30〕 參見鄭大華:《民國思想史論》,35～38,北京:社會科學文獻出版社,2006。

〔註31〕 轉引自陳崧:《五四前後東西文化問題論戰文選》,16～17,北京:中國社會科學出版社,1985。

來，他對西方文明的態度發生了一百八十度的大轉彎。就在這年三月，他發表了《歐遊心影錄》。在書中他對興起於戰後的「東方文化救世論」思潮進行了生動的描述。據他說，他們一行五六人自達歐洲以後，目及之處，無不是斷壁殘垣，一派淒慘衰落的破敗景象；耳聞的則不外是西方文明已經破產了、世界末日就要到了的悲觀論調。一次梁啓超偶遇一位名叫賽蒙氏的美國記者，閒談之中，賽蒙氏問梁啓超回到中國後幹什麼，是否要把西洋文明帶些回去。梁啓超回答道，「這個自然」。不料賽蒙氏不無感歎地說：「唉，可憐。西洋文明已經破產了。」梁啓超問賽蒙氏回美國準備幹什麼。賽蒙氏答：「我回去就關起大門老等，等你們把中國文明輸進來救拔我們。」〔註32〕還有一次，梁啓超和幾位德國社會黨的名人閒談，梁啓超提到孔子的「四海之內皆兄弟」，「不患寡而患不均」，跟著又講到「井田制」，以及墨子的「兼愛」、「寢兵」等。這幾位社會黨名人聽了之後都跳將起來，直埋怨中國人有這些寶貝卻藏起來不與他們分享，實在對不住人。初聽起來梁啓超還以為不過是些風涼話，但他「後來到處聽慣了，才知道他們許多先覺之士，著實懷抱無限憂危，總覺得他們那些物質文明，是製造社會險象的種子，倒不如這世外桃源的中國，還有辦法，這就是歐洲多數人心理的一斑了。」〔註33〕在文章的最後，梁啓超呼籲道，「我們人數居全世界人口四分之一，我們對於人類全體的幸福該負四分之一的責任，不盡這責任，就是對不起祖宗，對不起同時的人類，其實是對不起自己。我們可愛的青年啊，立正，開步走！大海對岸那邊有好幾萬萬人，愁著物質文明破產，哀哀欲絕的喊救命，等著你來超拔他哩！我們在天的祖宗三大聖和許多前輩，眼巴巴盼望你完成他的事業，正在拿他的精神來加祐你哩！」〔註34〕

於此，我們可以說，這樣一股彌漫於西方並進而擴散到中國的「東方文化救世論」思潮肯定給予了梁漱溟極大的鼓勵。事實上，在《東西文化及其哲學》一書的《自序》中他講道，「我又看著西洋人可憐。他們當此物質的疲敝，要想得精神的恢復，而他們所謂精神又不過是希伯來那點東西，左衝右突，不出此圈，真是所謂未聞大道，我不應當引導他們於孔子這一條路來嗎？」〔註35〕

〔註32〕 梁啓超：《梁啓超全集》，2975，北京：北京出版社，1999。
〔註33〕 梁啓超：《梁啓超全集》，2975，北京：北京出版社，1999。
〔註34〕 梁啓超：《梁啓超全集》，2987，北京：北京出版社，1999。
〔註35〕 梁漱溟：《梁漱溟全集》（一），543，濟南：山東人民出版社，2005。

　　當然，梁漱溟在人生思想上實現由佛歸儒的最後一躍仍然是基於其對生活的感悟，而非理論的計較。

　　在《我的自學小史》中，梁漱溟講道，「當初歸心佛法，由於認定人生唯是苦（佛說四諦法：苦、集、滅、道。），一旦發見儒書《論語》開頭便是『學而時習之不亦樂乎』，一直看下去，全書不見一苦字，而樂字卻出現了好多好多，不能不引起我極大注意。在《論語》書中與樂字相對待的是一個憂字。然而說『仁者不憂』，孔子自言『樂以忘憂』，其充滿樂觀氣氛極其明白；是何為而然？經過細心思考反省，就修正了自己一向的片面看法。此即寫出《東西文化及其哲學》的由來，亦就伏下了自己放棄出家之念，而有回到世間來的動念。」〔註 36〕為什麼這時才發現儒書中的「樂」？梁漱溟可是在此之前就已經研讀過儒家經典的。早在一九一五年的《甲寅》雜誌第一卷第八號上他就發表過《儒術》一文，並富有創造性地提出了「真儒」的概念。在他看來，所謂真儒者，就是不要呆定地執著那些仁義禮智等儒家信條，而要從個人的真情實感出發。〔註 37〕為什麼那時他就沒有發現「樂」？根本就在於那時他沒有「樂感」，故對儒書中的「樂」視而不見。但自一九一七年進入北京大學後，生活環境變了，友朋之間的志趣感染和精神砥礪，使他身心振拔，體會到了生活之樂，所以當再度翻閱《論語》時，他一眼就「發現」了其中的「樂」。由此，反過來，他關於生活之樂的體悟又進一步得到先知的印證。於是，反撥人生指針似乎勢所必然。但事情又沒有這麼簡單，正如他所說，「被誤拉進北大講什麼哲學，參入知識分子一堆，不免引起好名好勝之心。好名好勝之心發乎身體，而身則天然有男女之欲。但我既蓄志出家為僧，不許可婚娶，只有自己抑制遏止其欲念。自己精神上就這樣時時在矛盾鬥爭中。」〔註38〕新的感悟和舊的觀念在搏鬥。當然，「矛盾鬥爭不會長久相持不決，逢到機會終於觸發了放棄一向要出家的決心。」〔註 39〕

　　機會在一九二零年初春降臨了。當時梁漱溟應少年中國學會的邀請作宗教問題的講演，講完後，他回家補寫演講稿。這原本是一件極為簡單的事情，然而他感到下筆屢不如意，「寫不數行，塗改滿紙，思路窘澀，頭腦紊亂。」

〔註36〕梁漱溟：《梁漱溟全集》（二），698，濟南：山東人民出版社，2005。
〔註37〕梁漱溟：《梁漱溟全集》（四），499，濟南：山東人民出版社，2005。
〔註38〕梁漱溟：《梁漱溟全集》（二），698～699，濟南：山東人民出版社，2005。
〔註39〕梁漱溟：《梁漱溟全集》（二），699，濟南：山東人民出版社，2005。

〔註40〕於是唯有擲筆歎息。待心情稍稍平復後，他隨手取案頭的《明儒學案》翻閱，猛然瞥見東崖語錄中的「百慮交錮，氣血靡寧」等八個字，驀然心驚，自感這正是指他而言，當下默然有悟，遂由此打消出家之念。

　　這樣，梁漱溟就在實際上完成了由佛歸儒的最後一躍。作爲這種完成的外在標誌就是：一九二一年暑假應邀在濟南講演《東西文化及其哲學》，回京寫定付印出版；同年十一月，經伍庸伯介紹，與伍庸伯妻妹黃靖賢結婚。

　　在《東西文化及其哲學》中，梁漱溟從文化就是人類生活的樣法這一觀念出發，把世界文化劃分爲三大類型，分別爲之闡述其基本精神，並指出，最近未來以孔子爲代表的中國儒家文化必將復興。以此，梁漱溟就證明了，歸宗儒家不只是他個人的偶然的選擇，而更是人類文化發展的必然的趨勢。

　　如果說《東西文化及其哲學》是梁漱溟基於自己的生活感悟，而對他引以爲世間生活指針的儒家人生思想的形上言說，那麼與黃靖賢的結婚則是對這種人生思想的切實踐履，頗有以婚載道的意味。之所以如此，首先因爲結婚成家是對於他過去要獨身出家過佛家出世生活的念想的決別，是要過儒家住世生活的一種表示，同時也是作爲一儒者還在天父母延嗣之願以盡孝道的表示；〔註41〕其次因爲他在擇偶時所持的標準乃是一種儒家式的，正如他所講，「在年齡上，在容貌上，在家世上，在學識上，我全不計較，但願得一寬和仁厚的人。不過，單是寬仁而缺乏超俗的意趣，似乎亦難與我爲偶；有超俗的意趣，而魄力不足以副，這種人是不免要自苦的；所以寬仁超俗而有魄力者，是我所求。這自然不容易得，如果有天資大略近乎這樣的，就是不識字亦沒關係。」〔註42〕在當時的他看來，黃靖賢是略近於這個標準的。

　　至此，我們可以說，不論在思想上還是在現實生活上，梁漱溟都已完成了從佛家到儒家的回歸。但這並不意味著他放棄了佛家，正相反，佛家作爲其精神根柢之一依然存留在他心中。關於這一點，他曾在不同場合多次提到過。比如，一九四零年初在重慶北碚縉雲寺漢藏教理院演講時，就自己當年

〔註40〕梁漱溟：《梁漱溟全集》（二），699，濟南：山東人民出版社，2005。
〔註41〕梁漱溟在《思親記》中寫道，「溟又以慕釋氏故，輒從其戒條，茹素不婚，以出世自勵。於時吾兄既成室十年而無子；公垂老，又懷決然遺世之隱志，終不得見嗣續之延。雖曾無一語示督責，而於邑含忍在衷者從可想。兒子之罪，不益以重！後三年納婦，廟見，率新婦拜公遺象而哭。嗚乎！是烏可贖哉！」
　　　　《梁漱溟全集》（五），594～595，濟南：山東人民出版社，2005）
〔註42〕梁漱溟：《梁漱溟全集》（五），751，濟南：山東人民出版社，2005。

在北大講授儒家哲學時的思想歸宿問題，他講道，「比較說來這時候我的生活和思想都歸在儒家方面去了。但對佛法的信仰我沒有變動。不過我覺得為此時此地一般的大眾說法，就不一定以佛法來作領導，因為對一般人根機來說，儒家的道理比較來得相宜一點吧。」〔註 43〕又如，在一九五八年那樣險惡的政治環境中，在一次政協整風小組會上向黨交心的發言中，他依然毫不忌諱地申明，「我的人生思想其根柢是佛家的出世思想」。〔註 44〕而且事實上，正是佛家的出世精神，賦予了他作為一住世儒者更大的願力以救濟天下蒼生。或者說，「他的儒家積極入世的人生是以佛家出世的態度和境界作為背景與力量源泉的。」〔註 45〕

於是，梁漱溟便又迅速從言說走向實踐，這便是謀求濟世。

（二）謀求濟世

梁漱溟以實際的行動濟世始於教育的改革。

在《東西文化及其哲學》中，梁漱溟在比較了中、西、印三方文化的基本精神之後，提出了今天中國人，也是今天世界上人所應當採取的態度，這就是孔子所謂的「剛」的態度。如何培養這樣一種「剛」的態度呢？梁漱溟認為，應該如宋明人那樣再創講學之風，由此，「以孔顏的人生為現在的青年解決他煩悶的人生問題，一個個替他開出一條路來去走」。〔註 46〕只有這樣才能把生機剝盡死氣沉沉的中國人復活過來，才能真正吸收融取西方的科學與民主下的種種學術、種種思潮而有個結果，中國文化才能復興，才能成為人類文明的風向標。

然而以梁漱溟在北京大學從事教育時的耳聞目睹來看，當時的教育是遠遠不能承擔這一民族的同時也是時代的重荷的。對於這一問題，梁漱溟早就有所關注。一九二二年，在一次題為《東西人的教育之不同》的講演中，他指出，「大約可以說中國人的教育偏著在情志的一邊，例如孝悌⋯⋯之教；西洋人的教育偏著知的一邊，例如諸自然科學⋯⋯之教。這種教育的不同，蓋由於兩方文化的路徑根本異趣；他只是兩方整個文化不同所表現出之一端。」〔註 47〕但是，一方面，「我們人一生下來就要往前生活。生活中第一需要的便

〔註 43〕 梁漱溟：《梁漱溟全集》（六），71，濟南：山東人民出版社，2005。

〔註 44〕 梁漱溟：《梁漱溟全集》（七），55，濟南：山東人民出版社，2005。

〔註 45〕 郭齊勇、龔建平：《梁漱溟哲學思想》，244，武漢：湖北人民出版社，1996。

〔註 46〕 梁漱溟：《梁漱溟全集》（一），539，濟南：山東人民出版社，2005。

〔註 47〕 梁漱溟：《梁漱溟全集》（四），660～661，濟南：山東人民出版社，2005。

是知識」；〔註 48〕另一方面，「生活的本身全在情志方面，而知的一邊——包固有的智慧與後天的知識——只是生活之工具。工具弄不好，固然生活弄不好，生活本身（即情志方面）如果沒有弄得妥帖恰好，則工具雖利將無所用之，或轉自貽戚；所以情志教育更是根本的。」〔註 49〕因此，合理的教育應該是二者不偏廢，即既注重知識的創造接受，更調養情志使生活本身恰到好處。然而中國的教育雖然能著意生活本身，但由於未能審察情志教育和知識教育的根本不同，常常把知識教育的方法用於情志教育，這固然已使情志教育的效果大打折扣；更嚴重的是，如後來他在《辦學意見述略》中所講，「現在的學校只是講習一點知識技能而已，並沒照顧到一個人的全生活，即在知識技能一面也說不到幫著走路。」〔註 50〕正由於此，梁漱溟看到，當時的青年學生可大致分爲兩類：一類墮落不自強，所謂的學習就是混，等到畢業了拿一張文憑，然後謀個美差賺錢揮霍；一類是自知要強，卻常常因爲社會人生問題上的諸多感觸而陷於煩悶痛苦。顯然，像這兩類學生，只是給他們傳授知識，而不在全部人生問題上給予指導，是無濟於事的，他們甚至會走投無路而自殺，更遑論其他。

於是，基於對最近未來世界文化的走勢及由此而來的人生哲學的論斷，以及對時下教育弊端的洞見和合理教育的設想，梁漱溟決定走出教育積弊深重的北大，去山東自己試辦學校。

一九二四年，梁漱溟辭去北京大學的教席，前往山東曹州試辦中學高中部。促成此事的就是梁漱溟的山東好友王鴻一。王鴻一民國初曾一度任教育司長，時任山東省政治教育專員，是山東地方上的一個有力的人物，他以辦學爲革命，位於曹州的山東省立第六中學就是他傾其半生心血所創。在教育思想上，王鴻一與梁漱溟有接近之處，照梁漱溟的說法，「他辦學殊非止傳習知識之謂」，〔註 51〕所辦中學「有非常可注意的價值，其前途的開展，正復不可限量」。〔註 52〕當時王鴻一正苦於東西思想衝突而一時又找不到解決之道，正好一九二一年夏季梁漱溟受山東省教育廳的邀請在濟南講演《東西文化及其哲學》，梁漱溟講了一個月，王鴻一便聽了一個月，「沒有一天的間斷，像

〔註 48〕　梁漱溟：《梁漱溟全集》（四），661，濟南：山東人民出版社，2005。
〔註 49〕　梁漱溟：《梁漱溟全集》（四），663，濟南：山東人民出版社，2005。
〔註 50〕　梁漱溟：《梁漱溟全集》（四），784，濟南：山東人民出版社，2005。
〔註 51〕　梁漱溟：《梁漱溟全集》（四），727，濟南：山東人民出版社，2005。
〔註 52〕　梁漱溟：《梁漱溟全集》（四），727～728，濟南：山東人民出版社，2005。

是積疑夙惑，一旦消卻，從茲得著解決十分快活的樣子。」〔註53〕而「每講後常常談話，於是就談到辦大學。」〔註54〕在王鴻一看來，東西思想問題既然已經解決了，就應當本著所見積極發揮，積極去做，很有辦一個大學的必要；另外，六中每年升學到南北各地的學生很多，而對於這些學校的教育王鴻一總不滿意，因此他想自己辦大學，以便為六中的學生接受更合理的高等教育提供機會；加之，同鄉之人也早有辦大學的意思；所以他極力鼓動梁漱溟加盟以共襄盛舉。但梁漱溟認為，辦一所研究整理東方學術和其他文物制度的大學以使東方文化稍見於世，固是他乃至所有有心人夙志所在，然因種種因素機緣未到，因而眼前可行的路子就是，先以六中為依託成立一個學會，將來再由此學會去辦大學。梁漱溟的想法得到了王鴻一等人的認可。隨後，梁漱溟就接任曹州省立第六中學校長職務，試辦中學高中部。

由於這個高中部實際就是他們擬議中的曲阜大學的前身，或者說，辦中學高中部就是為曲阜大學在學生和師資方面打基礎，梁漱溟就依據他在教育問題上的新設想，在曹州六中進行了一些改革。

首先是改革考試制度。把曹州六中原來完全的課堂考試改為卷試和口試兩次考試。按梁漱溟的想法，情志教育是根本，因而這兩次考試中，口試更為重要，因為通過口試可以知道一個人的體格、資質、性質、脾氣、習慣、態度等等，從而可作最後的取捨，並可因材施教。

其次是改革收費方法。因當時學費太高，致使不少貧困人家的子弟不能求學，甚至中產以下的人家子弟都有困難。為此，在梁漱溟幾乎是頑固的堅持下，〔註55〕曹州六中取消了按法律整齊劃一的標準收取學費的做法，而是讓學生根據自己家庭具體的經濟狀況主動地酌情繳納學費，家裏如實在拿不出來不繳也行。從而，不論貧者富者都有受教育的機會。並且，「雖然學生納費多寡不等，而我們待遇上則沒有分別，都是一律的。」〔註56〕

〔註53〕 梁漱溟：《梁漱溟全集》（四），728，濟南：山東人民出版社，2005。

〔註54〕 梁漱溟：《梁漱溟全集》（四），728，濟南：山東人民出版社，2005。

〔註55〕 一九二四年秋季六中高中招生簡章上有一條規定：在學生吃飯時，有錢多出錢，貧者少出錢，無錢者不出錢。但在討論簡章時，許多老師對這條規定不同意，梁漱溟就說：「我辭了北大教職，到此地任高中部主任，就是為了實現這個理想，若這條章程通不過，我來做什麼？」話已至此，眾人無奈，遂無異議通過。（王先進：《回憶吾師梁漱溟先生》，見《梁漱溟先生紀念文集》，13，北京：中國工人出版社，1993）

〔註56〕 梁漱溟：《梁漱溟全集》（四），789，濟南：山東人民出版社，2005。

第三讓學生盡可能多地參與學校的雜務，以培養他們的勞動習慣。

第四改革教育方式，即本著「一面自己走路，一面引著新進朋友走路」，〔註57〕大家共同進步的意思，改變以傳習知識爲主的陋俗，要求師生之間結成朋友知心的關係，以此不僅傳授他們知識，還照顧他們自飲食起居以迄思想情志，自體魄以迄精神等生活的種種方面，「不使他有什麼痛苦——至少也不使他有什麼說不出的痛苦」。〔註58〕

顯然，梁漱溟在曹州六中的教育改革是與他的文化理想相應的，充滿了理想色彩。然而，梁漱溟對於人性的陰暗面明顯估計不足，因而改革雖然取得了一些成效，但很快就在現實面前碰壁了。碰壁的一個至爲關鍵的原因就是學費的繳納出了問題。由於繳費的事實上的不平等，出現了有錢的不願意多出錢，沒錢的白吃白喝的狀況，學校伙食趨於癱瘓。這對於辦學來說無異於釜底抽薪。辦學就此失敗，預想中的曲阜大學也泡湯了。對此，梁漱溟非常失望。他在一九二六年五月十二日致《北京大學日刊》的函中曾就此事講道，「雖學校制度難於改措，冥初不謂其即茲當廢，抑且溟今後亦未見能不與學校爲緣，然溟今後所欲獨任之教育事業則絕不容以自家宗旨攙雜現行學校制度之內，如往昔在曹州之所爲也。溟今後所自勉者亦曰舉吾茲所謂師友之道者倡之於天下耳。萬萬不肯再辦學校，此補言者又一事。」〔註59〕可以看出，辦學失敗使梁漱溟更加深切地體認到現行的學校教育體制無法承載他所謂的師友之道的教育理想，當然他也就無法憑之踐履其偉大的文化使命。

然而，路在何方？

一九二五年春，梁漱溟悄然回到了北京。按他自己的說法，「二三年之間無論什麼都不做。唯與平叔艮庸等覓地自修，養志戢賊。」〔註60〕他要好好地反省反省自己，提高自己，爲未來做準備。

由此，回京後，梁漱溟先是客居清華園，編輯刻印其父梁濟的遺著。梁濟的遺著有六種：《遺筆匯存》一卷、《感劬山房日記節抄》一卷、《侍疾日記》一卷、《辛壬類稿》上下卷、《伏卵錄》一卷、《別竹辭花記》一卷。另外，梁漱溟還撰有《年譜》、《譜後記》和《思親記》等。後來曹州六中的十幾個同學也追隨他來到北京，梁漱溟便與他們一道移居什剎海，同住共讀。一九二

〔註57〕 梁漱溟：《梁漱溟全集》（四），786，濟南：山東人民出版社，2005。
〔註58〕 梁漱溟：《梁漱溟全集》（四），788，濟南：山東人民出版社，2005。
〔註59〕 梁漱溟：《梁漱溟全集》（四），807，濟南：山東人民出版社，2005。
〔註60〕 梁漱溟：《梁漱溟全集》（八），99，濟南：山東人民出版社，2005。

六年初，他又和熊十力及十多名弟子一起搬到剛從山西歸來的德國朋友衛西琴的家中，共同研究儒學和心理學。這樣的講學生活一直持續到一九二七年春天。就在這一時期，梁漱溟的思想於不知不覺中發生了某種變化，並最終走向了「覺悟」。

梁漱溟思想上的這種變化乃至最後的覺悟首先與他對其父遺著的整理相關。因爲編輯刻印其父的遺著不只是一項工作，它更是梁漱溟對於其父的一種紀念和承諾——這是他整理出版其父遺著並撰寫相關的《年譜》、《譜後記》和《思親記》這一行爲本身所明確告訴我們的；而且，這時作爲紀念和承諾對象的父親，不僅僅是父親，更是一種民族文化精神的代言者；因而，這樣的紀念和承諾就是經由濃重的父子情結，而在深層上對於早就領悟了的民族文化精神的一種再度確認與回歸。事實上，這樣的信息在《年譜》、《譜後記》和《思親記》中或隱或顯，觸目即是。

在《年譜》、《譜後記》中，梁漱溟一方面追慕先祖的功業，另一方面對其父的種種爲人處世、憂國憂民的高尚言行，不惜筆墨，務盡周全。這實際都是對其父身上所體現的民族文化精神的解碼和確認。

而在《思親記》中，梁漱溟不僅追憶，更在痛悔，痛悔自己未盡人子之情，痛悔自己未承先父之志。比如，「公固關懷國家，溟亦好論時事，於是所語者什九在大局政治，新舊風教之間。始在光宣間，父子並嗜讀新會梁氏書。溟日手《新民叢報》若《國風報》一本，肆爲議論，顧皆能得公旨。入民國，漸以生乖。公厭薄黨人，而溟故祖之。公痛嫉議員並疑其制度，而溟力護國會，語必致忤。諸類於是，不可枚舉。時局多事，倏忽日變，則亦日夕相爭，每致公不歡而罷。然意不解，則旋復理前語。理前語，則又相持。當午或爲之廢食，入夜或致晏寢。既寢矣，或又就榻前語不休。其間詞氣暴慢，至於喧聲達戶外者有之。悖逆無人子禮。嗚乎！痛已！兒子之罪不可贖已！」〔註61〕又如，「以漱溟日夕趨侍於公，向嘗得公歡，而卒昧謬不率教，不能得公之心也。嗚乎！痛已！兒子之罪，罪彌天地已！逮後始復有寤於故土文化之微，而有志焉；又狂妄輕率言之，無有一當。則公之見背既三年矣，顧可贖哉？顧可贖哉？」〔註62〕

由痛悔而承諾，對於先父的承諾即是對於故土文化的承諾，即是對於民

〔註61〕 梁漱溟：《梁漱溟全集》（一），594，濟南：山東人民出版社，2005。
〔註62〕 梁漱溟：《梁漱溟全集》（一），594，濟南：山東人民出版社，2005。

族固有的文化精神的回歸。〔註63〕於是，相對於五四時期，梁漱溟的思想就此朝著更加保守的方向運動，而這無疑從精神方向上牽引了他以後的鄉村建設活動。〔註64〕

另一促動梁漱溟思想變化乃至最後覺悟的因素就是講學期間的「朝會」。

〔註63〕艾愷在談到梁漱溟的覺悟時曾說，「梁漱溟所談到的『覺悟』，主要是針對中國憑藉其自我制度的調整也能生存下去懷有信心的『覺悟』。」「梁漱溟所經歷的突然『覺悟』或許是他自一九一六年就開始的、消除其因反對他父親反西化的傳統主義而引起的內疚的緩慢進程的最後一步。」（〔美〕艾愷：《最後一個儒家——梁漱溟與現代中國的困境》，鄭大華等譯，長沙：湖南人民出版社，1988）這可以說是對本文關於死於義的父親影響梁漱溟思想動向的論點的有力支持。

〔註64〕五四時期，梁漱溟雖然立志要替孔子和釋迦發揮，並因此被人視為文化保守主義者，但由於受中國近代以來所謂啓蒙運動的影響，其思想其實也是充滿了青春的朝氣，飽含著啓蒙運動的思想內容。關於這首先有他自己對於新文化運動抱著支持的態度為證。他在《答胡評〈東西文化及其哲學〉》針對激進派對他的批評講道，「照這樣說來，然則我是他們的障礙物了！我是障礙他們思想革新運動的了！這我如何當得起？這豈是我願意的？這令我很難過。我不覺得我反對他們的運動！我不覺得我是他們的敵人，他們是我的敵人。我是沒有敵人的！我不看見現在思想不同的幾派——如陳，如胡……有哪一派是與我相衝突的，相阻礙的。他們覺得我是敵人，我卻沒有這種意思。在這時候，天下肯幹的人都是好朋友！我們都是一夥子！此刻天下只有兩種人：一種是積極努力的，一種是苟偷卑劣只想搶便宜的，苟偷卑劣只想搶便宜的彌漫滿中國，我們同胡適之、陳獨秀都是難得遇著的好朋友呀！我總覺得你們所作的都對，都是好極的，你們在前努力，我來吆喝助聲鼓勵你們！因為，你們要領導著大家走的路難道不是我願領大家走的麼？我們意思原來是差不多的。」（《梁漱溟全集》（一），540，濟南：山東人民出版社，2005。）再者，《東西文化及其哲學》所表現的思想傾向也呼應了啓蒙運動的主題，比如人欲的解放。梁漱溟從具有自然主義傾向的泰州學派遙契孔子正是對於人之自然欲念的認同。還有，梁漱溟強調，「我們可以把孔子的路放得極寬泛、極通常，簡直去容納不合孔子之點都不要緊。」（《梁漱溟全集》（四），743～744，濟南：山東人民出版社，2005。）也就是說，所謂走孔子的路，其實就是極其寬泛地抱持著孔子的態度（這種態度實際已經不能說是孔子原本的態度，已被賦上了濃厚的啓蒙色彩），在這一態度下，我們盡可以吸納凡我們認為可取的東西，包括西方文化。正由於此，王宗昱、陳來等人都認為，此時的梁漱溟算不上真正的保守主義者。但到了一九二七年以後，梁漱溟在思想上有了較大的變化。這種變化一方面表現在他在心性問題上由自然人本主義轉向道德人本主義；（參見曹躍明：《梁漱溟思想研究》，61，天津：天津人民出版社，1995）另一方面更突出地表現在其政治思想趨向保守上。五四前後梁漱溟認為我們盡可以借鑒西方的政治制度，一九二七年他忽然覺悟了，「否認了一切的西洋把戲，更不沾戀！」「相信了我們自有立國之道，更不虛怯！」（《梁漱溟全集》（五），13，濟南：山東人民出版社，2005。）

所謂「朝會」，即師生清早靜坐共讀。這可以說是梁漱溟對其早先在《東西文化及其哲學》中就提出的復興古人講學之法，使講學與社會運動相結合的教育思想的實踐。每天清晨，天將明未明之際，梁漱溟便和學生起床，一起去屋外，圍坐一團，靜思默想。靜默之後，常常由梁漱溟即興講授心得體會。據梁漱溟說，這樣的朝會能使人反省自己，鍛鍊心志，振奮精神。他有一段關於冬季朝會的描述，頗能說明這一點。如，「天將明未明時，大家起來後在月臺上團坐，疏星殘月，悠懸空際，山河大地，皆在靜默，惟間聞更雞喔喔作啼，此情此景，最易令人興起，特別的感覺心地清明、興奮、靜寂，覺得世人都在睡夢中，我獨清醒，若益感到自身責任之重大。在我們團坐時，都靜默著，一點聲息皆無。靜默真是如何有意思啊！這樣靜默有時很長，最後亦不一定要講話，即使講話也講得很少。無論說話與否，都覺得很有意義，我們就是在這時候反省自己，只要能興奮反省，就是我們生命中最可寶貴的一剎那。」〔註65〕

可以想見，通過朝會，梁漱溟一方面得以迅速從辦學失敗的暫時挫折中超拔出來，重新獲得了精神的力量，另一方面則愈益感到自己身負著濟世重荷，尤其在他因整理父親遺著而不斷重溫其自任天下的拳拳赤子之心時更是如此。這一切莫不促使他更加努力地思考民族的出路，由是，看似平靜的講學生活實則充滿著懷疑和煩悶。而懷疑和煩悶恰好蘊含著「覺悟」的契機。

梁漱溟懷疑什麼呢？

一是懷疑西洋政治制度在中國的可行性。早在一九二二年前後，他就「漸漸對於一向順受無阻的西洋政治理路懷疑起來，覺得『這樣辦法恐怕不行』」，〔註66〕因為「制度是依靠於習慣」，〔註67〕而中西文化在精神上根本不同，由此中國人缺乏與所引進的西洋政治制度相應的習慣，故再好的西洋政治制度都無法在中國安設。然而，由於時代潮流的不允許，中國人又無法返回過去。這樣一來，「中國人其將怎樣建設他的國家？其將怎樣度他民族團體的生活？」〔註68〕

二是懷疑「農村立國」論。梁漱溟曾對章士釗的以農立國的思想有所意會，因此一九二三年在山東曹州中學演講時，他就提出自己關於「農村立國」

〔註65〕 梁漱溟：《梁漱溟全集》（二），40～41，濟南：山東人民出版社，2005。
〔註66〕 梁漱溟：《梁漱溟全集》（五），8，濟南：山東人民出版社，2005。
〔註67〕 梁漱溟：《梁漱溟全集》（二），19，濟南：山東人民出版社，2005。
〔註68〕 梁漱溟：《梁漱溟全集》（五），9，濟南：山東人民出版社，2005。

的想法，並頗得王鴻一的激賞。然而他自己並未太當回事，一則陳獨秀曾警告說「這是小資產階級欲在自己腦中改造社會的幻想」，〔註69〕一則「自己亦生怕是主觀上的烏托邦，無用的長物，而不敢自信」。〔註70〕所以後來王鴻一再三邀請梁漱溟加盟組織一個研究部，就這個想法來設計一個建國方案，梁漱溟始終疑慮重重，總覺得問題多多，非王鴻一想的那樣簡單。

懷疑而又不得解，是故煩悶不已。

然而有所謂，山重水複疑無路，柳暗花明又一村。

就在梁漱溟懷疑煩悶期間，中國南方一種新興的民族自救運動開始了，並如火如荼。這就是一九二四年國民黨改組，國共兩黨實現合作，革命陣營的力量迅速壯大，接著一九二五年革命中心所在地廣東實現統一，而國民政府志在推翻北洋政府統一中國的北伐也在緊鑼密鼓的籌備之中，形勢一片大好。這時，梁漱溟在廣州的朋友頻頻來信來電，邀其南下參加國民革命。但梁漱溟不相信國民黨能通過武力統一中國，解決中國問題，加之他自己也還沒有找到一個切實可行的方案，於是他婉言謝絕了邀請，而只是派黃艮庸、王平叔、徐名鴻等三位弟子前往廣州瞭解情況，並將所見所聞寫信報告給他。到了一九二六年七月，廣州國民政府誓師北伐，並很快就攻佔了華中重鎮武漢。這一勝利，震動全國，不能不引起梁漱溟的關注。於是，梁漱溟決定接受陳銘樞的邀請，前往武漢與其會面。梁漱溟先到上海。就在上海，他見到了國家主義派領袖曾慕韓，後者一面批評國民黨，一面宣揚自己的主張，但都絲毫無解於梁漱溟心中的懷疑和煩悶。於是梁漱溟離開上海轉道南京，返回北京。之後不久，王平叔、黃艮庸也回到了北京。「師友重聚，更相切磋，乃各大大有所進」，〔註71〕加之，「離去空氣緊張人心已成異態的武漢，而回到寧靜寬舒的北京家裏」，〔註72〕「頓然恢復得和平正常心理，正有不待切磋而各自覺悟者」，〔註73〕從而，「數年往來於胸中的民族前途問題，就此新經驗後，從容省思，遂使積悶夙瘷，不期而一旦開悟消釋。」〔註74〕

悟得了什麼呢？按梁漱溟的說法，並不曾悟得什麼多少新鮮的東西。「只

〔註69〕　梁漱溟：《梁漱溟全集》（五），15，濟南：山東人民出版社，2005。
〔註70〕　梁漱溟：《梁漱溟全集》（五），15，濟南：山東人民出版社，2005。
〔註71〕　梁漱溟：《梁漱溟全集》（五），13，濟南：山東人民出版社，2005。
〔註72〕　當時梁漱溟等師友十多人一起住在北京西郊大有莊，所謂家裏即指此而言。
〔註73〕　梁漱溟：《梁漱溟全集》（五），13，濟南：山東人民出版社，2005。
〔註74〕　梁漱溟：《梁漱溟全集》（五），13，濟南：山東人民出版社，2005。

是掃除了懷疑的雲翳，透出了坦達的自信；於一向所懷疑而未能遽然否認者，現在斷然地否認他了；於一向之所有見而未敢遽然自信者，現在斷然地相信他了！否認了什麼？否認了一切的西洋把戲，更不沾戀！相信了什麼？相信了我們自有立國之道，更不虛怯！」〔註75〕

在這裡，所謂「否認了一切西洋的把戲」並「相信了我們自有立國之道」是說：歐洲近代民主政治的路以及俄國共產黨發明的路在中國一律行不通，而行不通的原因就在於，首先它們「與我們民族精神是大相剌謬的」，〔註76〕更且這些道路所從出的文化在精神上是低於我們民族文化的，從而不僅不能替我們民族開新生機，反而只益死機；所以，唯有依從我們民族固有精神的「鄉治」之路，才是我們民族自救之路。這就是梁漱溟關於中國民族自救運動的「最後覺悟」。

既已覺悟，按梁漱溟一貫的性格，就要本著所悟去行動。

一九二七年五月，應時任廣東省政府主席李濟深的邀請，梁漱溟偕黃艮庸、王平叔前往廣州，試圖在廣東尋求實踐自己主張的機會。年底，梁漱溟說服了李濟深同意其在廣東試驗「鄉治」計劃。

為實施這個計劃，梁漱溟擬了一份《請辦鄉治講習所建議書》及試辦計劃大綱，報請廣州政治分會和國民黨中央批准。在建議書裏，梁漱溟初步提出了其鄉村建設的基本思想。這就是，通過地方自治的形式在社會基層培養人民新的政治習慣，因為「新制度之運用實有資於新習慣」；〔註77〕而新習慣的養成則大大有待於訓練；而要訓練人民的新習慣則需要注意三個方面的問題，即從小區域開始、合於其固有之習慣心理、從解決農村經濟問題入手。

可以看出，作為梁漱溟之最後覺悟的「鄉治」頗具社會教育色彩。實際上他自己也曾講道，「所謂『鄉治』，包括後來的『村治』、『鄉建』，都是我辦教育思想的發展，即講學、搞學問要與社會運動合而為一」。〔註78〕

正是出於講學要和社會運動結合起來的考慮，也為了將來試辦鄉治講習所的方便，梁漱溟還兼任了廣東省立第一中學校長。在就任之前，他曾去南京參觀了陶行知創辦的曉莊學校。他發現該校的辦學方針和教育實踐和他的相關思想頗有相合之處，比如合於教育的道理，合於人生的道理，注意農村

〔註75〕 梁漱溟：《梁漱溟全集》（五），13，濟南：山東人民出版社，2005。
〔註76〕 梁漱溟：《梁漱溟全集》（五），14，濟南：山東人民出版社，2005。
〔註77〕 梁漱溟：《梁漱溟全集》（四），833，濟南：山東人民出版社，2005。
〔註78〕 汪東林：《梁漱溟問答錄》，72，武漢：湖北人民出版社，2004。

問題，曉莊學校可以說是一個改造鄉村社會的中心。這使他很受鼓舞和啓發。因此參觀回來後，他就以之爲榜樣對廣東省立第一中學的教育進行了一些改革。其中不少制度諸如團體生活、班主任制等在他後來的鄉村建設實踐中都得到了繼承或發展。

當然，他更大的抱負還在鄉治本身，但這卻由於《請辦鄉治講習所建議書》遲遲未得到南京方面的批覆而無法展開。

於是，一九二九年春，徵得李濟深的同意，交接好學校的事務後，梁漱溟攜帶廣東政界和知識界對鄉村工作有興趣的馮炳奎、周用等人離粵北上，考察其他地方的鄉村工作。他們先後考察了黃炎培等人在江蘇崑山徐公橋創辦的中華職業教育社、晏陽初領導的河北定縣平民教育促進會、山西的村政建設。通過這次考察，梁漱溟更加堅定了以鄉村建設作爲解決中國問題的唯一途徑的信心和決心。梁漱溟北上考察原本是爲了在廣東開展鄉治工作積累經驗。但他離開廣東不久，蔣桂戰爭爆發，政局大變，李濟深因與桂系軍閥的關係而倒臺了，梁漱溟回到廣東搞鄉治就此泡湯。這時，經王鴻一的介紹，在河南受馮玉祥及其部下韓復榘支持籌辦村治學院的梁耀祖和彭禹廷，向他發出了邀請，請他擔任村治學院教務長，並負責主編得到閻錫山支助的《村治月刊》。梁漱溟接受了邀請，並受委託起草了《河南村治學院旨趣書》及組織大綱、學則、課程安排等文件。在《河南村治學院旨趣書》中，梁漱溟指出，「農村產業合作組織既立，自治組織乃緣之以立，是則我所謂村治也。蓋政治意識之養成，及其習慣能力之訓練，必有假於此；自治人才與經費等問題之解決，亦必有待於此。頃所謂藉經濟引入政治，實爲不易之途；有異於此者，斷知其失敗而已！鄉村自治體既立，乃層累而上，循序以進，中國政治問題於焉解決。中國政治問題必與其經濟問題並時解決；中國經濟上之生產問題必與其分配問題並時解決，聖人復出，不易吾言矣！求中國國家之新生命必於其農村求之，必農村有新生命而後中國國家乃有新生命焉，聖人復出，不易吾言矣!」〔註79〕可以看出，梁漱溟已經形成了自己較爲系統成熟的鄉村建設思想，其自負之心溢於言表。

一九三零年一月，河南村治學院正式開學。梁漱溟一方面主持院教務工作，另一方面又擔任鄉村自治組織等方面的課程。其間，因王鴻一病退，梁漱溟又接辦前者創辦的北京《村治》月刊，並自己另創辦了一份《鄉村建設》，

〔註79〕 梁漱溟：《梁漱溟全集》（四），917，濟南：山東人民出版社，2005。

以研究和宣傳鄉村建設。他還到北京大學和燕京大學等處演講，爲鄉村建設運動大造聲勢。看起來，他的鄉村建設事業要走上正軌了。

但時運弄人。一九三零年春，中原大戰爆發，結果，馮玉祥、閻錫山被蔣介石大敗。河南村治學院因與馮、閻的關係而被蔣介石關閉。梁漱溟的鄉村建設事業又一次遭受挫折。不過，很快令梁漱溟及其村治學院同事稱慶的是，原村治事業的支持者韓復榘退到山東以後，受蔣介石的安撫而任山東省政府主席，在山東省建立起了一方勢力，他邀請梁漱溟等人去山東繼續從事鄉村建設。

這樣，歷經波折，梁漱溟終於找到了踐行其歷史使命的落足點。事實是：一九三一年三月，國民黨山東省政府撥款十萬元，任命梁耀祖、孫則讓爲山東省鄉村建設研究院正副院長，在濟南成立籌備處；六月，山東省鄉村建設研究院在鄒平開辦；一九三三年十月，梁耀祖調他任，梁漱溟繼任院長，直到一九三七年七七事變後因日寇入侵山東，山東省鄉村建設研究院被迫解散。

從一九三一年至一九三七年，作爲鄉建運動的靈魂人物，梁漱溟立足鄒平，除從事鄉村建設的實踐外，還力圖從理論上對鄉建運動進行總結、探索，先後出版了《中國民族自救運動之最後覺悟》、《鄉村建設論文集》、《梁漱溟教育文錄》、《鄉村建設大意》、《鄉村建設理論》等著作，以期指導鄉建工作。同時在一九三三年至一九三五年間，在他和晏陽初、江問漁、高踐四、章元善、許士廉等人聯袂倡議下，全國鄉村工作討論會多次召開，極大地推動了鄉建運動的發展。此時的梁漱溟，在理論和實踐上可謂已貫通一氣，自我感覺良好，鄉村建設的前途儼然在握，因而工作起來不遺餘力，內心也充滿了神聖的使命感。正如他在《以出家的精神做鄉村工作》中所講，「眞正的和尚出家，是被一件生死大事，打動他的心肝，牽動他的生命；他看到眾生均循環沉淪於生死之中，很可憐的，所以超脫生死，解決生死，遂拋棄一切，不顧一切。現在我來作鄉村運動，在現在的世界，在現在的中國，也是同和尚出家一樣。我同樣是被大的問題所牽動，所激發；離開了朋友，拋棄了親屬，像和尚到廟裏去般的到此地來。因爲此事太大，整個的佔據了我的生命，我一切都無有了，只有這件事。」〔註80〕

而且，梁漱溟的這種使命感如此之深刻強烈，以至於他近乎宿命地認爲，妻子黃靖賢的到來和不幸離去也都是爲了成全他的天賦使命。〔註81〕在一九

〔註80〕 梁漱溟：《梁漱溟全集》（五），425，濟南：山東人民出版社，2005。
〔註81〕 黃靖賢於一九三五年八月二十日在鄒平因難產病逝。

三五年八月二十四日作於鄒平的《悼亡室黃靖賢夫人》中，他寫道，「我轉回來想，在天安排我兩人的關係上，亦許靖賢是純粹落在犧牲地位以成全我的吧！他最先成全我的，是到我年近三十才來我家，給我很大的機會爲思想上創造努力（不必多，假令早結婚三五年，《東西文化及其哲學》未必能成）。婚後的十四年間，使我藉以瞭解人生，體會人生。並從她的勤儉，得以過著極簡易的生活，俾我在社會上進退自如，不用討錢養家，而專心幹我的社會運動。在這中國問題極度嚴重的時際，她又早早離開我，給我以爽利的身子，容我以全副的精神，對付大局問題，爲社會服務。——我此後決不續娶，不在紀念他的恩義，表見我的忠貞；而在不應該糟蹋她留給我的這個機會。」〔註82〕

　　然而，儘管梁漱溟以如此之深心大願，爲國家，爲社會，乃至爲人類，全心全意，鞠躬盡瘁，但歷史又一次跟他開了個玩笑，這就是，正當鄒平的鄉村建設運動搞得熱火朝天，一九三七年七月七日日本帝國主義發動全面侵華戰爭，由此，鄒平的鄉建工作因種種與戰爭相關的不堪的原因戛然而止，並毀滅無餘。這令梁漱溟痛心不已。

　　隨後，梁漱溟轉身投入抗日救國的大潮中。一九三七年八月十七日，梁漱溟參加國防參議會會議。在會上他陳述了其一貫主張，即發動民眾，並將抗日救國和社會改造相結合。

　　這次會議後，梁漱溟作爲國防參議員先後到山東、陝西、河南等地視察防務。期間於一九三八年一月他首度造訪延安。訪問延安的目的有兩個，「一是對於中國共產黨作一考察。二是對於中共負責人有意見要交換。」〔註83〕而中心所向就是如何統一國家，建設國家。

　　一九三八年七月，他參加在漢口召開的國民參政會第一屆第一次會議，並在會上圍繞戰時農村問題提出了一個建議案和三個詢問案，其意在於提醒抗戰必須立足於農村，依靠農民，減輕農民負擔，調動他們的抗戰積極性。然而，會後這些提案都如石沉大海，杳無回音。同年十月國民參政會第一屆第二次會議在重慶召開，在會上，他又就徵兵難題提出了一個《改善兵役實施辦法建議案》，並獲得通過。然而，建議案送到國防最高會議後，也沒有下文。

　　這樣，梁漱溟爲抗戰所作的諸種努力都遭失敗。他痛感有力無處使，便向國民黨當局提出到華北華東各戰地去視察的申請，得到批准。一九三九年

〔註82〕 梁漱溟：《梁漱溟全集》（五），754～755，濟南：山東人民出版社，2005。
〔註83〕 梁漱溟：《梁漱溟全集》（六），192，濟南：山東人民出版社，2005。

二月初，梁漱溟率少數隨從自重慶出發，經西安、洛陽進入敵後游擊區，先後巡視了皖、蘇、魯、冀、豫、晉等六省，涉及五十多個縣市，歷時八個月。此番巡歷使梁漱溟對中國社會的苦難現實有了更切近和全面的接觸，因而他感想多多。在《我的努力是什麼》中他寫道：「第一個感想，便是中國老百姓太好」；「第二個感想，民國三十年來正經事一件沒做，今後非普遍從鄉村求進步不可」；「第三個感想，今日問題不是敵人力量強，而是我們自己不行」；「第四個感想，中國目前的問題全在政治，而政治的出路卻並不現成」。〔註84〕由此梁漱溟似乎又找到了踐行其歷史使命的有效著力點：既然拯救民族須從政治上著手，而當時最大的政治問題就是國共兩黨之間的黨派之爭，那麼謀求與國共兩黨外的其他有影響力人士的合作，也即匯聚第三勢力，以擁有在政治上說話的分量，就是拯救民族之第一步的不二之選。

於是，他多方奔走，在國共兩黨外謀第三者之聯合。

於是，歷盡艱難曲折，一九四一年三月十九日，中國民主政團同盟在重慶秘密成立。同年九月，中國民主政團同盟的機關刊物《光明報》在香港正式創刊，梁漱溟任社長，主持社務。中國民主政團同盟及其政綱大白於天下，其影響力也越來越大。

然而，梁漱溟似乎總是時運不濟。正當他的《光明報》事業初成，準備謀求進一步的發展之際，一九四一年十二月七日，日本發動太平洋戰爭，同月十九日日軍佔領香港，剛剛創刊三個月的《光明報》被迫停刊。香港沒有他們的容身之地了。

一九四二年二月五日，在中共地下黨的幫助下，梁漱溟返抵桂林。在桂林，梁漱溟寫信給他的兩個兒子，詳細描述了他冒險逃離香港的具體情況，以及脫險後的感想。在信中，他特別提到並分析了他處在險境時的心理。他講道，「我不只是一個從外面遭遇來說，最安然無事的人；同時亦是從內心來說，最坦然無事的人。」「我心中何以這樣坦定呢？當然這其間亦有一種天分的，而主要還由於我有一種自喻和自信。自喻，就是自己曉得。我曉得我的安危，不是一個人的問題，而是關係太大的一件事。我相信我的安危自有天命，不用擔心。」「孔孟之學，現在晦塞不明。或許有人能明白其旨趣，卻無人能深見其繫基於人類生命的認識而來，並為之建立他的心理學而後乃闡明其倫理思想。此事唯我能做。又必於人類生命有認識，乃有眼光可以判明中

〔註84〕梁漱溟：《梁漱溟全集》（六），246～248，濟南：山東人民出版社，2005。

國文化在人類文化史上的位置，而指證其得失。此除我外，當世亦無人能做。前人云：『爲往聖繼絕學，爲萬世開太平』，此正是我一生的使命。《人心與人生》等三本書要寫成，我乃可以死得；現在則不能死。又今後的中國大局以至建國工作，亦正需要我；我不能死。我若死，天地將爲之變色，歷史將爲之改轍，那是不可想像的，萬不會有的事！」〔註85〕

　　梁漱溟的這番本不願爲外人道的肺腑之言，〔註86〕不能不令人想起兩千多年前孔子被困於匡時的豪語：「文王既沒，文不在茲乎？天之將喪斯文也，後死者不得與於斯文也；天之未喪斯文也，匡人其如予何？」〔註87〕二者如出一轍。這在於他們有著共同的信念，即天不滅，道亦不滅，因而作爲道的承擔者，他們當然不會在傳道於天下之前先行滅去。因此，我們固然盡可以說這都是狂者之言，然而，這實在不是「瘋狂」，〔註88〕因爲其中蘊含的是他們對於道的自覺和擔當。

　　此外，就梁漱溟而言，上述還只是他口出狂言的一個方面的因素。另一方面在於，在經歷自曹州辦學直至最近參與政治等一連串的失敗後，他對自己的人生使命有了新的體悟。他更加清楚地認識到，他一生的使命就在於「爲往聖繼絕學，爲萬世開太平」，或者說，他更明確了他擔當道的方式主要不在立功，而在立言。由此，不但此前所有事功的挫折於他就如同過眼煙雲，此後所有類似的挫折亦是如此。這樣，在飽經因多次事功失敗而致的失落後，梁漱溟在心理上獲得了重生。這種重生當然令他興奮，而興奮之餘口出狂言，實不足怪。

　　所以，梁漱溟這次對於自己人生使命的重新體悟，實際上成爲了他人生的又一個轉折點。也就是說，此後梁漱溟的主要工作是立言，而非立功。他漸漸沉潛於世了。事實是：自一九四二年返抵桂林至一九四五年抗戰勝利，

〔註85〕　梁漱溟：《梁漱溟全集》（六），341～343，濟南：山東人民出版社，2005。
〔註86〕　梁漱溟的這番言語原本只是其父子之間於信中說的家話，根本就無意張揚於外（筆者按：這正表明它確實是梁漱溟發自肺腑之言），是他的朋友看見相關的信件後把它拿到桂林的《文化雜誌》公開發表，這才天下盡人皆知。（參見《梁漱溟全集》（六），345，濟南：山東人民出版社，2005。）
〔註87〕　《論語・子罕》第五章。
〔註88〕　梁漱溟的「狂言」被發表後，輿論界頗有一些譏評。其中，他的老友，同樣狂放的熊十力，寫信指斥他太瘋狂。梁漱溟回答說，「狂則有之，瘋則未也。」（參閱張祥浩：《復興民族文化的探索——現代新儒家與傳統文化》，南京：江蘇人民出版社，2003）

梁漱溟退隱於桂林，雖然也從事抗戰活動，但主要是從事《中國文化要義》的寫作；一九四六年一月十日爲盡力於反內戰運動梁漱溟參加了當年的舊政協會議，但在一月三十一日會議閉幕式上宣佈退出現實政治，並爲取得中共對其退出現實政治的諒解而於當年三月再訪延安；由於時局迅速惡化，逼於無奈，梁漱溟又以民盟秘書長的身份，從五月初至十月年底往返京滬間爲國共和談盡力（其間還一度去昆明調查李聞血案），但當看清無可爲力的時候，便拔腳走開，辭去民盟秘書長的職務，遠去重慶北碚，閉戶著書；一九四九年，國共即將一決雌雄之時，蔣介石下野，李宗仁登臺，亟亟請人奔走和平，再三電邀梁漱溟出山，梁漱溟答之以只呼籲和平而不奔走和平；一九四九年十一月梁漱溟出版了其旨在爲建設新中國而認識老中國的立言之作《中國文化要義》。

二、現代儒家的新民之道：重光孔家之學

從上述梁漱溟生命踐行的歷程來看，自歸入儒家後，不論是早期辦學講學，還是二三十年代從事鄉村建設，抑或三四十年代的政治思考和實踐，「新民」對他而言始終是個根本性的問題。早年辦學「實是感於親師取友的必要，而想聚攏一般朋友同處共學，不獨造就學生，還要自己造就自己」，〔註89〕即要造就具有「剛」的態度從而能擔當復興中國文化大任的新人；鄉村建設就是要通過基層的社會改造來培養國民的新習慣，也就是引導國民走上以更化了的中國文化精神爲指引的人生大道；三四十年代他在上層政治領域的思考和實踐其實也是醉翁之意不在酒，其目標所向仍是基層的社會改造，因爲在他看來國民的新習慣的養成才是政治進步的根本所在。總之，梁漱溟種種解決中國問題的思想和實踐都是以「新民」爲其根本的。並且作爲根本，「新民」不僅僅是手段，更是目標。

梁漱溟的新民之道就是重光孔家之學，具體地說，就是要人沿著孔子指引的方向行走在人生大道上，成爲理性之人，而爲此設計的制度就是通過補充改造古代鄉約而成的鄉村組織即村學和鄉學。

（一）人生路向的抉擇：走孔家之路

抉擇的前提是區分、比較，由此當梁漱溟在進行人生路向的抉擇的時候，他首先要做的工作就是確定西洋、中國、印度等文化所代表的人生路向的邊

〔註89〕梁漱溟：《梁漱溟全集》（四），785，濟南：山東人民出版社，2005。

界，並在此基礎上對之進行具體的比較。

如何確定西洋、中國、印度等文化所代表的人生路向的邊界呢？梁漱溟從文化的定義著手。他講道，「文化是什麼東西呢？不過是那一民族生活的樣法罷了。生活又是什麼呢？生活就是沒盡的意欲（Will）──此所謂「意欲」與叔本華所謂「意欲」略相近，──和那不斷的滿足與不滿足罷了。通是個民族通是個生活，何以他那表現出來的生活樣法成了兩異的彩色？不過是他那為生活樣法最初本因的意欲分出兩異的方向所以發揮出來的便兩樣罷了。然則你要去求一家文化的根本或源泉，你只要去看文化的根原的意欲，這家的方向如何與他家的不同。你要去尋這方向怎樣不同，你只要他已知的特異彩色推他那原出發點，不難一目了然。」〔註90〕在此，梁漱溟將文化定義為生活的樣法，進而又指出生活樣法的根源在於意欲，這就是說，不同文化所代表的人生路向的邊界在於各自不同的意欲。

於此，我們不能不提到，梁漱溟以主觀的意欲作為區分不同文化所代表的人生路向的最高根據，這固然是他以唯識宗的宇宙觀作為其理論的源頭並深受叔本華唯意志論影響的結果，但這只是表層的原因，往深處說，這裡面飽含著其深刻的人生體驗。他曾提到，「關於我的人生思想之轉變或是哲學的變化，可分為三期。第一時期為實用主義時期，從十四五歲起至十九歲止，以受先父之影響為多。第二時期即為上文所講之出世思想歸入佛家，從二十歲起至二十八九歲止。在此時期中一心想出家做和尚。第三時期由佛家思想轉入於儒家思想，從二十八九以後，即發表《東西文化及其哲學》一書之際。在此三個時期中，令人感覺奇巧者，即是第一個時期可謂為西洋的思想，第二個時期可謂為印度的思想，第三個時期可謂為中國的思想。彷彿世界文化中三大流派，皆在我腦海中巡迴了一次。」〔註91〕對此，我們不能僅僅把它看作是一種事後的附會，而應當看到，正是在他的人生思想一再轉換的過程中，他經驗到了意欲與生活、與世界的關聯。他的這種經驗最早表現在他十四五歲時對於人生苦樂的思考上。正如本文第一章在交代梁漱溟歸心佛家的心路歷程時指出的，通過對人生苦樂的體驗與思考，梁漱溟意識到，人生是苦是樂，根源不在外界，而在人自身，這就是人自身向外逐求的欲望。欲望滿足了，則生活就是一樂的生活，世界便是一樂的世界；欲望滿足不了，則

〔註90〕 梁漱溟：《梁漱溟全集》（一），352，濟南：山東人民出版社，2005。
〔註91〕 梁漱溟：《梁漱溟全集》（二），9，濟南：山東人民出版社，2005。

生活就是一苦的生活，世界便是一苦的世界。因此，人要超越一般的苦樂，就不能向外求，而只能反身內求，消除以逐求外物為目的的欲望，如此生活就是一大樂或者說寧靜的生活，而世界就是一寧靜的極樂世界。正是基於這種人生體驗，梁漱溟一度歸心佛家，並由於歸心佛家這種體驗得以深化。當然，梁漱溟雖一度號稱歸心佛家，但事實上他依然沒有徹底擺脫其欲望的牽引，所以數年後他至少在外部現實生活上又回到了儒家。這使他再一次經驗到了欲望與生活及世界的關聯。

總之，對於梁漱溟而言，也許世界本來無甚大的變化，只是由於「此時的我」發生了變化，生活與世界也就發生了變化。而他在經歷了人生思想的一再轉換之後，體會到了人作為主體的狀態、價值觀念對於其生活及其世界的決定性影響，便反過來用他從生活中得到的主見去理解文化，〔註92〕由此形成了他的這種主觀文化論，〔註93〕也即，由此他以意欲作為區分不同人生路向的最高根據。

於是，西方化之所以是西方化是因為它「是以意欲向前要求為其根本精神的」，〔註94〕也就是說西洋人生路向的根據就在於意欲向前。由於意欲向前，西洋人「遇到問題都是對於前面去下手，這種下手的結果就是改造局面，使其可以滿足我們的要求」。〔註95〕

中國文化之所以是中國文化是因為它「是以意欲自為、調和、持中為其根本精神的」，〔註96〕也即中國人生路向是以意欲自為、調和、持中為其根據的。由於意欲自為、調和、持中，中國人「遇到問題不去求解決，改造局面，就在這種境地上求我自己的滿足。」〔註97〕

印度文化之所以是印度文化是因為它「是以意欲反身向後為其根本精神

〔註92〕 梁漱溟的這種從個人存在體驗去研究文化，還表現在他對世界文化進行區劃時，是以他剛好接觸並受其陶養的西、中、印三種文化作為理想模型的，而其他如伊斯蘭文化則落在他的視野之外。

〔註93〕 對於梁漱溟主觀文化論的產生，郭齊勇等除強調其根本原因在於梁漱溟存在體驗式的研究方式外，同時還指出了其特定的時代條件，即是說，它是針對文化環境論和只重文明成果不求對文化作更深層次的研究的現狀而提出來的。（參見郭齊勇、龔建平：《梁漱溟哲學思想》，93，武漢：湖北人民出版社，1996。）

〔註94〕 梁漱溟：《梁漱溟全集》（一），353，濟南：山東人民出版社，2005。

〔註95〕 梁漱溟：《梁漱溟全集》（一），381，濟南：山東人民出版社，2005。

〔註96〕 梁漱溟：《梁漱溟全集》（一），383，濟南：山東人民出版社，2005。

〔註97〕 梁漱溟：《梁漱溟全集》（一），381，濟南：山東人民出版社，2005。

的」，〔註98〕即印度人生路向是以意欲反身向後爲其根據的。「走這條路向的人，其解決問題的方法與前兩條都不同。遇到問題他就想根本取銷這種問題或要求。這時他既不像第一條路向的改造局面，也不像第二條路向的變更自己的意思，只想從根本上將此問題取銷。」〔註99〕

梁漱溟同時還指出，人類的意欲之所以會呈現出這三種不同的樣態，從而有這三種不同的人生路向，還與人類在其生活的過程中不可避免地要遇到三種問題有著不可分割的關係。此三種問題分別是人對物的問題、人對人的問題、人對自己的問題。西洋人著力於人與物的問題，而對於外物人必須用力去制服，故西洋人意欲向前，在發展了自身宰制外物的力量的同時，發展了科學和民主。中國人著力於人與人的問題，而要解決此一問題，人不能像西洋人對物那樣去對待他人，而必須要像對待自己一樣對待他人，這就要求人反省內求，由此產生了以儒家爲代表的注重倫理的中國文化。印度人著力於人對自己的問題，而這一問題作爲關於人之生死的生命問題在世間是無由解決的，由此就有意欲反身向後，修無生的印度宗教。

確定了西、中、印三方文化所代表的人生路向的邊界後，緊接著的工作就是對它們作一具體的比較。由於近代中國特殊的語境，梁漱溟主要對西洋和中國兩種文化下的人生進行了具體的比較。這種比較涉及雙方國民性的差異（包括各自國民的個性是否伸展和社會性是否發達）、雙方國民生活狀態的差異（包括各自國民生活的特色與面臨的問題）。

關於國民個性是否伸展。

西洋人生路向以意欲向前爲根本精神，這落實在國民性上，首要的一點就是人的個性得以伸展。梁漱溟說，「現在的西方文化，誰都知道其開闢來歷是在『文藝復興』，而所謂『文藝復興』者更無其他解釋，即是西方人從那時代採用我們所說『第一路向』之謂也。原來西方人的生活，當古希臘羅馬時代可以說是走『第一路向』，到中世紀一千多年則轉入『第三路向』，比及『文藝復興』乃又明白確定的歸到第一條路上來，繼續前人未盡之功，於是產生西洋近代之文明。」〔註100〕這就是說，西洋人生路向的根本精神本來是以意欲向前的，然而在中世紀經歷了意欲回轉向後的曲折，到文藝復興時代又得

〔註98〕 梁漱溟：《梁漱溟全集》（一），383，濟南：山東人民出版社，2005。
〔註99〕 梁漱溟：《梁漱溟全集》（一），381～382，濟南：山東人民出版社，2005。
〔註100〕 梁漱溟：《梁漱溟全集》（一），383，濟南：山東人民出版社，2005。

以恢復。這種恢復表現爲,經過中世紀的漫漫長夜,西洋人醒過來了,「對於無理的教訓,他要自己判斷;對於腐敗的權威,他要反抗不受」,〔註101〕甚至「差不多後來的耶穌教性質逐漸變化,簡直全成了第一路向的好幫手,無復第三路向之意味。」〔註102〕這其實就是西方人對於人的重新發現。對此,布克哈特在其巨著《意大利文藝復興時期的文化》有過很好的論述。該著總共六篇,其中第二篇的題目是「個人的發展」,〔註103〕第四篇的題目是「世界的發現和人的發現」。在布克哈特看來,人的發現是文藝復興的兩大重要主題之一。〔註104〕人的發現首先是對人作爲類的命運的發現,即人知道上帝的意志不是人的意志的根據,人要並且能夠憑藉自己的自由意志決定自己的生命形式;〔註105〕其次它同時還是對人的個性的發現,可以說文藝復興的各個方面都是個人主義的表現。梁漱溟把這種個性的發現稱做「人的個性的伸展」,「因爲以前的人通通沒有『自己』,不成『個』,現在的人方覺知有自己,漸成一個個的起來。」〔註106〕由此,在社會生活上,「大家彼此通是一個個的人,誰也不是誰所屬有的東西;大家的事便大家一同來做主辦,個人的事使自己來做主辦,別人不得妨害。」〔註107〕而「所謂『共和』、『平等』、『自由』不過如此而已,別無深解。」〔註108〕

中國人生路向以意欲自爲、調和、持中爲其根本精神,因而在國民性上就出現了與西洋人截然不同的狀況,這就是中國人的個性不得伸展。這表現爲,中國人不當自己是一個立身天地的人,沒有自己;在君臣之間他當他是皇帝的臣民,是皇帝所有的東西;在親子之間他是父母的兒女,是父母所有的東西;在夫婦之間妻子又是丈夫所有的東西;在師徒之間則學徒也差不多是師傅所有的東西。由此,在中國人這裡就沒有什麼共和、平等、自由可言。

所以在政治生活上,中國也出現了與西方截然不同的狀況。這就是,西

〔註101〕 梁漱溟:《梁漱溟全集》(一),385,濟南:山東人民出版社,2005。
〔註102〕 梁漱溟:《梁漱溟全集》(一),385,濟南:山東人民出版社,2005。
〔註103〕 參見〔瑞士〕布克哈特:《意大利文藝復興時期的文化》,何新譯,125~165,北京:商務印書館,1979。
〔註104〕 參見〔瑞士〕布克哈特:《意大利文藝復興時期的文化》,何新譯,280~352,北京:商務印書館,1979。
〔註105〕 參見趙敦華:《西方人學觀念史》,136~138,北京:北京出版社,2005。
〔註106〕 梁漱溟:《梁漱溟全集》(一),365,濟南:山東人民出版社,2005。
〔註107〕 梁漱溟:《梁漱溟全集》(一),365,濟南:山東人民出版社,2005。
〔註108〕 梁漱溟:《梁漱溟全集》(一),365,濟南:山東人民出版社,2005。

方人總想事事自己個人作主，而中國人則總想有個人爲天下作主，否則天下就會鬧哄哄的，不可收拾。以此，即便是進入了所謂的民國時代，中國還有人惦念著要復辟帝制，而從西方學來的共和政治，總也走不上道。應該說，梁漱溟關於中國如此的政治生活狀況實乃根源於中國人個性不伸展的論斷儘管是片面的，卻是深刻的。實際上，直到現在中國人團體生活中的大事小情非有「領導者」拍板就進展不順，而進展不順的事情只要「領導者」出面便一切困難迎刃而解。

不僅如此，中國人如若「看見個個人一般大小，全沒個尊卑上下之分，也是頂可驚怪的」。〔註109〕因爲中國人相信，如果沒個尊卑上下而大家一律平等起來，那便誰也不能管誰，誰也不管於誰，則天下沒有不亂的。這也就是說，中國人講求上下尊卑與其總想有個人爲天下作主是相伴而生的，並且事實上也必要嚴格尊卑而後專制的路才能夠走得下去。

梁漱溟又進一步指出，「尊卑是個名分而以權利不平等爲其內容，而所謂平等的也不外權利的平等。所以所爭實在權利。權利的有無，若自大家彼此間比對著看，便有平等不平等的問題，若自一個個人本身看，便有自由不自由的問題。照中國所走那條路，其結果是大家不平等，同時在個人也不得自由。因爲照那樣，雖然原意只是把大傢伙一同往前過活的事，由一個人去作主拿主意，但其勢必致一個個人的私生活，也由他作主而不由個個人自主了。非只公眾的事交給他，我們無過問的權，就是個人的言論行動，也無自由處理的權了，這就叫不自由，雖然事實上盡可自由的很，那是他沒管，並非我有權。」〔註110〕於是有權、無權打成兩截，有權的無限有權，無權的無限無權。由此，中國國民「對於西方人的要求自由，總懷兩種態度：一種是淡漠的很，不懂要這個作什麼；一種是吃驚的很，以爲這豈不亂天下！」〔註111〕

關於國民的社會性是否發達。

梁漱溟反覆申明，國民的社會性發達與否與其個性伸展與否密切相關。他說，「可以說個性伸展與社會性發達並非兩樁事，而要算一樁事的兩面」，〔註112〕這就是說，個性不伸展，社會性也就談不上發達，反之亦然，二者沒有孰先孰後的分別，要同時發展才成。並且在事實上，所謂「個性伸展即指社會

〔註109〕梁漱溟：《梁漱溟全集》（一），363，濟南：山東人民出版社，2005。
〔註110〕梁漱溟：《梁漱溟全集》（一），364，濟南：山東人民出版社，2005。
〔註111〕梁漱溟：《梁漱溟全集》（一），364，濟南：山東人民出版社，2005。
〔註112〕梁漱溟：《梁漱溟全集》（一），366，濟南：山東人民出版社，2005。

組織的不失個性，而所謂社會性發達亦指個性不失的社會組織。」〔註113〕

因此，西方人除了個性伸展，社會性也發達；而中國人則不僅個性不伸展，同時社會性也不發達。這表現在倫理道德方面最突出的就是：第一，西方人極其注重公德，如「西方人所說對於家庭怎樣，對社會怎樣，對國家怎樣，對世界怎樣，都爲他的生活不單是這人對那人的關係而重在個人對社會大家的關係」；〔註114〕與此相反，中國人差不多不講公德，所講的都是這人對那人的私德，比如，「中國人講五倫，君臣怎樣，父子怎樣，夫婦怎樣，兄弟怎樣，朋友怎樣，都是他的生活單是這人對那人的關係，沒有什麼個人對社會大家的關係」。〔註115〕第二，「中國人以服從事奉一個人爲道德，臣對君，子對父，婦對夫，都是如此，所謂教忠教孝是也」；〔註116〕而西方人「大約只有對多數人的服從沒有對某個人的服從，去事奉人則更無其事」。〔註117〕

關於國民生活的特色。

首先是物質生活方面。中國人很安分知足，享受他眼前所有的那一點，而不作新的奢望，所以其物質生活始終是簡單樸素，沒有那種種發明創造。因此與積極進取的西方人相比，中國人的物質文明不夠發達，乃至有時且受自然界之壓迫──如水旱種種天災，生存受到威脅，同時一切文物制度也都不得開發出來。但失之東隅，收之桑榆。與西方人相比，中國人在物質上雖然有許多失敗，但由此卻有莫大之大幸。首先，「西洋近百年來的經濟變遷，表面非常富麗，而骨子裏其人苦痛甚深」，〔註118〕但由於中國人意欲自爲、調和、持中的人生態度，中國沒有產生西洋近世的經濟狀況，因而中國人就沒有受到西洋人所受的苦痛。其次，「中國人的一切起居享用都不如西洋人，而中國人在物質上所享受的幸福，實在倒比西洋人多。蓋我們的幸福樂趣，在我們能享受的一面，而不在所享受的東西上──穿錦繡的未必便愉快，穿破布的或許很樂；中國人以其與自然融洽遊樂的態度，有一點就享受一點，而西洋人風馳電掣的向前追求，以致精神淪喪苦悶，所得雖多，實在未曾從容享受。」〔註119〕

〔註113〕梁漱溟：《梁漱溟全集》（一），367，濟南：山東人民出版社，2005。
〔註114〕梁漱溟：《梁漱溟全集》（一），369，濟南：山東人民出版社，2005。
〔註115〕梁漱溟：《梁漱溟全集》（一），369，濟南：山東人民出版社，2005。
〔註116〕梁漱溟：《梁漱溟全集》（一），369，濟南：山東人民出版社，2005。
〔註117〕梁漱溟：《梁漱溟全集》（一），369，濟南：山東人民出版社，2005。
〔註118〕梁漱溟：《梁漱溟全集》（一），478，濟南：山東人民出版社，2005。
〔註119〕梁漱溟：《梁漱溟全集》（一），478，濟南：山東人民出版社，2005。

　　其次是社會生活方面。中國人數千年以來不能從種種在上的威權解放出來而得自由，個性不得伸展，社會性亦不得發達，這是人生上一個最大的不及西洋之處。但從另一面看去中國人卻又很勝利。「西洋人先有我的觀念，才要求本性權利，才得到個性伸展的。但從此各個人間的彼此界限要劃得很清，開口就是權利義務、法律關係，誰同誰都是要算帳，甚至於父子夫婦之間也都如此；這樣生活實在不合理，實在太苦。」〔註120〕中國人態度恰好與西洋人相反，西洋人是要用理智的，中國人是要用直覺的——情感的：西洋人是有我的，中國人是不要我的。中國人「不分什麼人界限，不講什麼權利義務，所謂孝悌禮讓之訓，處處尚情而無我。雖因孔子的精神理想沒有實現，而只是一些古代禮法，呆板教條以致偏欹一方，黑暗冤抑，苦痛不少，然而家庭裏，社會上，處處都能得到一種情趣，不是冷漠、敵對、算帳的樣子，於人生的活氣有不少的培養，不能不算一種優長與勝利。」〔註121〕

　　最後是精神生活方面。梁漱溟指出，「人多以為中國人在這一面是可以比西洋人見長的地方，其實大大不然；中國人在這一面實在是失敗的。」〔註122〕中國人的長處在於能夠和諧地處理人與自然、社會的關係，比如，「那般人與自然渾融的樣子，和那從容享樂的物質生活態度，的確是對的，是可貴的，比較西洋人要算一個真勝利。」〔註123〕又如，「那般人與人渾融的樣子，和那醇厚禮讓的社會生活態度，的確是對，可貴的，比較西洋人也要算一個真勝利。」〔註124〕但是，在具體的精神生活表現上卻多有不及西洋人之處，比如，「情志一邊的宗教，本土所有，只是出於低等動機的所謂禍福長生之念而已，殊無西洋宗教那種偉大尚愛的精神；文學如詩歌、賦、戲曲，雖多聰明精巧之處，總覺也少偉大的氣概，深厚的思想和真情；」〔註125〕又如，「知識一邊的科學，簡直沒有；哲學亦少所講求，即有甚可貴者，然多數人並不作這種生涯；社會一般所有，只是些糊塗淺拙的思想。」〔註126〕所以從種種看去，這一面的生活，中國人並沒有做到好處。

〔註120〕梁漱溟：《梁漱溟全集》（一），479，濟南：山東人民出版社，2005。
〔註121〕梁漱溟：《梁漱溟全集》（一），479，濟南：山東人民出版社，2005。
〔註122〕梁漱溟：《梁漱溟全集》（一），480，濟南：山東人民出版社，2005。
〔註123〕梁漱溟：《梁漱溟全集》（一），480，濟南：山東人民出版社，2005。
〔註124〕梁漱溟：《梁漱溟全集》（一），480，濟南：山東人民出版社，2005。
〔註125〕梁漱溟：《梁漱溟全集》（一），480，濟南：山東人民出版社，2005。
〔註126〕梁漱溟：《梁漱溟全集》（一），480，濟南：山東人民出版社，2005。

關於國民生活存在的問題。

就中國人而言，梁漱溟首先指出，中國人失誤的唯一根源就在於其人生態度過於早熟。結果，「我們不待抵抗得天行，就不去走征服自然的路，所以至今還每要見厄於自然。我們不待有我就去講無我，不待個性伸展就去講屈己讓人，所以至今也未曾得從種種威權下解放出來。我們不待理智條達，就去崇尚那非倫理的精神，就專好用直覺，所以至今思想也不得清明，學術也都無眉目。」〔註 127〕這就是說，由於這樣一種人生態度，中國文化按正常發展路徑凡所應成就者都沒有成就出來，因而，一旦世界交通，和西洋文化接觸，自然相形見絀。

不止於此，中國人在人生態度上過於早熟固然已屬不對，但即便對這由孔子指引的早熟的人生之路，中國人也沒有真正地去遵循。梁漱溟講道，「就歷史上看來，數千年間，蓋鮮能採用孔子意思者。所謂禮樂不興，則孔子的人生固已無從安措，而況並出來提倡孔子人生者亦不數見乎！然即由其所遺的糟粕形式與呆板訓條以成之文化，維繫數千年以迄於今，加賜予吾人者，固已大矣。」〔註 128〕梁漱溟還對中國人是如何逐步偏離孔子所指引的人生大道進行了梳理。他指出，漢朝興起而孔家被定於一尊，孔子指引的人生大道似乎要大行於天下，但其實不然，因為，「當時的人生與其謂為孔家的，寧謂多黃老之意味，此不但兩漢為然，中國數千年以儒家治天下，而實際上人生一般態度皆有黃老氣。」〔註 129〕到三國魏晉，國人思想愈益淺薄而無著落，並且「這時與孔家不同的人生態度，也得公然顯著的表示出來」。〔註 130〕比如，《列子·楊朱篇》的放縱思想表明：「一面是老莊與輸入的佛家啟發打動他們的影響很大；一面是形式的儒家愈到後來愈乾乾淨淨剩一點形式」。〔註 131〕到唐時，人生態度與儒家迥異的佛家甚盛，尤其禪宗遍行天下，然而未見生出一種真正的抵抗；「雖有一個韓退之，略事爭持，而自以為可以上繼孔孟，其實直不算數的」，〔註 132〕因他的人生思想其實並未得到解決；此足見孔家思想至此已經漸滅殆絕。兩宋時期，宋人對於孔家的人生確實是想法去尋的，

〔註 127〕梁漱溟：《梁漱溟全集》（一），529，濟南：山東人民出版社，2005。
〔註 128〕梁漱溟：《梁漱溟全集》（一），472，濟南：山東人民出版社，2005。
〔註 129〕梁漱溟：《梁漱溟全集》（一），473，濟南：山東人民出版社，2005。
〔註 130〕梁漱溟：《梁漱溟全集》（一），474，濟南：山東人民出版社，2005。
〔註 131〕梁漱溟：《梁漱溟全集》（一），474，濟南：山東人民出版社，2005。
〔註 132〕梁漱溟：《梁漱溟全集》（一），474，濟南：山東人民出版社，2005。

亦未參取佛老，卻亦不甚得孔家之旨。「其失似在忽於照看外邊而專從事於內裏生活；而其從事內裏生活，又取途窮理於外，於是乃更失矣。」〔註133〕及明代，陽明心學興，始祛窮理於外之弊，而歸本直覺即良知，但又忽於照看外邊。唯在陽明後學泰州學派頗可見孔家的人生態度。及至有清一代，只有講經的一派，「講經家兩眼都是向外，又只就著書本作古物看，內裏生活原自拋卻，書上思想便也不管」，〔註134〕因而孔家的人生無人講究。戴東原固在糾正宋人之弊，其思想可謂是孔家人生思想的萌動，但「惜乎其竟不引起影響也。」〔註135〕

更糟糕的是，中國人非但丟失了孔家人生的眞精神，而且自近代以來，在強勢的西方文明衝擊下，東摸西撞，無所適從，已經完全迷失了人生的方向。這一方面表現爲康有爲、梁啓超等一幫經學家，假借孔經，卻將孔子精神喪失乾淨，大肆販賣反乎孔子的人生態度的思想，「把孔子、墨子、釋迦、耶穌、西洋道理，亂講一氣；結果始終沒有認清那個是那個！」〔註136〕另一方面在模仿西方的過程中，我們所用的政治制度是來自西洋的、與向前爭取的態度相應的政治制度，但大多數中國人所秉持的態度卻依然是數千年來舊有的，即對於政治不聞不問，對於個人權利全不要求，顯然與引進的制度根本不適合，所以政權爲少數人互競地掠取把持，政局因之翻覆不已，而變亂遂以相尋。眼見著西方的道路在中國似乎走不通；而經過第一次世界大戰，西方文化宣告破產，西方人自己都在尋求新的合適的人生道路；如此一來，中國人簡直就是無路可走了。

就西方而言，其所面臨的問題首先是經濟制度的不合理。由於自由競爭，除少數善於經營而有幸運的人作了資本家，其餘的便都變成了工人，社會劃然成兩階級，貧富懸殊不合理。這是其一。再者，「資本家與工人的關係看著是自由契約，一方要招他作工，一方願意就招。其實資本家可以完全壓迫工人制其死命，而工人則除你願意餓，可以自由去餓之外，沒有別的自由。因爲你不工作就沒有飯吃，要工作就得聽命於他。」〔註137〕這是其二。而最不合理的是，「求這樣安於被制的工作而不可得，時時有失業的恐慌，和一方生

〔註133〕梁漱溟：《梁漱溟全集》（一），476，濟南：山東人民出版社，2005。
〔註134〕梁漱溟：《梁漱溟全集》（一），477，濟南：山東人民出版社，2005。
〔註135〕梁漱溟：《梁漱溟全集》（一），477，濟南：山東人民出版社，2005。
〔註136〕梁漱溟：《梁漱溟全集》（一），477，濟南：山東人民出版社，2005。
〔註137〕梁漱溟：《梁漱溟全集》（一），490，濟南：山東人民出版社，2005。

產過剩膏梁錦繡堆積起來而一方人還是凍餒。」〔註138〕

由於前述不合理，西方人的人性為經濟所戕害，過著非人的生活。就工人而言，由於生產一概採用大機械，工作非常呆板無趣，加之「一件東西非復成於一二人之手，沒有那成功完就的得意心理，是好是歹也全沒興味」，〔註139〕因此，勞動不是享受，而是不得不忍受的折磨。那麼，「作一天這樣乾枯疲悶無聊的工，得些錢自要尋樂。樂要待尋，樂即是苦。而況要急尋，則無非找些刺戟性的耳目口腹男女之欲：淫聲、淫色、淫味……總之非淫過不樂」，〔註140〕這樣的人生當然慘極！又，「人的家庭之樂是極重要無比的，他最能培養人心，並且維繫了一個人生活的平穩。而這時則工人的家庭多半破壞了；且亦不敢有室家。因為這時婦女兒童也都各自要去作工，一家都分散了，家庭的樂趣就失掉。又因生活困難，娶妻生子更負擔不起，而男女各能依工為活，獨身很覺自如，誰也不想嫁娶，所以多無家。既失其培養維繫又無聊尋樂，那風紀的紊亂、酗酒鬧事、自殺、殺人種種情形於是就不可勝言了。」〔註141〕另外，在資本主義的競爭制度下，「無論什麼人——自低等至高等地位——都要聚精會神在經濟競爭上：小心提防失敗、貧困、地位低降、而努力刻意營求財貨。時時刻刻算帳並且抑制活潑的情感，而統馭著自己，去走計算的那條路。他不敢高狂，不敢猖介，不敢慷慨多情乃至不敢戀愛；總之不敢憑著直覺而動。」〔註142〕而且由此而來的大苦惱還不在抑制統御，「而在抑制統御之後所生煩悶、倦疲、人生空虛之感。」〔註143〕

梁漱溟不僅確定了西洋、中國、印度三方文化所代表的人生路向的邊界，並對其進行了具體的比較，還從宏觀上指出了它們之間的內在關聯，這就是他提出了「世界文化三期重現說」。〔註144〕這就是說，按正常的發展順序，隨著人類面臨的問題即人與物的問題、人與人的問題以及人與自身的問題的次第出現，西洋、中國、印度三方文化所代表的人生路向也應該依次出現，從而依次成就西洋、中國、印度三方文化。以此為理論依據，並根據「事實的

〔註138〕 梁漱溟：《梁漱溟全集》（一），490～491，濟南：山東人民出版社，2005。
〔註139〕 梁漱溟：《梁漱溟全集》（一），492，濟南：山東人民出版社，2005。
〔註140〕 梁漱溟：《梁漱溟全集》（一），492，濟南：山東人民出版社，2005。
〔註141〕 梁漱溟：《梁漱溟全集》（一），492，濟南：山東人民出版社，2005。
〔註142〕 梁漱溟：《梁漱溟全集》（一），493，濟南：山東人民出版社，2005。
〔註143〕 梁漱溟：《梁漱溟全集》（一），494，濟南：山東人民出版社，2005。
〔註144〕 梁漱溟：《梁漱溟全集》（一），525～528，濟南：山東人民出版社，2005。

變遷」、「見解的變遷」、「態度的變遷」等事實，〔註145〕梁漱溟指出，「世界未來文化就是中國文化的復興」。〔註146〕也即，世界未來的人生路向應是以意欲自為、調和、持中為其根本的。

至此，基於對西洋、中國、印度三方文化所代表的人生路向的區分和對於前二者的比較，以及對世界未來人生路向的判斷，梁漱溟指出了中國人面對西、中、印三種人生路向時應何取何捨。這就是，「第一，要排斥印度的態度，絲毫不能容留；第二，對於西方文化是全盤承受，而根本改過，就是對其態度要改一改；第三，批評的把中國原來態度重新拿出來。」〔註147〕在這種取捨的基礎上，梁漱溟提出正確的人生態度便是孔子所謂的「剛」。而「剛」乃是指裏面力氣極充實的一種活動。它意味著一方面要向前動作，另一方面此一動作「要發於直接的情感，而非出自欲望的計慮」。〔註148〕而「只有這樣向前的動作可以彌補了中國人夙來缺短，解救了中國人現在的痛苦，又避免了西洋的弊害，應付了世界的需要，完全適合我們從上以來研究三文化之所審度。」〔註149〕

總之，梁漱溟對於人生路向進行抉擇的結果就是，走以意欲自為、調和、持中為根本，而又陽剛乾動的孔家人生之路。

（二）理想國民的設計：做理性之人

前文所述之梁漱溟對人生路向的抉擇實際上表達了一種基於對中西人生雙重反思的現代性訴求，這種訴求也就是對於現代理想國民的憧憬，它以梁漱溟獨標的、不同於西方的「理性」為其價值核心，並將源自近代西方的民主與科學融入其中，由此建構了一個既是中國的又是世界的現代新人形象。作為這樣的新人也即現代理想國民就是理性之人。

然而理性之人具體地說又是怎樣的呢？為此，我們卻要先指明理性之人不是什麼。

首先，理性之人不是本能人。這似乎不成其為問題，但在梁漱溟思想的發展歷程中它確實是一個問題。這在於梁漱溟對人性的看法前後有所不同。

〔註145〕梁漱溟：《梁漱溟全集》（一），488～517，濟南：山東人民出版社，2005。
〔註146〕梁漱溟：《梁漱溟全集》（一），525，濟南：山東人民出版社，2005。
〔註147〕梁漱溟：《梁漱溟全集》（一），528，濟南：山東人民出版社，2005。
〔註148〕梁漱溟：《梁漱溟全集》（一），537，濟南：山東人民出版社，2005。
〔註149〕梁漱溟：《梁漱溟全集》（一），538，濟南：山東人民出版社，2005。

在《東西文化及其哲學》時期，梁漱溟以克魯泡特金的道德本能說為依據，將人類心理分成兩個層次即本能和理智，並把一切善歸於本能，把一切惡歸於理智。這集中表現在他對孔子人生哲學的闡釋和發揮上。

在梁漱溟看來，既然人的本能就是善，因而最重要的就是讓本能不受任何遮蔽地自然顯現。這就要靠直覺了。而所謂的直覺，通俗地說就是不要操心。他認為，人們錯誤的根本就在於找個道理打量計算著去走；若是打量計算著去走，就調和也不對，不調和也不對，無論怎樣都不對；相反不打算計量著去走，就通通對了；人自然會走對的路，原不需要操心打量的。在此，他從陽明後學泰州學派的自然主義進路對儒家的一些經典章句作了一番自己的發揮，以印證上述看法。比如針對《中庸》當中的「天命之謂性，率性之謂道」等章句，他解釋道，「只要你率性就好了，所以就又說這是夫婦之愚可以與知與能的。這個知和能，也就是孟子所說的不慮而知的良知，不學而能的良能，在今日我們謂之直覺。這種求對求善的本能、直覺。是人人都有的」。〔註150〕總之，「這種直覺人所本有，並且非常敏銳，除非有了雜染習慣的時節。你怎樣能復他本然敏銳，他就可以活動自如，不失規矩。」〔註151〕

與一任直覺構成一體兩面的就是一切不認定。他講道，「一般人是要講理的，孔子是不講理的，一般人是求其通的，孔子則簡直不通！然而結果一般人之通卻成不通，而孔子之不通卻通之至。」〔註152〕比如，孔子主張「親親而仁民，仁民而愛物」，即在直覺上對於親族是情厚些，就厚些，對旁人略差些，就差些，對於生物又差些，就又差些，對於木石更差些，就更差些，一切順其自然，不必計較。然而一般人常判定情厚、多愛為定則而以理智往下推尋，把它當作客觀定理而執著，反而使其成了形式，失掉真情，落入乖謬可笑。

一任直覺，一切不認定，則一切順任本能，則一切歸入善途。因此，梁漱溟說，「此敏銳的直覺，就是孔子所謂仁。」〔註153〕

然而這是有問題的。姑且不論道德是否屬於人的本能，至少人還有屬於自然欲求的本能，而梁漱溟和左派王學一樣並沒有對它們作出嚴格的分疏，把道德與非道德混而為一，因而本來旨在突出良知本體的情感因素的道德本

〔註150〕梁漱溟：《梁漱溟全集》（一），452，濟南：山東人民出版社，2005。
〔註151〕梁漱溟：《梁漱溟全集》（一），452，濟南：山東人民出版社，2005。
〔註152〕梁漱溟：《梁漱溟全集》（一），451，濟南：山東人民出版社，2005。
〔註153〕梁漱溟：《梁漱溟全集》（一），453，濟南：山東人民出版社，2005。

－90－

能說，實際上存在著斷送道德、走向肯定與生命俱來的自然欲求和非道德主義的可能。因之，這樣的本能當然難以承擔濟世之責。對於有著儒家匡時濟世之志並努力尋求合理生活的梁漱溟而言，這自然是難以容忍的。由此，作為道德的本能注定要揚棄自己走向「理性」。〔註154〕

三十年代初的幾次朝會演講正透露了這種走向。如他講道，「我的『懺悔』『自新』，不是從宗教來，可以說完全是從對人類生命有瞭解，對人類生命有同情這個地方來的，所以也每每從這個地方去領導人『懺悔』『自新』。所謂對人類生命有瞭解是什麼？就是瞭解人類生命當真是可悲憫的。因為人類生命是沿著動物的生命一下來的；沿著動物的生命而來，則很近於一個動的機器，不用人搖便能自動的一個機器。機器是很可悲憫的，他完全不由自主。我之所謂可悲憫，就是不由他自主。很容易看見的是；我們活動久了就要疲勞睡覺，不吃飯就餓，很顯著的像機器一樣。其他好惡愛憎種種情慾，多半是不由自己。看這個貪，看那個愛，怠忽懶惰，甘自墮落，不知不覺的他就那樣。照我所瞭解的，人能夠管得住他自己的很少。假如好生氣，管住不生氣好難！在男女的關係上，見面不動心好難！他不知怎的念頭就起了。更如好名、出風頭等，有時自己也知道，好歹都明白，可是他管不了自己。」〔註155〕在這裡，梁漱溟不僅表明人從其本能來講不是善的，還指出了人要掌控自己的本能也是不容易的，因而人要不斷地懺悔、自新。而懺悔、自新就是要保持自覺力，如此人才可能不為本能所牽引，才可能向善而有道德、才可能有人格的挺立。

所以在另外一次朝會上他又講道，「一個人缺乏了『自覺』的時候，便只像一件東西而不像人，或說只像一個動物而不像人。『自覺』真真是人類最可寶貴的東西！只有在我的心裏清楚明白的時候，才是我超越對象、涵蓋對象的時候；只有在超越涵蓋對象的時候，一個人才能夠對自己有辦法。人類優越的力量是完全從此處來的。所以怎麼樣讓我們心裏常常清明，真是一件頂要緊的事情。」「人若只在本能支配下過生活，只在習慣裏面來動彈，那就太可憐了。我們要開發我們的清明，讓我們正源的力量培養出來；我們要建立我們的人格。失掉清明就是失掉了人格！」〔註156〕

〔註154〕郭齊勇、龔建平：《梁漱溟哲學思想》，182，武漢：湖北人民出版社，1996。
〔註155〕梁漱溟：《梁漱溟全集》（二），42～43，濟南：山東人民出版社，2005。
〔註156〕梁漱溟：《梁漱溟全集》（一），45～46，濟南：山東人民出版社，2005。

顯然，梁漱溟此時對於人如何向善而有道德的看法與《東西文化及其哲學》時期相比，已是大相徑庭，即由順乎本能而有道德轉為反乎本能方有道德。而反乎本能而有的道德正是梁漱溟後來所獨標的「理性」。

所以，理性之人不能是本能人，而只能是超越本能的人。

其次，理性之人不是理智人。在此我們首先要問，理智是什麼？在講到知識的構成時，梁漱溟曾指出，一切知識皆成於人類心理的現量、比量、非量等三種作用上。其中比量就是理智。因而可以說理智乃是人類構成知識的一種作用。至於比量也即理智如何構成知識，他解釋道，「譬如我對於茶之知識是怎樣得來構成的呢？就是看見，喝過多少次的茶，從所有非茶的東西——白水、菜湯、油、酒……分別開來，而從種種的茶——紅茶、綠茶、清茶、濃茶……抽出其共同的意義，見了茶即能認識，這就是對於茶的概念最清晰、明白、確定的時候。如此構成概念之作用可分為簡，綜——分，合——兩種作用。當構成茶的概念時；先將種種不同的茶連貫起來得其究竟共同之點，此為綜的作用；同時將茶與其餘的東西分開，並且簡別茶的各種顏色知其與茶不相干，此為簡的作用；然當簡別時，即綜合時，實無先後。此種簡綜的作用即所謂『比量智』。我們構成知識第一須憑籍現量但如單憑籍現量——感覺——所得的仍不過雜多零亂的影像，毫沒有一點頭緒，所以必須還有比量智將種種感覺綜合其所同、簡別其所異，然後才能構成正確明瞭的概念。所以知識之成就，都藉重於現量、比量的。」〔註157〕

作為如此，理智是人類特有的生活方法。梁漱溟指出，除人類而外，其他動物都是靠本能解決生活問題，而人類靠理智。這表現為：靠本能生活的動物，其生活中所需之工具即寓乎其身體，不假外求而能自足，而人類則非於身外製造種種工具而用之就不能生活；動物一生下來或者在短期內就具有生活能力，但畢生止於其所能，而人生之初若無一能，最後卻無所不能；動物未脫離自然狀態，身體長成即能自求生活，而人類則需要經過很多的學習方能成為其社會的一員而生活。換言之，理智是人類維持其作為一特殊生命的工具。

至此，我們可以說，梁漱溟所謂的理智實即西方意義上的工具理性。

那麼，在人類發展史上，將以理智（工具理性）謀求生活發揮到極致的就要算西方人了。這不僅在於西方人善用理智開發自然，還在於西方人善用

〔註157〕梁漱溟：《梁漱溟全集》（一），398～399，濟南：山東人民出版社，2005。

理智組織社會。前者使西方發展出了發達的科學，後者使西方發展出了高度的民主。所以梁漱溟指出，正如理性是中國人的特徵，「理智成了西洋人的特徵」。〔註158〕

　　然而問題也就在這裡。這就是崇尚理智（工具理性）在給西方人帶來福祉的同時，也帶給了他們巨大的災難。如梁漱溟所說，「他們精神上也因此受了傷，生活上吃了苦，這是十九世紀以來暴露不可掩的事實！」〔註159〕而之所以如此，不是因為理智本身錯了，而是因為西方人實際上從有理智的人變成了理智人，即以理智的眼光來打量一切的人。〔註160〕最典型的莫如為追逐利益而斤斤計較的西方近代資產階級。對此，馬克思曾講道，「資產階級在它已經取得了統治的地方把一切封建的、宗法的和田園詩般的關係都破壞了。它無情地斬斷了把人們束縛於天然尊長的形形色色的封建羈絆，它使人和人之間除了赤裸裸的利害關係，除了冷酷無情的『現金交易』，就再也沒有任何別的聯繫了。他把宗教虔誠、騎士熱誠、小市民傷感這些情感的神聖發作，淹沒在利己主義打算的冰水之中。它把人的尊嚴變成了交換價值，用一種沒有良心的貿易自由代替了無數特許的和自力掙得的自由。總而言之，它用公開的、無恥的、直接的、露骨的剝削代替了由宗教幻想和政治幻想掩蓋著的剝削。」〔註161〕

　　所以在西方，伴隨其以欲望為驅動力，以理智（工具理性）為工具的現代化的展開，思想家們早就不斷地批評人的片面理性化，並試圖探索新的出路。以德國思想家為例，早在十八世紀後期席勒就看到，在近代資本主義社會中，每個人都是分工的奴隸是社會這部大機器中的一個精密的零部件、一個斷片；人性的兩個方面即感性和理性因此而遭到分裂，人或者片面感性化，或者片面理性化。為此，他提出通過美育（審美教育）把「感性人」引向形式和思維，又把「理性人」引回到感性世界，企圖以此彌合社會的分裂，實現人類的和諧大同。〔註162〕身處十九世紀的馬克思則在批判資本主義條件下

〔註158〕梁漱溟：《梁漱溟全集》（六），428，濟南：山東人民出版社，2005。
〔註159〕梁漱溟：《梁漱溟全集》（一），391，濟南：山東人民出版社，2005。
〔註160〕與此相關，黎明曾講到，「西方近代理性精神的發展經過了幾個世紀的變遷，已愈來愈只偏向單一的人類原精神，即求知的理性精神，而愈來愈排斥西方傳統的信仰精神，當然更遠離和摒棄了東方人所創造和擁有的仁愛精神。」（黎明：《西方哲學死了》，34，北京：中國工人出版社，2003。）
〔註161〕《馬克思恩格斯選集》（一），274～275，北京：人民出版社，1995。
〔註162〕鄧曉芒、易中天：《黃與藍的交響——中西美學比較論》，147～148，武漢：

人的本質異化（根本是勞動異化，當然人的片面理性化也是其中應有之義）
的基礎上，提出共產主義的社會理想，在這個社會中，每個人的自由和全體
人的自由互為前提。進入二十世紀，人的片面理性化達到巔峰——如科學主
義的盛行，其所造成的災難也達到巔峰——比如富於理性並盛產大哲的德國
發動了兩次世界大戰，由此思想家們對於理性的反思也達到巔峰，典型者如
海德格爾宣佈作為西方理性之根的形而上學終結了。〔註163〕

　　顯然，片面的理智（工具理性）也是要被揚棄掉的，唯此，理智人方能
走向新生。

　　並且按照梁漱溟的說法，理智本身在其發展過程中也提供了這種揚棄的
契機。這就是，理智總是要在屏除感情衝動的情況下才能得盡其用。「於是一
分之理智發展，即屏去一分之感情衝動而入於一分之寧靜；同時對於兩大問
題亦即解脫得一分之自由。繼續發展下去，由量變達於質變，人類生命卒乃
根本發生變化，從而突破了兩大問題之局限。」〔註164〕從而實現由理智到理
性（梁漱溟獨標之理性）的躍遷。

　　總之，理性之人不是理智人，而是超越理智的人。

　　理性之人既不是本能人，也不是理智人，那麼其自身是什麼呢？

　　關於其所獨標的「理性」，梁漱溟並沒有一個統一的定義式的說法，而是
隨著討論的問題的轉換隨機作出某種解釋，當然這些解釋都各自提示了他所
謂的「理性」的某個側面。

　　在寫於一九三零年的《中國民族自救運動之最後覺悟》中，梁漱溟首次
提到了他所獨標的「理性」。他講道，「孔子的教訓總是指點人回頭看自己，
在自家本身上用力；喚起人的自省（理性）與自求（意志）。這與宗教之教人
捨其自信而信他，棄其自力而靠他力，恰好相反」，「中國人向來要憑良心講
理的，諺所謂『有理講倒人』，『什麼亦大不過理去』，皆足以見。凡我們之有
所不敢為者，自惡於不合理，知其『非』也，歐洲人則懼於觸犯神和宗教教
條，認為是一種『罪』。這個分別很大。一是訴諸自己理性而主張之；一是以
宗教教條替代自己理性而茫無主張。在中國社會雖然道德上傳統觀念時或很
有權威，足以壓迫理性，然此唯後來硬殼已成時有之，非古人原初精神。孔

　　武漢大學出版社，2007。
〔註163〕〔德〕海德格爾：《面向思的事情》，陳小文、孫周興譯，68～72，北京：商
　　　　務印書館，1999。
〔註164〕梁漱溟：《梁漱溟全集》（三），581，濟南：山東人民出版社，2005。

孟原初精神，如所謂『是非之心，人皆有之』，『理義之悅我心，猶芻豢之悅我口』；『君子不安故不爲，汝安則爲之』；皆徹底以訴諸自己理性判斷爲最後準歸。歐洲社會只是有宗教，以宗教爲道德，中國社會才眞有道德。」〔註165〕

這是說，從道德踐履角度講，理性就是自覺而自律。

在一九三四年的《精神陶煉要旨》中，他指出，「中國人精神之所在，即是人類的理性」，它「雖然不就等於理智，可是包含了理智，或者說最接近於理智」，「所以中國雖無科學，而其精神卻很接近科學」，「中國民族精神與科學完全不相衝突」。〔註166〕

這是說，作爲人的思維品性，理性是明智，而不是盲目，因而是接近科學的。

一九三六年在《論方法兼談理智與理性》中他指出，人類與動物相比有個特點就是無自私，而這正是理性，「理性是大公無我的，理性中無自私」。〔註167〕

這是說，作爲人的道德品性，理性是無私的。

在一九三七年出版的《鄉村建設理論》中他指出，「所謂理性，是指吾人所有平靜通達的心理」；「這似乎很淺、很尋常，然而這實在是宇宙間頂可寶貴的東西，人之所以異於禽獸就在這一點」；〔註168〕「理性，一面是開明的，——反乎愚弊；一面是和平的，——反乎強暴」。〔註169〕

這是說，從心理狀態講，理性即平靜通達、開明和平。

在同上一本書中他又指出，「所謂理性，要無外父慈子孝的倫理情誼，和好善改過的人生向上」。〔註170〕

這是說，從價值內涵講，理性包括父慈子孝等儒家倫理情誼，以及人生向上的生命指向。

在一九四九年出版的《中國文化要義》中，梁漱溟對理智和理性進一步作了區分。他指出，「理性、理智爲心思作用之兩面：知的一面曰理智，情的一面曰理性，二者本來密切相聯不離。譬如計算數目，計算之心是理智，而求正確之心便是理性。」〔註171〕理智之理爲物觀上的理，又可稱爲「物理」，

〔註165〕梁漱溟：《梁漱溟全集》（五），80，濟南：山東人民出版社，2005。
〔註166〕梁漱溟：《梁漱溟全集》（五），503，濟南：山東人民出版社，2005。
〔註167〕梁漱溟：《梁漱溟全集》（五），870，濟南：山東人民出版社，2005。
〔註168〕梁漱溟：《梁漱溟全集》（二），181，濟南：山東人民出版社，2005。
〔註169〕梁漱溟：《梁漱溟全集》（二），183，濟南：山東人民出版社，2005。
〔註170〕梁漱溟：《梁漱溟全集》（二），186，濟南：山東人民出版社，2005。
〔註171〕梁漱溟：《梁漱溟全集》（三），125，濟南：山東人民出版社，2005。

「是一些靜的知識，知其『如此如此』而止，沒有立即發動什麼行為的力量」。〔註172〕理性之理是人情上的理，不妨稱之為「情理」，它「指示人們行為的方向」。〔註173〕

這就是說，從其對象和功能看，與理智關乎物理並旨在探求事實相比，理性關乎人情並為人生指示方向。

顯然，上述各方面都是關聯在一起的，即，通達則開明，開明而無私，無私而能契合儒家的倫理、人生。由此，我們大致可以得出梁漱溟所獨標的「理性」的基本意義：理性既指生活真理自身，也指尋求生活真理的能力；〔註174〕作為生活真理自身，其核心內容就是儒家的倫理情誼和人生向上；作為尋求生活真理的能力，它指通達、開明、和平的心理素質。

作為如此的人就是理性之人。

不僅如此，這樣的理性之人還要並且也能具備民主的精神和科學的素養，如此方可成其為現代理想的國民。

理性之人具備民主的精神包含兩層意思，即理性之人一方面願意參與民主政治，另一方面也有能力參與民主政治。

在此，首先要明確的是理性之人所要並且能參與的「民主政治」是何種民主政治。在《我們政治上的第一個不通的路》當中，梁漱溟指出，西方的民主政治的確合理巧妙，但中國不能再走它的老路，因為它與中國民族文化的精神不合。這種不合表現為，「此制度所需於社會眾人之心理習慣，必依之而後得建立運行者，乃非吾民族所有；而吾民族固有精神實高越於其所需要之上。」〔註175〕他強調，中國要實行的民主政治肯定不能像近代西方的民主政治那樣建立在個人本位和人際互防的基礎上。「決不如近世西洋人從自己本位向外用力寄民治於彼此對抗互為防遏之上」。〔註176〕這是一種什麼樣的民主政治呢？梁漱溟在其鄉村建設的實踐中所提出的「人治的多數政治」即是，或者如顧紅亮所謂的「儒家民主主義」政治。〔註177〕

其次要追問並明確的是，理性之人具備民主精神的必要性和可能性何

〔註172〕梁漱溟：《梁漱溟全集》（三），127，濟南：山東人民出版社，2005。
〔註173〕梁漱溟：《梁漱溟全集》（三），127，濟南：山東人民出版社，2005。
〔註174〕郭齊勇、龔建平：《梁漱溟哲學思想》，111，武漢：湖北人民出版社，1996。
〔註175〕梁漱溟：《梁漱溟全集》（五），146，濟南：山東人民出版社，2005。
〔註176〕梁漱溟：《梁漱溟全集》（五），166，濟南：山東人民出版社，2005。
〔註177〕顧紅亮：《儒家生活世界》，112，上海：上海人民出版社，2008。

在。必要性在於：一方面民主本身具有普遍價值，如梁漱溟所說，「現在西方化所謂科學和『德謨克拉西』之二物，是無論世界上哪一地方人皆不能自外的」；〔註178〕另一方面中國要獨立、進步也要求國民具有民主精神，因為，中國敵不過西洋除了由於其一向缺乏科學上的知識技能外，更由於其缺乏團體組織，而團體組織與民主精神適成表裏，相互生成。可能性在於理性本身至少不是反民主的。在此，梁漱溟首先指出，所謂民主是人類在社會生活中表現出的一種精神。它包括五個方面：第一，我承認我，同時亦承認旁人。若有己無人，便是反民主。第二，大家平等，若唯我獨尊，便是反民主。第三、人們彼此間遇有問題，依理性解決。凡不講理，而以力服人者，就是反民主。第四、凡事關涉眾人，就要開會商議，取決多數。第五、尊重個人自由。這五個方面的關係大體是這樣的：由承認自己同時承認旁人而有大家平等，由大家平等而有講理精神，由講理精神而有取決多數的解決問題之道，以上究其根本則是承認自己同時承認旁人，並且由這一根本出發而有尊重個人自由。據此，梁漱溟認為：中國人生活上實際有其民主精神，比如「己所不欲，勿施於人」之恕道就是民主精神的根本之點的表現，又如中國人最愛講理；而一般人之所以說中國無民主，乃是因為中國人缺少上述第四第五兩點，即遇事召開會議取決多數的習慣制度未確立和劃清群己權界人己權界的習慣制度未確立。並且梁漱溟還指出，中國人所欠缺的這兩點，「實以缺乏集團生活之故」。〔註179〕由此我們完全可以順著梁漱溟的意思作出這樣的引申：設若中國人能充分開展集團生活，則所欠缺之點完全可以彌補上，從而以理性作為其精神根基的中國人就將具有完全的，甚至可能比西方人更優越的民主精神以及隨之而來的更完善的民主政治生活。

理性之人具備科學素養也包含兩層意思，即一方面理性之人主觀上不排斥並願意學習和發展科學，另一方面理性之人客觀上有能力學習和發展科學。

同樣在此首先要明確，此所謂「科學素養」之「科學」指何而言。梁漱溟關於科學的論說有兩種模式：知識的論說和文化的論說。或者說，梁漱溟是在作為知識的科學和作為文化與價值的科學這兩個層面上來論說科學的。〔註180〕在知識論說模式中，梁漱溟認為，「科學非他，就是人的精確而又系統

〔註178〕梁漱溟：《梁漱溟全集》（一），338，濟南：山東人民出版社，2005。
〔註179〕梁漱溟：《梁漱溟全集》（三），245，濟南：山東人民出版社，2005。
〔註180〕顧紅亮：《儒家生活世界》，206，上海：上海人民出版社，2008。

的知識。」〔註 181〕在文化論說模式中，科學則是一種文化，它滲透在物質生活、精神生活、社會生活等各個領域，是西方文化的特色之一。這表現爲，在西方，「事事都成了科學的。起首只是自然界的東西，其後種種的人事，上自國家大政，下至社會上瑣碎問題，都有許許多多專門的學問，爲事先的研究。因爲他總要去求客觀公認的知識，因果必至的道理，多分可靠的規矩，而絕不聽憑個人的聰明小慧到臨時去瞎碰。」〔註 182〕在這二者之間，就作爲文化與價值的科學而言，它從近代以來實際上已經變成了科學主義，而生活於這種文化當中的人則因之變成了理智人，因此如前述它是理性之人要批判的。於是，理性之人所要並且能具備的「科學素養」之「科學」乃指作爲知識的科學。

其次要明確的是，理性之人具備科學素養的必要性和可能性何在。必要性涉及兩個方面：一則如前述科學和民主一樣具有普遍價值，實際上人的生活離不開由理智而產生的科學知識；一則它對我們民族還有特殊的價值，這不僅在於我們要在列強環伺下自保自強就不能不發展科學知識，「中國所以敵不過西洋，是因爲中國沒有新的科學技術」，〔註 183〕還在於「理想社會的實現要靠進步的生產技術」。〔註 184〕可能性在於理性本身並不排斥科學。從文化淵源上看，作爲理性源頭的古代儒家文化雖然沒有走科學（作爲文化與價值的科學）的路，但這不等於儒家文化中存在著反科學（作爲知識的科學）的思想。事實上，「科學和德謨克拉西，在中國皆曾有萌芽苗露，而且萌芽甚早。後來之不見，是萎縮荒廢的。」〔註 185〕中國科學史專家李約瑟的相關研究也表明，儘管儒家集中注意於人與社會，而忽略其他方面，但儒家根本重理性（作爲一種科學精神的理性），反對一切迷信，因而它固然在一定程度上阻礙了科學的發展，但不可否認它也確實有助於科學的發展。〔註 186〕總之，在梁漱溟看來，中國人身上潛存著一種發展科學知識的能力，這種能力在古代由於儒家文化氛圍的影響而沒有得到很好的發揮，但到了現代，一俟稟承了儒家理性的中國人意識到了發展科學知識的必要性，則科學知識在現代中國的

〔註 181〕梁漱溟：《梁漱溟全集》（三），268，濟南：山東人民出版社，2005。
〔註 182〕梁漱溟：《梁漱溟全集》（一），355，濟南：山東人民出版社，2005。
〔註 183〕梁漱溟：《梁漱溟全集》（一），627，濟南：山東人民出版社，2005。
〔註 184〕梁漱溟：《梁漱溟全集》（二），416，濟南：山東人民出版社，2005。
〔註 185〕梁漱溟：《梁漱溟全集》（三），49，濟南：山東人民出版社，2005。
〔註 186〕〔英〕李約瑟：《中國古代科學思想史》，陳立夫等譯，14，南昌：江西人民出版社，1999。

發展就不僅是可能的而且是必然的。

　　所以，作為理性之人品質之一的「人生向上」，固然主要是指道德上積極向善，然而又不止於此，它還包括在一切領域中積極進取之意，其中就有發展科學知識這一面。〔註187〕對此梁漱溟講道，「發動他進取心，是更要緊。無心進取，是大病；老是守舊不想往新的路上走，是不行的。」「將來的太平日子，必須靠我們的進取求得之。必須在農業上、工業上、教育上、政治上各方面都進步」。〔註188〕

（三）理想國民的養成：行鄉約之制

　　理性之人既然是一種理想，當然不是現成的。梁漱溟指出，「人類雖是理性動物，但理性之在人類，不論在其個體生命或社會生命中，其開發都是漸次的。人類社會的組織制度，也是要漸次的才能入於一種合理的安排，即漸次的把理性開發出來。」〔註189〕這是說，人的理性是逐漸生成的，並且在其生成中社會組織制度的合理設計與有效實施，也即建構一合理的社會組織是一大關鍵。那麼，什麼是這種合理的社會組織呢？這就是梁漱溟所謂的「鄉村組織」。

　　於是問題就在於，這是一種什麼樣的組織，它如何可能培養出理想的國民。

　　關於什麼是鄉村組織，梁漱溟講道，「我們的鄉村組織，就是一個中西具體事實的溝通調和」，〔註190〕也即「中國固有精神與西洋文化的長處，二者為具體事實的溝通調和」。〔註191〕另外他還強調，「鄉村組織要以中國的老道理為根本精神。」〔註192〕

　　在這裡，所謂的中國固有精神或老道理不外兩點：「一是互以對方為重的倫理情誼；一是改過遷善的人生向上。」〔註193〕而西洋的長處就是團體組織和科學上的知識技能。於是，梁漱溟所謂的鄉村組織就是以中國固有的理性即倫理情誼和人生向上為根本，學習西方的團體組織而形成的鄉村社會組織。

〔註187〕曹躍明：《梁漱溟思想研究》，364，天津：天津人民出版社，1995。
〔註188〕梁漱溟：《梁漱溟全集》（一），683，濟南：山東人民出版社，2005。
〔註189〕梁漱溟：《梁漱溟全集》（二），102，濟南：山東人民出版社，2005。
〔註190〕梁漱溟：《梁漱溟全集》（一），665，濟南：山東人民出版社，2005。
〔註191〕梁漱溟：《梁漱溟全集》（二），278，濟南：山東人民出版社，2005。
〔註192〕梁漱溟：《梁漱溟全集》（一），653，濟南：山東人民出版社，2005。
〔註193〕梁漱溟：《梁漱溟全集》（一），659，濟南：山東人民出版社，2005。

　　那麼，這種社會組織的可能性何在呢？

　　第一，抽象地說，中國人與西洋人同屬人類，心同理同，因而是可以溝通的。若暫時不通，「實在還是習慣的問題」。〔註194〕因而融合中西優長的鄉村社會組織是可能的。

　　第二，事實正逼著中西朝著融合的方向變遷。一方面就中國而言，事實促逼著我們要有一個團體組織；另一方面就西洋而言，事實促逼著他們的團體之道須要變。

　　然而前此梁漱溟一再申明中西人生路向不同。由此就需要更具體地說明，在中國發展類似西方的團體組織究竟會不會與中國固有的理性精神發生衝突。梁漱溟認為，「中國人雖然缺乏團體組織，並非反對團體組織，所以大體上說沒有衝突的必然性。」〔註195〕

　　首先，作為一個進步的團體組織，它要求其中的每一個分子都是自動和主動的，這固然和中國人依固有的理性而尚賢尊師貌似不合，然而二者可以調合。表面上看，從尚賢尊師出發，將是少數人領導支配多數人，這與要求大家自動主動相衝突；並且與尚賢尊師相關，中國在政治上從來實行的是政教合一，而這又與要求民眾自動主動的民治主義相衝突。但梁漱溟認為，是否衝突的關鍵在於人生如何定位。他指出：如果把人生看成是欲望的滿足，把政治看成就是滿足民眾的欲望，那麼這種衝突不可避免；「但如果把人生看成是向上的，不看重生活，而另有其所重之處；換句話說，在人生向上裏包括了生活問題，那就大不然了」，〔註196〕因為本著人生向上的意思，人人都要時時向賢者請教，將要尊師，這就天然地要走入既遵從多數人的意願（這合乎民眾自動自主的民治主義），同時又由少數人領導（這合乎尚賢尊師的政教合一）的路。

　　其次，作為一個進步的團體，它是以其成員的個人自由為前提的，這雖然和中國人依固有的理性個人從不主張自己的自由貌似不合，然而也可以調合。梁漱溟認為，合與不合的關鍵在於如何定位自由。如果認為自由是天賦人權，是絕對的，那麼它自然與中國固有精神相衝突；但如果把自由看成是團體給的，是相對的，則二者是可以相合的。相合表現為兩點：「一點是：自由是團體給你的，團體為尊重個人所以才給你自由，——自由是從對方來的，

〔註194〕梁漱溟：《梁漱溟全集》（二），279，濟南：山東人民出版社，2005。
〔註195〕梁漱溟：《梁漱溟全集》（二），280，濟南：山東人民出版社，2005。
〔註196〕梁漱溟：《梁漱溟全集》（二），283，濟南：山東人民出版社，2005。

此合乎倫理之義；一點是：團體給你自由是給你開出一個機會，讓你發展你的個性，發揮你的長處，去創造新文化，此又合乎人生向上之意。」〔註197〕

　　以上是梁漱溟從理論上論證在中國建構一個進步的團體組織即鄉村組織的可能性的最主要且最關鍵的兩個方面；這不僅表明了鄉村組織作為進步的團體組織是可能的，還指出了其之所以可能就在於理性，同時也標明了其不同於西洋團體組織的特有品質，即建立在理性基礎上的團體與個人的和諧——相對論的倫理主義既照顧到了團體組織，又照顧到了個人。以此，梁漱溟可以認為他總算找到了一條解決傳統中國人個性不足社會性也不發達的問題的光明大道。〔註198〕之所以稱其為光明大道，是因為在梁漱溟看來，只要按

〔註197〕 梁漱溟：《梁漱溟全集》（二），299，濟南：山東人民出版社，2005。
〔註198〕 關於這，梁漱溟講道，「我們以前說過：現在是中國人很苦悶的時候，是在一個左右來回的矛盾中。這也就是說：中國人一面散漫缺乏團體組織，同時還缺乏個人自由平等的確立，二者都急待補充。但是如果著重自由平等的一面，極力補足那一面的缺乏時，則讓我們很難照顧團體結合的一面，將使中國人更加散漫；如果照顧團體組織的一面，著重西洋最近的趨勢，則自由平等又發揮不出來。我們兩邊都有缺欠，以致顧此失彼，左右為難。左右為難是頂為難！這個左右為難只有一個方法可以解決，就是我們的相對論的倫理主義。如果沒有相對論的倫理主義的時候，則著重這面失掉了那面，照顧那面又失掉了這面，則真是左右為難矣！現在我們有一方法——倫理思想，讓兩面都可以確立。我們發揮倫理思想的結果，個人一定要尊重團體，盡其應盡之義；團體一定尊重個人，使得其應得之自由平等。本來兩邊照顧到是一個作不到的事情，因為人只能看一面，看一面即照顧不到那一面；但是若本相對論的倫理思想去發揮，則彼此互相照顧，那麼，兩面都可照顧到了（這個意思很細，且很實在）。所以可以說是倫理救了中國兩面照顧不到的難處。中國本來兩面都不夠，而倫理適足以補充兩面。」（梁漱溟：《梁漱溟全集》（二），308，濟南：山東人民出版社，2005）當然有學者對此提出了批評，比如王宗昱認為，「梁漱溟否認把自由和人權建立在外在的需要和保證上，因為這些都不免使物欲參雜其中。他要求把自由和人權建立在超乎物欲的人心透達上。然而，失去外在法律作保證的人權和自由以及仁政都只是一種可能而非必然。梁漱溟只是想讓以往的倫理社會結構容納進西方的民主精神，對於這個結構和中國傳統人文精神他並未賦予新的功能使之開出新『治道』。」（王宗昱：《梁漱溟》，47，臺北：東大圖書股份有限公司，1992。）這一說法看到了梁漱溟是以理性作為原則來安排社會生活，這是其中肯之處。然而它沒有注意到，梁漱溟其實僅僅是突出理性原則的範導作用，卻並不忽視法律的鉗制功能，因為梁漱溟也注意到，人固然性本善，然在行為上卻可以為惡，這在於人不只是有理性，人還有本能以及種種在後天濡染的惡習。因此，毋寧說在梁漱溟看來，在以理性為價值核心的中國禮俗社會，法律在維繫社會生活上居於次要地位，並且其具體制定和運用也要受制於禮俗；或者說，中國的立法是以中國人特有的以理性為價值核心的活法為前提的（參見許章潤：

照理性的指引，則中國人不但個性充分社會性發達，還能避免西洋人的那種建立在欲望和算計基礎上的個性充分社會性發達的種種弊端，比如人際緊張、人情冷漠等。總之，鄉村組織作爲進步的團體組織是可能的，並且如梁漱溟所說，「這一個團體組織是一個倫理情誼的組織，而以人生向上爲前進的目標」，〔註199〕因而是優越的。

由此，我們可以這樣認爲：如果把梁漱溟所建構的這個組織看作一個生活世界，而生活世界是人生意義的發源地，那麼生活在這樣的鄉村組織中的人將首先是一個以倫理情誼和人生向上爲其精神核心的中國人，也即理性之人。

在明確了鄉村組織作爲進步的團體組織的可能性之後，緊接著的問題就是從何處著手建設鄉村組織。其實，顧名思義，鄉村組織就是要從鄉村著手。但爲何要從鄉村而不是城市著手呢？這除了鄉村的範圍大小合適以及中國多數人都住在鄉村這兩個淺層的原因之外，更深層而重要的原因在於，鄉村組織的建設是以理性爲根本的，而從鄉村著手正特別適合理性的發揮。具體說來，梁漱溟認爲，相對於城市鄉村有以下幾個方面適合理性發揮的優勢：

第一，因受所接觸的自然界的影響，農民性情寬舒自然，適於理性的開發。

第二，農民對付的是渾淪的生物，因而有活趣，而這正是理性。

第三，農民因循農業的自然節奏而自有一種從容不迫的氣度，並能對其所接觸的一切咀嚼領略而產生一種藝術的文化、人生，這也使農民容易開發理性。

第四，從事農業有利於家庭的鞏固，而家庭又最能安慰和培養人的性情，這就利於建立情誼化的組織。

第五，鄉村人彼此之間親切，容易成功情誼化的組織。

第六，在城裏中國固有的倫理情誼已被摧殘殆盡，鄉村卻還保留著許多固有的風氣，正可以繼續發揮。

第七，鄉村原本就是人類的家，正常的文明形態應以鄉村爲本。

《說法 活法 立法》，3～186，北京：清華大學出版社，2004）。正如梁漱溟所說，「中國將來的新社會組織構造成功，雖然也要有法律制度，可是法律制度產生必在禮俗已形著之後。」（梁漱溟：《梁漱溟全集》（二），278，濟南：山東人民出版社，2005）

〔註199〕梁漱溟：《梁漱溟全集》（二），308，濟南：山東人民出版社，2005。

第八，國民新的政治習慣的養成，須從鄉村著手。

按梁漱溟的說法，「有形的事實是鄉村，無形的道理是理性。這兩個地方，原來就是中國社會的根，除此外都不算。」〔註200〕因而從鄉村入手，以理性為根本，建設新的鄉村社會組織就是他一貫強調的從老根上發新芽。那麼，作為新芽的這個新組織的具體形態是怎樣的呢？這就是在補充改造古代「鄉約」基礎上組建的村學和鄉學。

村學鄉學由四部分人構成：學眾，包括村中或鄉中男婦老少一切人等；學長，村中或鄉中品德最尊的人；學董包括村中或鄉中有辦事能力的人；教員（鄉學還有輔導員）即鄉村運動者。這四個部分各有自己獨立不同的作用，缺一不可。其中，學眾是鄉村社會的主體，是改進鄉村社會解決鄉村問題的主力；教員是鄉村社會的副力，他不單是教書，也不單是教校內的學生，他以大眾為教育對象，尤以推進社會工作為主；學董負責處理公共事務；學長主持教育，負責教育一村或一鄉的人，是大家的導師。

那麼，作為如此的鄉村組織如何可以培育出既保持中國理性，又具備民主精神和科學素養的理想國民的呢？這就需要考察上述關於理想國民的理念是如何落實到鄉村組織的具體運作當中的，因為正是在反覆實踐的過程中，國民才會將蘊有某種價值理念的行為方式或思維方式內化於心，使之成為日用而不知的第二天性，也即養成梁漱溟所謂的新習慣，從而真正成為符合上述理念的理想國民。

首先是理性原則的滲透。

梁漱溟一再強調鄉村組織以理性為根本，因而鄉村組織幾乎時時處處都是依照理性的原則運行，時時處處讓人生活在理性的氛圍之中，接受理性的薰陶。在《村學鄉學須知》中，梁漱溟指出，「村學、鄉學意在組織鄉村，卻不想以硬性的法令規定其組織間的分際關係，而想養成一種新禮俗，形著其組織關係於柔性的習慣之上。所以實驗計劃中設立村學、鄉學辦法的各條文，其意都很含蓄，且頗富彈性。須待離開立法口吻，另從教育立場，詳為指引點透，而後一般人知所循由，新禮俗習慣庶幾得以養成。」〔註201〕而所謂新禮俗的內核就是理性。顯然，梁漱溟是想以理性的路來培育國民的理性。即是說，在鄉村組織中，理性既是起點也是歸宿，它要儘量滲透在鄉村組織的

〔註200〕梁漱溟：《梁漱溟全集》（二），320，濟南：山東人民出版社，2005。
〔註201〕梁漱溟：《梁漱溟全集》（五），448，濟南：山東人民出版社，2005。

每一個相關於人性陶養的環節當中。

在村學、鄉學設立學長可以說最為典型地體現了理性既是鄉村組織的起點也是其歸宿。這具體表現在學長的產生以及其在村學、鄉學中的作用上。首先學長的產生是依據理性原則的，即學長是由各村學、鄉學的學董會依據該區民眾群情所歸，推舉齒德並茂者一人，並經縣政府禮聘而產生的。其次學長之道也是遵循理性原則的。在《學長須知》中有關於學長在個人修為上的規定：學長要知自愛自重，即處處要為人眾作表率，謙恭謹慎，公平辦事，寬厚待人，最不要與人爭閒氣。《學長須知》還規定了學長的基本職責，總的來說就是，學長要以理性的原則調解人際矛盾，提振眾人向上學好。如，學長要知撫愛後生，調和大眾，即村中或鄉中眾人皆應在其子弟學生之列，應加撫愛，村中或鄉中人為公事而常有雙方意見不和者，學長應全力調和，而學長卻不許與任何人不和。如，若街坊鄰里有所不睦，調解之責尤在學長，且學長在調解之時應始終抱定兩個主意，即主持公道，和化凶怨為祥和，總要力爭鄰里間自了，免生訴訟。又如，對於村中或鄉中不肖子弟學長應加督教，應本愛惜之心而訓飭他，或背地裏規勸他，不令人知，以給他留面子，要防微杜漸。再如，對於為村或鄉辦公事的理事，學長要注意監督和調護；在理事為人或處事失當之時，學長要私下對其忠告規勸，此即監督；默察眾人之意而時常轉告他即調護。而為履行上述職責，學長要超居眾人之上，不負事務責任。

針對學董的某些規範也體現了理性原則。《學董須知》指出：學董要帶頭尊敬學長，禮待教員，以為眾人起表率作用；要虛心接受學長的監督規誡；要與其他學董和衷共濟，儘量設法化除學董之間的矛盾，討論事情不宜用表決的方式，以免顯出一邊勝利一邊失敗的樣子，而作為主席的理事最好能將各方的意見調和接近，使其顯得是全體同意的樣子。

《學眾須知》針對學眾提出：在個人與團體之間，學眾個人要以團體為重，為團體服務，尊重多數而捨己從人，同時就團體而言，多數要顧全少數；在個人與個人之間，學眾個人要敬長睦鄰，要信任理事、愛惜理事，要尊敬學長、接受學長的教導。

其次是團體生活的開展。

梁漱溟曾指出，「在民治精神的團體裏，有兩個要點：一是公民參與政治

的權，一是個人的自由權。」〔註202〕這兩點落在實際生活上就是梁漱溟所謂的國民遇事召開會議取決多數以及劃清群己權界人己權界的習慣。這正是中國國民所缺乏的，而其所以如此乃是因爲缺乏集團生活。因此，中國國民的民主精神養成的關鍵就在團體生活的開展。而團體生活的開展正是鄉村組織工作最重要的一面。梁漱溟認爲，「鄉村組織的第一要義就是：『培養組織能力，實現團體生活。』」〔註203〕當然不可否認，視團體生活爲第一要義還有出於其他現實需要的考量，比如組織團體更有利於引進科技、發展經濟等，但無疑在梁漱溟眼裏中國國民民主精神的養成是其中應有之義和必然結果。

　　那麼，如何組織國民開展團體生活呢？從生活規範的制定和貫徹來講，上述根據理性原則針對學眾、學董和學長而制定的許多關於維護人際關係的規範，它們本身就不只是能促進國民個人與個人、個人與團體之間的倫理情誼，還能促進整個團體組織生活的健康發展，或者說，在鄉村組織中，倫理規範本身就具有政治生活方面的功能。另外，有些條文更是直接針對團體生活的開展的，具有比較明顯的政治生活色彩。如《學眾須知》強調：學眾要知道以團體爲重，因爲團體事靠個人，而個人的事也要靠團體，若不熱心團體的事情而只圖自便，則團體散了，這於己於眾都不好；學眾要開會必到，事事要從心裏頭過一遍；學眾個人有意見即對大眾講出來，以便讓大眾參酌，因爲凡事經過討論才比較妥當，故各抒己見，實不可少；但又要注意尊重多數，捨己從人，以免因固執己見而妨礙公事的進行；村中或鄉中共同議定的規約，須人人照辦，有一人不照辦，則規約爲之破壞，則爲團體之賊。

　　促使民眾在一些相關於他們生活的實際問題上展開闔作應當是培養民眾民主精神的最切實而有效的途徑。其所以最切實而有效，首先是因爲「鄉村問題的解決，天然要靠鄉村人爲主力」，〔註204〕而鄉村人要成爲解決問題的主力，就必須組織起來，開展合作。在《鄉農學校的辦法及其意義》中，梁漱溟指出，「中國近百年史，原可說是一部鄉村破壞史。國際與國內的兩重壓迫、天災與人禍的兩種摧毀，使得鄉村命運益沉淪而就死。如此嚴重的壓迫與摧毀，在知識短淺而又零散單弱的農人或農家有什麼辦法呢？非我們（知識分子作鄉村運動者）使他們發生公共觀念，教他們大家合起來如何解決問題不

〔註202〕梁漱溟：《梁漱溟全集》（五），283，濟南：山東人民出版社，2005。
〔註203〕梁漱溟：《梁漱溟全集》（一），644，濟南：山東人民出版社，2005。
〔註204〕梁漱溟：《梁漱溟全集》（二），351，濟南：山東人民出版社，2005。

可。合起來成爲我們組織的力量，然後鄉村才可以起死回生。」〔註205〕其次是因爲合作不只是作爲功利手段能解決鄉村民眾的實際經濟問題，在梁漱溟看來，其作爲團體生活的一種形式對於人本身的陶養就是有意義的，這在於在合作中團體和個人恰可以兼顧，而這正是基於理性原則的民主所要求的。對此他講道，「合作社是聯合個人組成團體，於團體之中不廢個人；兩面都有，正與我們的理想相合。」〔註206〕總之，促進民眾開展合作既切合鄉村實際因而可以很好地引發民眾的合作意願，又可以培育出一種理想的民主精神，故應最切實有效。所以梁漱溟強調，「我們的鄉農學校就是點明擺出來讓他們能有自覺發生合作要求。」〔註207〕而其中的關鍵就是教員。《教員輔導員須知》指出教員的一項重要工作就是，利用村學（或鄉學）爲村眾及領袖聚會之所，作提引問題、商討辦法、鼓舞實行等工夫。所謂提引問題就是讓民眾自覺到問題所在；所謂商討辦法就是啓發他們協力以求解決問題之道；所謂鼓舞實行就是鼓勵他們努力齊心合作解決問題。以此民眾就能自然而然地被引上合作之路。

再次是科學技術的引進。

國民科學素養的養成離不開可科學技術知識和方法的教育和普遍運用。梁漱溟指出，「生產事業的科學化，鄉村生活的科學化，才算是科學技術在中國紮根。若科學沒能於生產發生關係，於鄉村發生關係，則始終不會有什麼科學在中國成功。」〔註208〕事實上，促進內地鄉村社會與外面世界的聯通，以此引進外面的新知識、新方法，正是鄉村組織的第二要義。另外，按梁漱溟的說法，「社會中各項事情都是相連的，這件事情進步那件事情也跟著進步——農業進步教育也跟著進步，教育進步政治也跟著進步。其他類此，總是互爲因果聯環前進；要進步都進步，要不進步都不進步。要緊的就在能爲社會開生機——生長進步之機。」〔註209〕而鄉村組織則可以說開出了科技進步的生機。這在於鄉村組織可使內地鄉村社會與外面世界相交通，從而將學術研究與社會事實相溝通，從而新知識方法能引進來並產生實際效果，而學術與社會則輾轉推進。

〔註205〕梁漱溟：《梁漱溟全集》（五），349，濟南：山東人民出版社，2005。
〔註206〕梁漱溟：《梁漱溟全集》（二），432，濟南：山東人民出版社，2005。
〔註207〕梁漱溟：《梁漱溟全集》（二），352，濟南：山東人民出版社，2005。
〔註208〕梁漱溟：《梁漱溟全集》（一），649，濟南：山東人民出版社，2005
〔註209〕梁漱溟：《梁漱溟全集》（一），648，濟南：山東人民出版社，2005。

那麼，具體講鄉村組織如何可以引進新知識方法呢？首先村學受鄉學及縣政府的輔助和指導，能與外面層層鏈接。如，「村學向上通氣，連到鄉學；鄉學再向上通氣，連到縣政府；縣政府再向上通，就通到研究院；研究院是一全省訓練人才研究學術的機關，他包括得更寬，可以通到全國各地的學術團體機關，又可以通到國外的各學術團體機關。這樣從小處與大處通，從內地與外面通，一步步通上去，村學就可以與外面大世界相交通了。」〔註210〕其次教員要發揮連接上下級的紐結作用。《村學鄉學須知》指出，「教員的責任要在使上級機關與下級機關，與問題研究方法供給上成一聯鎖循環關係。本來在社會改進機關的系統內，上級機關（如縣政府研究院）對於下級機關（村學鄉學）具有兩項作用：一爲最高方針之指導，一爲後方材料方法之供給。但欲使此後方機關得盡其用，還須教員善於利用。」〔註211〕然而，如何算是善於利用呢？梁漱溟指出，「一個好的方法，必須是由這樣得來：一面是對問題頂親切的鄉下人，一面是有新知識方法的有心人，彼此逗合接頭，一個以他的親切經驗，一個以他的知識方法，兩相磋商討論，經過這番陶煉，好的方法就有了。這個方法，從其效用上說，因其是新的，一定效用大；從其切合實際問題上說，因其是經過磋商陶煉的，一定行得通。能有這樣一個方法，鄉村問題才得解決。」〔註212〕這就是說，教員要利用其作爲連接鄉村民眾和外面世界的紐結地位，根據鄉村實際需要從外面引進新知識方法，並將其與鄉村民眾的實際經驗結合起來，從而解決鄉村的實際問題。

可以說，結合鄉村實際問題引進、運用科技給民眾所帶來的現實利益，肯定會促進民眾學科技、用科技的意願，由此其科學素養的養成乃至進一步提高就是必然的了。

總之，梁漱溟生命之路的轉進表現爲：

第一，其現實生活的主導原則發生了由出世到入世，也即由佛家到儒家的轉換；但這種轉換卻不是以放棄佛家作爲前提的，恰好相反，佛家得到了保留，並作爲終極信仰而成爲其入世濟世的力量源泉。

第二，其救世之道也由出世間法的佛家轉爲順世間法的儒家，而由於儒家是通往佛家的一個環節，因而其以儒家之道濟世可說是爲最終實現以佛家之道救世的一種切實努力。

〔註210〕梁漱溟：《梁漱溟全集》（一），711～712，濟南：山東人民出版社，2005。
〔註211〕梁漱溟：《梁漱溟全集》（一），685～686，濟南：山東人民出版社，2005。
〔註212〕梁漱溟：《梁漱溟全集》（一），684～685，濟南：山東人民出版社，2005。

第三章　梁漱溟生命之路的歸宿：沉潛於世，圓融於思

　　所謂歸宿是說，事物到達了其最終的所在並停留於此，也即終結了。當然，終結不是自殺，也不是他殺，而是事物自身的壽終正寢，也即事物已到達了其最大的可能，實現了完滿。正如海德格爾所說，「終結作爲完成乃是聚集到最極端的可能性中去。」〔註1〕

　　那麼，就梁漱溟而言，其生命之路的歸宿意味著什麼呢？它又是如何走向其盡頭的呢？

一、生命踐行的執拗尾聲：沉思社會人生

　　由前述，早在一九四二年梁漱溟就基於對自己人生使命的重新體悟，漸漸沉潛於世了，其生命踐行的主旋律由積極建功濟世（立功）一轉而爲沉思社會人生（立言），而一九四九年後更是如此。這主要體現在兩個方面：一是理解急劇變革的現實社會；一是在其作爲個體無法掌控的境遇中進行心靈的修證。

（一）湍流中的社會沉思：涵化馬列

　　一九四九年對於當時的許多中國知識分子的命運而言是關鍵的一年。這一年四月，中國共產黨終結了南京國民黨政權，並於同年十月向全世界宣告中華人民共和國正式成立。中國的政局可謂天翻地覆。如此一來，一向被認

〔註1〕〔德〕海德格爾：《面向思的事情》，陳小文、孫周興譯，70，北京：商務印書館，1999。

爲在政治上缺乏獨立性的中國知識分子就不能不面臨著何去何從的問題。事實上，當時國共兩黨之外的各界知名人士，傾向共產黨的就響應黨的召喚奔向北京；同情國民黨的則撤往臺灣；既反感國民黨又不信任共產黨的則遠走他鄉。但梁漱溟歸然不動，他既沒有響應共產黨的召喚去北京，也沒有追隨國民黨而去臺灣，當然更不可能漂泊海外，他留守在了重慶北碚的勉仁學院。所以如此是因爲他自認一生的使命就是續中國文化之慧命，或者說他生命的根基就是中國文化，而作爲中國文化其根在中國大陸，因而他的根也就在中國大陸。所以他後來講道，「雖有人來請我去香港，但我主意已定，不論國共兩黨勝負如何，我作爲一個生於斯、長於斯，並自問爲中國的前途操過心、出過力的炎黃子孫，有什麼理由跑到香港去呢？」〔註2〕更何況對於自己的未來和事業他早已成竹在胸。早在一九四八年八月創辦勉仁學院時他就公開了其志向所在：「吾無復鄒平實驗之趣，亦無意與政治爲緣，所望於及門諸生者，能將吾學問傳下去。」〔註3〕

　　然而，在一個疾風驟雨的年代，作爲一個曾經頗有影響的中國社會活動家，梁漱溟要想安於世外桃源而矢志文化研究，恐怕又是一廂情願。實際上，雖然梁漱溟謝絕了中國共產黨的邀請，沒有參加第一屆中國人民政治協商會議，但中國共產黨不可能忘記他，新中國成立後，毛澤東、周恩來再次邀請梁漱溟前往北京參加中國人民政治協商會議。面對如此的盛情，梁漱溟再也難以推卻。

　　於是，一九五零年一月，梁漱溟離開北碚，前往北京。一路上梁漱溟都是由中國共產黨統戰部門派員照料著，到京後，林伯渠秘書長和統戰部長李維漢等又親自到火車站迎接。應該說，中共對於梁漱溟的禮遇夠高的了，但梁漱溟似乎並不領情，這表現在，他既不入住由中共安排的、民主人士居住的北京飯店各招待所，也拒領中共統戰部所贈送的生活零用錢。〔註4〕是梁漱溟有意標榜自己清高嗎？不是的。這依然是其骨子裏潛存的爲王者師的儒家聖人意識的流露。也就是說，梁漱溟雖然接受了中國共產黨的邀請來到北京，但這並不意味著他就接受了中國共產黨的主張並一切聽從中國共產黨所領導的政府的指揮，正相反，他來到北京就是要用他的那一套來「修改共產黨」，

〔註2〕汪東林：《梁漱溟問答錄》，133，武漢：湖北人民出版社，2004。
〔註3〕李淵庭、閻秉華：《梁漱溟先生年譜》，219，桂林：廣西師範大學出版社，2003。
〔註4〕梁漱溟：《梁漱溟全集》（七），44，濟南：山東人民出版社，2005。

〔註5〕要中國共產黨按照他關於中國文化的理念來建設新中國。梁漱溟後來的言行也進一步表明了這一點。

但顯然事情沒有梁漱溟預想的那樣簡單；後來的事實表明，最終不是他修改了中國共產黨，而是中國共產黨修改了他。所以如此，一則因爲中國共產黨需要修改他以及像他這樣的知識分子；一則凡事認眞的梁漱溟眼見中國共產黨領導下的新中國生機蓬勃的社會現實不能不被折服。

與前一個原因相關的事實就是建國後中國共產黨發起並組織了一場持續很長時間的知識分子思想改造運動。那麼，中國共產黨爲什麼要進行知識分子的思想改造運動呢？又是如何開展這一運動的呢？

二戰結束以後，世界上形成了以美國爲首的帝國主義和以蘇聯爲首的社會主義兩大對立陣營，由此，作爲在二戰後建立起來的新中國就面臨著如何在這樣的政治格局中鞏固政權站住腳跟的問題。對此，毛澤東講道，「必須一邊倒。積四十年和二十八年的經驗，中國人不是倒向帝國主義一邊，就是倒向社會主義一邊，絕無例外。騎牆是不行的，第三條道路是沒有的。」〔註6〕顯然，中國共產黨的性質決定了它只能倒向社會主義陣營。這就意味著新政權必須在全國範圍內確立作爲其指導思想的馬克思主義的絕對領導地位，與此同時，各種非馬克思主義的意識形態則要被清除掉。這是就當時的國際政治格局以及新中國政權的性質來講知識分子思想改造的必然性。另外，建國之初國內知識分子群體的心態、思想也確實非常複雜，因而不利於新政權的鞏固。事實上，新中國初期，中國知識分子按其來源可分爲三大類：一是所謂的革命知識分子，他們主要來自根據地、解放區和軍隊；一是中共在解放戰爭過程中接收的國統區的各類知識分子；一是當時還在校的青年大學生。其中來自國統區的知識分子是主體。這些人中不少人都有留學歐美的經歷，長期在舊社會生活與工作，對於新社會、新政權不免一時難以適應，頗爲格格不入。比如，「有的人以清高超脫自居，存在著超階級超政治的觀點；有的人存在著爲學術而學術，爲研究而研究的傾向，脫離實際，脫離群眾；有的人盲目崇拜西方，存在著濃厚的崇美、親美、恐美的思想；有的人還存在著正統觀念，在敵我問題上存在著許多模糊認識；有的人存在著嚴重的個人主義，一切從個人利益和個人興趣出發，患得患失；有的人還對中國共產黨、

〔註5〕梁漱溟：《梁漱溟全集》（七），33，濟南：山東人民出版社，2005。
〔註6〕毛澤東：《毛澤東選集》（四），1473，北京：人民出版社，1991。

人民政府存在某些偏見和疑慮，等等。」〔註7〕典型者如儲安平，他雖然在建國後相當長一段時期內與中國共產黨的關係可算是和諧的，但他在建國前不久的諸多言論卻非常不利於中國共產黨，並在知識分子群體中頗有市場。比如他曾在作於 1947 年的《中國的政局》中講道，「就統治精神上說，共產黨和法西斯黨本無任何區別，兩者都企圖透過嚴厲的組織以強制人民的意志。……老實說，我們現在爭取自由，在國民黨統治下，這個『自由』還是一個『多』『少』的問題，假如共產黨執政了，這個『自由』就變成了一個『有』『無』的問題了。……若從道德及思想的角度看，則今天能動搖國民黨政權的不是共產黨而是這一批自由思想分子，因爲大家怕共產黨，怕他們那一套殺人放火的暴行；無論這種畏懼是不是出於一種誤會，總之大家在畏懼共產黨。反過來說，今天能抗拒共產黨的，也不是國民黨，而是這批自由思想分子。國民黨的腐化已是眾目昭彰，有口皆碑，無論三民主義這塊招牌如何，總之人民對於國民黨已難維持希望的信心。在這種兩趨極端之下，只有自由分子出來領導，可以獲得一個中庸的穩定，獲得廣大人民的衷心附和。」〔註8〕顯然，這種種情況都非常不利於新生政權的鞏固，從而也注定了中國共產黨對於知識分子的思想改造是必需的。當然，正如許多研究者所認爲的，建國後知識分子思想改造運動得以開展，也與知識分子出於民族主義訴求而主動改造、積極認同新政權有關，〔註9〕甚至我們在一定程度上可以說，知識分

〔註7〕 林蘊暉：《20 世紀的中國：凱歌行進的時期》，214，鄭州：河南人民出版社，1989。

〔註8〕 儲安平：《中國的政局》，轉引自戴晴：《梁漱溟 王實味 儲安平》，157～163，南京：江蘇文藝出版社，1989。

〔註9〕 於風政就指出，民國時期的知識分子大多出身於非勞動人民家庭，他們長期追求建立歐美式民主國家的社會理想，幻想走所謂「第三條道路」，長期不願意認同蘇聯式的社會主義，在政治價值觀上與中國共產黨可以說相去甚遠。然而在一九四九年這個歷史大轉折關頭，他們毅然放棄曾對之抱有幻想的國民黨，而投奔共產黨，只能歸因於他們具有強烈的愛國情感，他們從中國共產黨身上看到了民族振興的希望。（於風政：《改造》，7，鄭州：河南人民出版社，2001）而實際上，新中國的新氣象也確實震動了這些原本對中國共產黨將信將疑的知識分子。比如後來擔任上海戲劇學校校長的劇作家顧仲彝對共產黨幹部的作風讚歎不已，「中共各級幹部們，給我不可磨滅的印象是熱情誠懇，吃苦耐勞，謙虛坦白，堅定樂觀……他們出門坐不起三輪車，有朋友來請不起客。一切的享受與他無緣，但他們很少抱怨，即有，也給工作的熱情和人民大眾的利益的想法一下子沖得無影無蹤了。」（顧仲彝：《到解放區後我學習到了什麼？》，載於《光明日報》，1949 年 7 月 2 日）朱光潛則承認

自己到解放後才對共產黨恍然大悟，他說，「從前聽到的共產黨滿不是那麼回事。從國民黨的作風到共產黨的作風，簡直是由黑暗到光明，眞正是換了一個世界。這裡不再有因循敷衍，貪污腐敗，驕奢淫逸，以及種種假公濟私賣國便己的罪行。任何人都會感覺到這是一種新興的氣象。從辛亥革命以來，我們繞了許多彎子，總是希望以後失望，現在我們才算是走上大路，得到生機。」（朱光潛：《自我檢討》，載於《人民日報》，1949 年 11 月 27 日）曾兩度加入國民黨的馮友蘭對共產黨的觀感則充滿了哲學家的趣味，「我佩服共產黨底各級領導人員。他們談起來，不拘關於什麼問題，都是『頭頭是道』，你聽他們講，起初也不覺得怎樣『轟轟烈烈』，只覺得眞不空洞。你聽起來覺得事事都有個辦法，而每一個辦法，也都有個道理。他不提馬克思列寧主義，可是到處都是馬克思列寧主義，後來你才覺得這才是眞正的『轟轟烈烈』。」（馮友蘭：《我對於共產黨員的認識》，載於《人民教育》，第 3 卷第 4 期）不但如此，原先這些知識分子還懷疑共產黨是不是只講專政而不講民主，很快這一疑慮也爲事實所打消。比如費孝通曾就一九四九年九月初在北平舉行的各界人民代表會議講道，「北平各界代表會議一共開了六天，對我說是上了六天課，這六天課裏所學到的抵過了過去六年，甚至三十多年。三十多年來我所追求的夢想，在這六天裏得到了。這是什麼呢？是民主。」（費孝通：《我參加了北平各界代表會議》，載於《人民日報》，1949 年 9 月 2 日）另外，中國共產黨進城後所表現出的治國才能也出乎大多數知識分子的意料。總之，正如梁漱溟在《國慶日的一篇老實話》所說的那樣，中華人民共和國的成立標誌著中華民族作爲一新生命開始了。所有這些使得原本對中國共產黨心存疑慮的知識分子從心底裏完全接受了中國共產黨所領導的新中國。這是他們願意接受改造甚至主動要求改造的基礎之一。知識分子所以主動要求改造還在於，他們一度視爲「土八路」的中國共產黨憑藉馬克思主義的指導做成了他們不敢相信的事，這使得他們感到自身在政治上的無知和人格上的怯懦，故而自責、自卑，而要求改造。在這方面季羨林可算是一個典型。他曾這樣描述其在解放初期的心理活動，「我從内心深處認爲自己是一個地地道道的『摘桃派』。中國人民站起來了，自己也跟著挺直了腰板。任何類似賈桂的思想，都一掃而空。我享受著『解放』的幸福，然而我幹了什麼事呢？我作出了什麼貢獻呢？我確實沒有當漢奸，也沒有加入國民黨，沒有屈服於德國法西斯。但是，當中華民族的優秀兒女把腦袋掛在褲腰帶上，浴血奮戰，壯烈犧牲的時候，我卻躲在萬里之外的異邦，在追求自己的名山事業。天下可恥是寧有過於此者乎？我覺得無比地羞恥。連我那一點所謂學問——如果眞正有的話——也是極端可恥的。我左思右想，沉痛内疚，覺得自己有罪，覺得知識分子眞是不乾淨。我彷彿變成了一個基督教徒，深信『原罪』的說法。在好多好多年，這種『原罪』感深深地印在我的靈魂中。我當時時發奇想，我希望時間之輪倒撥回去，撥回到戰爭年代，給我一個機會，讓我立功贖罪。我一定會不惜犧牲自己的性命，爲了革命，爲了民族。我甚至有近乎瘋狂的幻想：如果我們的領袖遇到生死危機，我一定會挺身而出，用自己的鮮血與性命來保衛領袖。我處處自慚形穢。我當時最羨慕、最崇拜的是三種人：老幹部、解放軍和工人階級。對我來說，他們的形象至高無上，神聖不可侵犯。在我眼中，他們都是『最可愛的人』，是我終生學習也無法趕上的人。」（季

子思想改造運動是執政的中國共產黨和知識分子上下互動的結果。〔註 10〕

中國共產黨發動的知識分子思想改造運動主要形式有：政治學習、參加土地改革和思想批判。〔註 11〕

那麼，梁漱溟就是在這樣的背景之下執拗地進行著自己關於現實社會的獨立思考。之所以說其思考是執拗的，在於梁漱溟從不輕易接受他人的見解，而是要憑藉事實和自己的反覆思考才作出某種選擇。正是這決定了中國共產黨對於梁漱溟的思想改造是艱難和曲折的，而梁漱溟對於作為新生共和國主導意識形態的馬克思主義的接受不是以完全放棄自己固有思想為代價的，正相反它打上了濃重的梁漱溟個人的色彩，或者說梁漱溟是在個人原有的思想框架內理解和接受馬克思主義的。

梁漱溟的執拗而獨立的品質首先表現在他對於中國共產黨的態度上。一九五零年三月十二日晚間，毛澤東約見梁漱溟。談話中間，毛澤東問梁漱溟是否可以參加新政府，梁漱溟回以願在政府之外效力。對於這次拒絕毛澤東的加盟邀請，梁漱溟是這樣解釋的，「簡要地說，我當時思想狀況，仍認為全國的大局還不會從此穩定統一下去。〔註 12〕而我是曾經以第三方面的身份，

羨林：《我的心是一面鏡子》，載於《東方》，1994 年第 5 期）

〔註 10〕 崔曉麟：《重塑與思考》，45，北京：中共黨史出版社，2005。

〔註 11〕 關於政治學習，毛澤東在一九五零年六月六日的七屆三中全會上講道，「對知識分子，要辦各種訓練班，辦軍政大學、革命大學，要使用他們，同時對他們進行教育和改造。要讓他們學社會發展史、歷史唯物論等幾門課程。」（毛澤東：《毛澤東文集》（六），74，北京：人民出版社，1999）關於參加土地改革，毛澤東在一九五三年給饒漱石等人的電報中特別強調，「民主人士及大學教授願意去看土改的，應放手讓他們去看，不要事先布置，讓他們隨意去看，不要只讓他們看好的，也要讓他們看些壞的，這樣來教育他們。」（毛澤東：《建國以來毛澤東文稿（二），173，北京：中央文獻出版社，1988）關於思想批判，中共中央在一九五五年三月發出《關於宣傳唯物主義思想批判資產階級唯心主義思想的指示》，指出，「必須在知識分子和廣大人民當中宣傳辯證唯物主義和歷史唯物主義思想，批判資產階級唯心主義思想，並在這個思想戰線上取得勝利。沒有這個思想戰線上的勝利，社會主義建設和社會主義改造的任務就將受到嚴重阻礙。」（《建國以來重要文獻選編》（六），63，北京：中央文獻出版社，1997）

〔註 12〕 這是有原由的。據梁漱溟自己的說法，「1949 年 11 月尾，劉伯承第二野戰軍和林彪第四野戰軍相繼入川，我親見兩軍軍士裝備和待遇，四野優於二野情形，兩軍接收重慶物資彼此爭奪情形，而且全國劃分六大軍區，頗有割據之勢。還有國民黨會不會捲土重來？這些都是問題。」（梁漱溟：《梁漱溟全集》（七），443，濟南：山東人民出版社，2005。）

爲國事奔走過的人。一旦大局發生變化，仍需要我這樣的人爲國事奔走。如果我自身參加了新政府，就失去爲各方說話的身份了。在國民黨時代，遠在我對政局失望之前，就有人請我參加政府，我也沒有接受。我總認爲，自己不是一個做官的人，不具備這方面的才幹。我雖然到了北京、加入了新的陣營，但還想站在邊上看看，旁觀者清，我的作用也許正在這裡。」〔註13〕不僅如此，他還毫無忌諱地向毛澤東建言道，「取天下容易，治天下卻不容易——治天下要難的多。今天我們當然要建設一新中國（現代中國），而必先認識老中國才行。『認識老中國，建設新中國』是我一向的口號。我雖不參加政府，但我建議在政府領導下，設置一個中國文化研究所，或稱世界文化比較研究所，我願當顧問，參與研究工作。」〔註14〕並很快在後來的會見中就向毛澤東提交了關於中國文化研究所的草案。〔註15〕顯然，梁漱溟對於中國共產黨取得革命的暫時性勝利固然不能否認，但對於中國共產黨能否就此鞏固革命成果並維護國家的長期穩定統一則持懷疑態度。換句話說，梁漱溟並不認爲中國共產黨取得了革命的勝利就證明了馬克思主義可以解決中國的問題；相反，他對於自己的建國方案還信心十足。這從他後來提交給毛澤東的《一九五〇年向領導黨建議研究中國文化，設置中國文化研究所之草案》的內容可見一斑。比如他講道，「我承認中國社會自然是有其一般性的；但我特別強調他的特殊性。有人雖不否認中國有他的特殊性，但認爲亦不過像其他許多民族各有其特殊性那樣而已。這仍然不出一般論範圍，我是不同意的。現在最好即從這一爭點進行研究。」〔註16〕

　　正是帶著對於中國共產黨的懷疑以及對於自己的建國方案的自信和他一向就不缺少的經世濟民的熱情，梁漱溟十分爽快地接受了毛澤東在這次會見中提出的讓他出京到外地參觀訪問的建議，因爲藉此他可以很具體地瞭解中國共產黨在地方上的措施，從而解除他心中的疑團，即信奉在他看來並不適合中國國情的馬克思主義那一套的中國共產黨爲什麼竟然革命成功了。〔註17〕

　　於是，在毛澤東的指示及有關部門的安排下，從一九五零年四月至九月中旬，梁漱溟先後參觀訪問了河南、山東及東北各省。其中河南和山東兩省

〔註13〕汪東林：《梁漱溟問答錄》，145，武漢：湖北人民出版社，2004。
〔註14〕梁漱溟：《梁漱溟全集》（七），443，濟南：山東人民出版社，2005。
〔註15〕梁漱溟：《梁漱溟全集》（六），850～853，濟南：山東人民出版社，2005。
〔註16〕梁漱溟：《梁漱溟全集》（六），850，濟南：山東人民出版社，2005。
〔註17〕梁漱溟：《梁漱溟全集》（七），443，濟南：山東人民出版社，2005。

是梁漱溟曾經從事過鄉村建設的地方，這種安排顯然是有意爲之，其意圖就是讓梁漱溟有個實在的比較，從而做出讓他自己心服的判斷。〔註18〕後來的事實證明，這一路的參觀訪問對梁漱溟產生了很大的觸動。

梁漱溟這一路的參觀訪問都做了些什麼呢？從梁漱溟的日記中的簡略記載可以看出，主要有這麼一些事務：下一線參觀工農業生產以直接瞭解生產情況；參觀學校、醫院以直接瞭解教育、衛生事業的開展情況；與參觀地的各行各業的幹部、群眾進行諸如訪談、座談、報告等各種形式的交流活動；梁漱溟所在參觀團自己內部組織討論會。〔註19〕

至於參觀後的感想在其日記中只是偶有流露，如一九五零年四月二十六日的日記有：「實業處石科長談膠東區數年來農業上各問題的情況，得一較深瞭解中共影響農民之大。」〔註20〕而在同年四月二十七日的日記中他寫道，「午飯後到白龍區柳溝參觀訪問，與男婦老幼十餘人談話，印象頗佳。」〔註21〕他對其參觀感想的集中的表述見於其他場合，比如，一九五零年九月二十三日晚間在頤年堂向毛澤東報告在東北的參觀見聞時，他提到馬恒昌小組及召開學習馬恒昌小組的會議情況，並說，「工人們已覺悟到新國家之爲工人當家作主的國家，實大爲可喜現象。後來繼之有王崇倫等先進事蹟，均見出工人們的階級覺悟。此種覺悟爲我們立國之本，宜發展普及之。」〔註22〕又如，在一九五零年的《國慶日的一篇老實話》中他講道，「自到京那一天，直到現在，我都在觀察、體會、領略這開國氣象。尤其是從四月初間到最後九月半，我參觀訪問了山東、平原、河南各省和東北各省地方，親眼看見許多新氣象，使我不由暗自點頭承認：這確是一新中國的開始！」「最基本的就是我看見許許多多人簡直是死了，現在又竟活起來。這話怎麼說呢？過去我滿眼看見的都是些死人。所謂『行屍走肉』，其身未死，其心已死。大多數是混飯吃，混一天算一天，其他好歹不管。本來要管亦管不了，他們原是被人管的。而那些管人的人呢，把持國事，油腔滑調，言不由衷，好話說盡，壞事作盡──

〔註18〕毛澤東在勸梁漱溟出京到外地參觀訪問時講道，「過去你不是在河南、山東各地搞鄉村工作嗎？現在這些地方全都解放了，去看看有什麼變化。還有東北各省解放在前，算老解放區，亦要去看看！」（李淵庭，閻秉華：《梁漱溟先生年譜》，235，桂林：廣西師範大學出版社，2003）
〔註19〕梁漱溟：《梁漱溟全集》（八），426～440，濟南：山東人民出版社，2005。
〔註20〕梁漱溟：《梁漱溟全集》（八），428，濟南：山東人民出版社，2005。
〔註21〕梁漱溟：《梁漱溟全集》（八），428～429，濟南：山東人民出版社，2005。
〔註22〕梁漱溟：《梁漱溟全集》（七），445，濟南：山東人民出版社，2005。

其壞事作盡，正爲其好話說盡。可怕的莫過言不由衷，恬不知恥；其心死絕就在這裡。全國在他們領導下，怎不被拖向死途！今天不然了。我走到各處都可以看見不少人站在各自崗位上正經幹，很起勁地幹，乃至彼此互相鼓勵著幹，有組織配合地幹。大家心思聰明都用在正經地方。在工人就技藝日進，創造發明層出不窮。在農民則散漫了數千年，居然亦能組織得很好。這不是活起來，是什麼？由死到活，起死回生，不能不歸功共產黨的領導。共產黨大心大願，會組織，有辦法，這是人都曉得的。但我發現他們的不同處，是話不一定揀好的說，事情卻能揀好的作。『言不由衷』的那種死症，在他們較比少。他們不要假面子，而想幹眞事兒。所以不護短。不掩飾，錯了就改。有痛有癢，好惡眞切，這便是唯一生機所在。從這一點生機擴大起來，就有今天廣大局面中的新鮮活氣，並將以開出今後無盡的前途。」〔註23〕可以說，建國初年工農幹群的勃勃生機正是梁漱溟當年從事鄉建運動之時夢寐以求而求之不得的，爲此，他怎不歡欣鼓舞同時又若有所悟呢？比如，在《中國建國之路》的《弁言》中他講道，「承毛主席及中共中央好意，給我各處參觀訪問的機會。從 4 月初到 9 月半，陸續走過了山東、平原、河南三省及東北許多地方。一面對於中共所以領導國人者粗有體認；一面亦於自己過去認識問題之不足，憬然有悟。」〔註24〕而正是這促使他寫作了既爲評論中國共產黨又爲檢討自己的《中國建國之路》。

　　《中國建國之路》包括《弁言》和上中下三篇。上篇爲《中共三大貢獻》，包括《建國的一大前提》、《引進了團體生活》和《透出了人心》等三章；中篇爲《建國之路不同》，包括《彼此所同者》和《彼此不同者》兩章；下篇爲《願更有所建議》，包括《建國根本上之建議》和《建國技術上之建議》兩章。從各篇章的標題可以看出，梁漱溟試圖對中共統一中國給出自己特有的解釋，並在比較自己與中共建國道路構想的基礎上提出自己的建議。從現存的《弁言》和上篇的內容來看，一九五零年的近五個月的考察產生了效果，這就是他認同了中共革命的勝利，並力圖去理解這種勝利。這表現爲，他認爲中共有三大貢獻：一是實現了除臺灣以外的全國統一；二是把團體生活引進了中國；三是使人心得以透達。很顯然，梁漱溟所謂的中共三大貢獻正是他以其鄉村建設爲核心的建國之路所孜孜以求的。換句話說，梁漱溟是以自己

〔註23〕　梁漱溟：《梁漱溟全集》（六），854～855，濟南：山東人民出版社，2005。
〔註24〕　梁漱溟：《梁漱溟全集》（三），319～320，濟南：山東人民出版社，2005。

的那套理論來解讀中共的成就。甚至我們還可以對此做一個並不過分的延伸，這就是，梁漱溟或許在心底存有這麼一個念想，即中共的勝利在某種程度上正是他的建國之路的印證。〔註25〕作如此延伸的根據是：梁漱溟在《鄉村建設大意》中曾指出，鄉村建設頂要緊的是農民自覺和鄉村組織；而在《中國政治問題研究》中他則指出，「統一問題是中國民族的生死問題。統一才是生機。不統一便是死路。」〔註26〕憑藉於此我們可以認為，在梁漱溟看來，中共領導中國革命取得勝利並使新中國顯出勃勃生機正是因為抓住了梁漱溟所謂的這些關鍵。

當然，梁漱溟的建國之路畢竟與中國共產黨不同，並且事實上正是這種不同使得二者在團體生活的引進和促使人心的透達上產生了不同的結果──梁漱溟失敗了，而共產黨成功了。於是問題就在於，造成梁漱溟失敗而共產黨成功的關鍵是什麼。這又促成了梁漱溟參加西南土改工作之行。〔註27〕

一九五一年在聽說將有西南土改工作第一團的組織之後，梁漱溟經統戰部的同意於五月上旬偕同弟子黃艮庸前往西南參加土改運動。梁漱溟所在的土改工作團分團由章乃器任團長，一行共二十多人，工作地點在四川東部合川縣。這一團的成員大多是年歲稍長的各民主黨派和無黨派民主人士，並未實際參加土改工作，只是參觀。大家都住在縣城裏，白天參加一些土地改革的會議和活動。但做事從不苟且的梁漱溟認為，既然來了，就要深入下去，不能只當參觀者。於是經組織批准，他和弟子黃艮庸不久便下到合川縣雲門鄉。他們晚間住宿在鎮上一家地主的住宅裏，白天參加各種活動，包括貧雇農訴苦，清算鬥爭地主，分田地，發土地證，以至直接與農民談話等等。〔註28〕

〔註25〕 在《中國建國之路》的《弁言》中梁漱溟講道，「不管說救國或者說建國，總是要解決近百年來的中國問題。近百年間的中國人，在感受中國問題刺激之下，提供了許多（多至不可數）解決問題的途徑，發起了許多解決問題的運動，中國共產黨是其中之一，我亦是其中之一。到今天，共產黨這條路算是大有成功希望，而我所設想者似乎已經證明是不對。但是否當真如此呢？一個真正用過心來的人，是不能隨便就承認，隨便就否認的。」（《梁漱溟全集》（三），319，濟南：山東人民出版社，2005）梁漱溟的獨立性由此可見一斑。

〔註26〕 梁漱溟：《梁漱溟全集》（六），757，濟南：山東人民出版社，2005。

〔註27〕 在西南土改第一工作團團內彙報會上的一次談話中，梁漱溟提到他與中共在中國革命與建設問題上的看法的差距時說道，「再則我亦已說過，此距離在縮短中。此來亦正為求其縮短，但不能勉強縮短。」（《梁漱溟全集》（六），871，濟南：山東人民出版社，2005。）這表明了梁漱溟參加西南土改之行的目的就是為了進一步解除思想上的迷惑。

〔註28〕 汪東林：《梁漱溟問答錄》，148，武漢：湖北人民出版社，2004。

　　通過這次親身參加土改工作，梁漱溟思想上產生了很大的變化。在西南參加土改工作期間的幾次發言都表明了他的這種變化，主要就是承認階級鬥爭以及由此承認無產階級的領導。在參加西南土改時的一篇發言草稿中他講道，「中國誠然缺乏階級形勢，但此形勢卻由世界形勢補充、作背景之下，而有其大形勢可見，不可躲閃。國內國外，合爲一大形勢而分成兩面，逼出武裝鬥爭，決一死戰。」「肯定了階級鬥爭就肯定了無產階級領導，因爲農民從來不能單獨地完成任何革命。中國歷史上農民暴動之無結果，即因其缺乏資產階級爲領導，他反封建，卻不夠代替封建的。今天要完成一個趨向著遠大理想，而站在社會主義陣營，就必然是無產階級領導。」「無產階級是人類社會最後一個革命階級，他懂得在他以前的那些革命。具有那些革命意識，包涵了以前那些革命階級的立場。只有他不限於一時，其他皆有所局限。」〔註29〕

　　但梁漱溟又強調，雖然他承認階級鬥爭及無產階級的領導，但在根本上他同中國共產黨的看法還是有距離的。對這一距離他解釋道，「所謂根本處有距離即指階級問題和階級鬥爭在中國的適用問題，此亦即對中國社會的認識及對中國革命的認識。」〔註30〕比如在社會發展問題上，梁漱溟認爲，「五階段是其勢甚順的順序，但非固定不易之則，可能有變例，以此意看歷史是很好的，不能機械。階級不是貧富貴賤的層次。生活、生產上的兩相關又兩對立的集團。從奴隸社會到資本社會一直如此。所謂進步性即指生產力的解放和人的解兩面。三段又怎分呢？奴隸是人所有物，封建是人開始爲物之主，資本社會更進一層，至社會主義而人格充實完全。」〔註31〕又如在社會革命問題上，梁漱溟認爲，「社會內部自發的革命，革命動力自是在於其一定之階級，可無待言。像中國這樣從外引發的革命，其革命動力卻不能以階級求之。在這裡，感受中國問題的刺激最先，解決中國問題的要求最切者，不限定是那一階級（而且階級分別在這裡原不明確），而總是屬於較有知識，較有頭腦、較有心肝，而接觸到外面世界的那些人。總須是接觸到外面世界較早的那些人先來發動。反之，對於外面世界無見無聞的人，卻最不行。中國革命最早的形式表現爲『新舊之爭』，中國革命嘗被人稱爲『留洋學生的革命』，都是如此。」〔註32〕顯然，這些說法與中國共產黨的馬克思主義理論都是有距離

〔註29〕　梁漱溟：《梁漱溟全集》（六），865，濟南：山東人民出版社，2005。
〔註30〕　梁漱溟：《梁漱溟全集》（六），871，濟南：山東人民出版社，2005。
〔註31〕　梁漱溟：《梁漱溟全集》（六），871，濟南：山東人民出版社，2005。
〔註32〕　梁漱溟：《梁漱溟全集》（六），865～866，濟南：山東人民出版社，2005。

的，毋寧說這是梁漱溟從其固有思想出發解釋新的社會事實而得出的類似馬克思主義的觀點。

經過近兩年的觀察、思考，一九五一年梁漱溟對自己的思想變化進行了一次小結，寫作了《兩年來我有了哪些轉變？》一文，發表在《光明日報》（一九五一年十月五日）上，算是對黨和政府以及人民的一個交代。在文中，梁漱溟首先指出，由於他與中國共產黨同在求著解決一個中國問題，所以一切所見不合也就始終環繞著一個中心問題即中國社會的階級問題。在過去他一直不同意中國共產黨以階級眼光觀察中國社會，以階級鬥爭解決中國問題，而此時他在思想上得以修正的地方也正在於此。但他又強調，「不過點頭的自是點頭了；還點不下頭來的，亦就不能放棄原有意見。」〔註33〕以下所述其思想的趨向正表明了這一點：

如對於舊日中國的社會性質，他固然還堅持秦漢以後中國社會便已陷入盤旋不進即不再進向於資本主義社會，但通過建國以來的考察，他對中國社會的封建性有所省覺。

而對於中國社會發展可不可能有特殊的問題，梁漱溟則堅持其舊見，即社會發展有其自然順序，但亦有例外，如中國和印度。

在中國社會是否有階級的問題上，梁漱溟一方面堅持其以往關於缺乏階級是中國社會的特殊性的觀點；另一方面又承認階級之形成於社會間是人類社會的一般性，而中國不能盡失其一般性，因而其形成階級之*趨勢*二千年間不絕于歷史，並認同中國共產黨今天之所以取得改造中國社會的成功，正在於它以階級眼光觀察中國社會，而以階級鬥爭解決中國問題，也即承認階級鬥爭是解決中國問題的真理。

梁漱溟對於唯物主義有新的體會，認為只有堅持唯物的觀點才能在改造世界的過程中爭取主動；而又由於相信了階級觀點，他也就承認了中國革命須要由無產階級來領導，並指出，中國共產黨擔負完成中國革命的任務既有其非此不可的必然性，還有其機會豐富的可能性。

對於群眾運動中的領導問題，梁漱溟也有新的認識。他認為他當初從事鄉建運動之所以未能發動群眾，關鍵就在於沒有抓住農民的痛癢所在；做好群眾運動的竅門就在於變自己為群眾，而自古以來領導與群眾的結合沒有像共產黨做得這樣好的。

〔註33〕 梁漱溟：《梁漱溟全集》（六），874，濟南：山東人民出版社，2005。

一九五二年梁漱溟又寫了《我的努力與反省》一文，對自己自二十世紀三十年代投身社會運動以來的言論和行動進行了系統的反思，認識到了自己自那時以來所從事的社會運動的改良主義性質及其根源。他寫道：「『所有的人每一個無不有他的階級烙印』；『一切問題所爭總不外乎彼此立場不同』；這些話我今天才相信。過去不是無所聞，卻不相信，不肯從這裡去注意反省，終於被自己的階級出身和環境所限制、所決定而不自覺。中國社會是不是缺乏階級，自 1911 年後是不是沒有秩序，本都可以從兩面來看，而且幾十年中亦何能一概而論。但我總是從其一面——缺乏或沒有——來強調，總不免一概而論。正爲自己沒有站在革命的階級立場之故。以上借著毛主席那篇《湖南農民運動考察報告》爲對照，揭發出其思想根源。本文開首說的：我之落歸改良主義不出於浮淺錯誤而是有其思想根源，至此點明。」〔註 34〕不僅如此，梁漱溟還指出了他之所以落入改良主義一途的認識論根源，這就是不懂矛盾論。

在文章末尾，梁漱溟總結道：「經過反省，我認識到：無疑地吃虧在我不懂矛盾論。然而爲什麼不懂矛盾論呢？對於馬克思主義既不是接觸不到，難道只是聰明不夠的一個問題嗎？其所以粗粗領會到一點階級矛盾社會發展之理便用來論究中國社會歷史的特殊，而不能深追而深通其義，用以解決中國問題，根本爲我不像毛主席那樣站在被壓迫被剝削的人們立場，我沒有那副偉大的感情和決心。毛主席之能深通馬列主義全從其革命實踐中得來；如上文所檢討我沒有眞革命，自無意乎深追，亦無從而深通。還是立場問題決定了一切。」〔註 35〕

至此，梁漱溟雖然在一些問題上還保留著自己的看法，但他對中國共產黨及其主張的態度則著著實實由懷疑一變而爲服膺，而這就爲他進一步深入學習與接受馬列主義奠定了基礎。實際上，從梁漱溟的日記中的記載來看，從一九五零年十月起他就已開始自覺地學習馬列主義理論，如一九五零年十月八日的日記中寫道：「閱《學習》中論階級一文。」而在當月十二日的日記中則記有，「翻閱舊著，頗有觸發。又閱《新建設》，甚感慨。」日記中提到的《新建設》雜誌是一種馬列主義刊物，它在這以後成爲梁漱溟經常閱讀的刊物之一。從其現有日記的記載來看，梁漱溟閱讀過的馬列主義的著作有這

〔註 34〕　梁漱溟：《梁漱溟全集》（六），1017，濟南：山東人民出版社，2005。
〔註 35〕　梁漱溟：《梁漱溟全集》（六），1030，濟南：山東人民出版社，2005。

麼一些：哲學類的，如恩格斯的《論費爾巴哈》和《反杜林論》、恩格斯和馬克思的《關於歷史唯物論的信》、列寧的《哲學筆記》、毛澤東的《實踐論》和《矛盾論》，等等；歷史類的，如蘇聯科學院主編的《世界通史》、吳玉章的《辛亥革命》、侯外廬主持撰寫的《中國思想通史》及其獨著的《中國古代社會史》、等等；政治類的，如恩格斯的《科學社會主義》、列寧的《怎麼辦》及《國家與革命》、斯大林的《無政府主義還是社會主義？》、毛澤東的《論聯合政府》、蘇聯的《聯共黨史》、等等；經濟學類的，如馬克思的《資本論》，等等；法律類的，如蘇聯學者斯維爾德洛夫的《蘇維埃婚姻與家庭的立法原則》、蘇聯學者卡爾賓斯基的《蘇聯憲法通論》、等等。

總之，就在努力理解新社會的過程中，梁漱溟在自己原有的思想框架內有限度地接受了馬克思主義，並試著用他已經有所變化的思想去解釋中國的歷史和現實，這就是，他從一九五九年起開始撰寫《人類創造力的大發揮大表現──試說明十年一切建設突飛猛進的由來》，一九六七年起開始撰寫《中國──理性之國》等著作。同時，其對於馬克思主義的接受也直接影響了其生平人生之思的勘定之作《人心與人生》的寫作。

（二）喧囂中的心靈修證：亦儒亦佛

一九四九年後，除了一如既往地讀書、思索、寫作外，梁漱溟另外一個主要的工作就是個體心靈的修煉和證悟。並且作為其序曲，這種修證活動還在一九四九年十月一日中華人民共和國正式宣告成立之前就已經開始了。〔註36〕

所以如此，首先是因為這是梁漱溟所繼承的儒學及佛學傳統的內在需要。

在傳統儒家那裡，內聖是外王的前提，因而修身是傳統儒家士人必需的功課。

《論語》中有一段孔子與其弟子關於君子修身的對話：「子路問君子。子曰：『修己以敬。』曰：『如斯而已乎？』曰：『修己以安人。』曰：『如斯而已乎？』曰：『修己以安百姓。修己以安百姓，堯、舜其猶病諸！』」〔註37〕顯然，君子為政必要修己，因為修己方能有德，有德才能治理天下。

孟子說：「故士窮不失義，達不離道。窮不失義，故士得己焉；達不離道，故民不失望焉。古之人得志，澤加於民；不得志，修身見於世。窮則獨善其

〔註36〕梁漱溟隱居重慶時於 1947 年和 1949 年分別有過較長時間的習靜活動。（參見《梁漱溟全集》（八），419～426，濟南：山東人民出版社，2005）

〔註37〕《論語‧憲問》

身，達則兼善天下。」〔註38〕「君子之守，修其身而天下平。」〔註39〕可見，在孟子這裡，不論進退、窮達，作爲君子，修身的工夫是始終不能放棄的，唯其如此他方能持守「道」而有「德」而成其爲君子。

荀子則說：「聞修身，未嘗聞爲國。」「臣下百吏至於庶人莫不修己而後敢安正。」〔註40〕在這裡，荀子以一種極端的方式強調修身就是爲國，並把修身推及眾人而突出其普遍價值。

其後《大學》沿著荀子的這個思路對修身和爲政之間的關聯給出了一個更加系統的說法，這就是：「古之欲明明德於天下者，先治其國。欲治其國者，先齊其家。欲齊其家者，先修其身。欲修其身者，先正其心。欲正其心者，先誠其意。欲誠其意者，先致其知。致知在格物。物格而後知至，知至而後意誠，意誠而後心正，心正而後身修，身修而後家齊，家齊而後國治，國治而後天下平。自天子以至於庶人，一是皆以修身爲本。」〔註41〕可以看出，在「格物」、「致知」、「誠意」、「正心」、「修身」、「齊家」、「治國」、「平天下」這依次遞推的八個條目中，中心環節是「修身」。考慮到身心的交互性，我們可推知「已修之身」中實際已蘊含了「已正之心」和「已誠之意」。由此可知，傳統儒家雖以「平天下」爲最終目標，但其根本卻在於身心的修煉。而《大學》從宋代起與《中庸》、《論語》、《孟子》合稱「四書」，一道成爲儒家的核心經典，更顯出了身心的修煉在儒家傳統中的重要性。

到了宋明時期，心性之學成爲宋明新儒學的核心話語，修身養性當然就是其題中應有之義了。這表現在宋明新儒學家對於本體工夫論的討論上。宋明新儒學家們重新發掘了先秦儒家的心性形上學的思想資源，尤其是重構和闡發了孟子的性善論之旨，認爲性善之性與天道是貫通不二的，但這還只是爲人之踐行天道提供了本體上的依據，即是說性與天道貫通不二只是人踐行天道的必要條件而不是充分條件，人要行走在大道（即天道）上，不能沒有工夫的積累，而工夫不是別的，就是修身養性。在這共同的前提下，宋明新儒學中的理學派和心學派又各有自己的本體論和工夫論。理學派基於性即理的本體論，認爲要達到「由仁義行」的道德自由境界即走上大道，除了「氣極清而理無蔽」的生而知之的聖人之外，一般人由於自身本有的「性」被所

〔註38〕《孟子·盡心上》
〔註39〕《孟子·盡心下》
〔註40〕《荀子·君道》
〔註41〕《禮記·大學》

稟賦的昏濁偏駁之氣所遮蔽，都必須「格物窮理」、「主敬涵養」以「變化氣質」。心學派基於心即理的本體論，認為要達到「由仁義行」的道德自由之境即踏上大道，只要「發明本心」即可；若能「發明本心」，人人都可成為聖人。理學派的工夫論可謂是漸進式的，而心學派的工夫論則可謂是頓悟式的。〔註42〕

宋明新儒學家們在工夫問題上不僅有哲學的論證，更提出了具體的身心修煉的方法，其中最主要的是「靜坐」和「調息」。就靜坐而言，理學家程頤提出了人所共知的「半日讀書，半日靜坐」。朱熹指出讀書活動中靜坐的必要性。他說：「大抵人要讀書，須是人先收拾身心。令稍安靜，然後開卷，方有所益。若只如此馳騖紛擾，則方寸之間，自與道理全不相近，如何看得文字？今亦不必多言，但且閉門端坐十日，卻來觀書，自當信此言之不妄也。」〔註43〕在心學派這裡，王陽明個人以及後來陽明學的主流雖然在終極意義上並不視靜坐為儒家修身的根本方法，但依然在相當程度上肯定靜坐為儒家修身工夫的有機組成部分。就調息而言，朱熹寫過一篇《調息箴》；王陽明的靜坐實踐中包含有調息的內容；而陽明後學中的大家王畿則寫過一篇《調息說》，站在儒家的立場融合儒釋道三家系統地闡釋了調息問題。〔註44〕

就梁漱溟所承續的佛學傳統而言，作為直接關乎心靈的學問，佛學最基本的工夫就是心靈的修養。實際上，佛教三寶之一的佛法分為四種：教法、理法、行法、果法。其中，行法是依照理法而進行的戒、定、慧三行，即如何持戒、修禪定、獲取大智慧的宗教踐行；它是四法的中心環節，即是說學習佛法就是，依教理而修行，由修行而證得聖果。〔註45〕

總之，不論是儒家還是佛家，身心的修煉都是必不可少的功課。梁漱溟自己也認為，包括儒學和佛學在內的東方學術是關於生命的學問，而作為這樣的學術不能僅僅是理論理論而已，一定要身體力行，即是說只有通過學問讓自己的生命起了變化學問才算落實了。以此，梁漱溟注重心靈的修證就理所當然了。

〔註42〕 文碧芳：《宋明理學中理學與心學的同異及其互動》，載於《武漢大學學報》2005 年第 4 期。

〔註43〕 《答周深父》，《朱子大全》卷六十三。

〔註44〕 彭國祥：《儒家傳統的身心修煉及其治療意義——以古希臘羅馬哲學傳統為參照》，載於楊儒賓，祝平次編《儒學的氣論與工夫論》，16～17，上海：華東師範大學出版社，2008。

〔註45〕 方立天：《佛教哲學》，11～12，北京：中國人民大學出版社，2006。

當然，晚期的梁漱溟更加注重心靈的修證，還有其外緣因素，這就是一九四九年後的中國社會現實使他在事功方面不想或者也不可能有什麼大的作為，至少他再也不能像此前作為一位胸懷濟世理想並自命救世者的儒者那樣，或埋頭苦幹從事實踐自己理想的鄉建運動，或為國是呼號奔走，一呼百應。他沈寂了，甚至不能不沈寂，尤其在所謂的一九五三年的「雅量」風波事件之後。

為何如此呢？首先，還在一九四九年中華人民共和國成立之前，面對急劇變化甚至出乎他意料的社會現實，梁漱溟給自己確定了「只發言，不行動」的立場。其次，如前所述，一九五零年起梁漱溟的主要工作是參觀、考察，以理解新中國，即解答中國共產黨為什麼竟然革命成功了這個問題；而從一九五一年秋起至一九五二年秋，像廣大身處新中國的知識分子一樣，梁漱溟被列為思想改造的對象，無法事功自是當然。再次，到了一九五三年，因對過渡時期總路線報告發表的一番講話，梁漱溟與毛澤東發生衝突（此即所謂的「雅量」風波事件），此後梁漱溟作為反面教員陸續遭到批判，就更不可能有什麼「外王」之舉。就此，梁漱溟真正陷入了沈寂。

於是對梁漱溟來說，既然不能兼善天下，就只好獨善其身了，儘管他不能容忍只做一個自了漢——他一直沒有放棄在他看來對人類未來有著極為重要的指引意義的文化問題的思考。那麼，梁漱溟是如何修身養性的呢？在這過程中他又有什麼體悟呢？

梁漱溟遺存文字中最早的關於個人修身養性的記載是一九四七年二月起陸續記下的一些有關習靜的日誌。如一九四七年二月有這樣記載：「十力先生自五通橋來勉仁，小住匝月。某次談話，先生語我云：『發願』與『見體』是吾人一生最要緊的事。愚當下甚有警省。吾人一生若於此二者皆無有，則只有下墮，一生不如一生。因而時時念及之，不能忘。」〔註46〕

同年三月的日記也有類似的記載。如二十九日記有：「同東明訪謁能海法師於嘉陵新村13號。愚求教言，師先問年齒，愚答五十五矣。師曰：一日間當有一時間習靜。愚敬志之。又問方法如何。師答方法可任擇一種，不必拘。」〔註47〕三十一日記有：「午後同東明訪江子齋先生於磁器口二十四廠之理化實驗室，聆其自述30餘年來之靜功，知其所得不差，深為敬服。談話間，於愚

〔註46〕 梁漱溟：《梁漱溟全集》（八），419，山東人民出版社，濟南，2005。
〔註47〕 梁漱溟：《梁漱溟全集》（八），419，山東人民出版社，濟南，2005。

夙來所見有印合處，並亦有所啓發。於發願見體二念，多有鼓舞激勵，尤隱契於心，悲喜不盡。因決意從江君習靜。」〔註48〕

以上記載提示我們，一九四七年，當梁漱溟從繁忙的「外王」事務中抽身出來，正是在道友熊十力的提醒下，才驀然省悟到「發願」與「見體」的要緊，並由此開始幾乎貫穿其晚年的習靜之類的心性修養活動，也就是說，梁漱溟的生活重心開始向「內聖」的一面傾斜。

從一九四七年四月起梁漱溟正式開始習靜。當月日記對此多有記載。如二日記有：「宿特園樓上。天未明，念習靜當在後半夜，睡醒時試爲之。又念每晚將睡前，宜清淨其心，俾夢中少雜亂念頭，庶可睡安隱，而醒時精神較好。」又如八日記有：「連日雖不忘，亦總未得手作工夫。本日約四時起坐，於手腳姿勢尚未得其安。念中覺察有二：一要搞清楚動機；動機不清楚或動機不正，必不可以；二要辨明『見體』之體，是儒家的抑佛家底。前者爲出發點，後者爲目的地。繼自省念：我起心動念在向上，在出妄。此是循生物界中進化出人類之路而來，一直是趨靜、靜、靜……而返於無妄。繼覺：取靜之心非靜；有妄可出，終不得出。儒家之體與佛家之體是一非二，但屬兩階段不同。」如十八日記有：「連日昏散，雖起坐不能有入。本日有覺：一切諸佛當然現在，與我無隔；不自欺是根本，是入手；不自欺是靜，外此無眞靜。」〔註49〕

在這裡，所謂的儒家之「體」，當指貫通天人的「大道」，佛家之「體」，當指空觀萬有的「佛性」。梁漱溟體悟到，儒家之「體」和佛家之「體」並不矛盾，是一非二，但屬於兩個不同的階段。之所以如此是因爲，首先，二者都是「無我」；其次，佛家之「體」比儒家之「體」還要高一個層次，是後者的進一步發展，而這在於儒家之「體」本身還是「有」，佛家之「體」是對此「有」的進一步「去執」或者「無化」，也就是「無」。梁漱溟還體悟到，不自欺，佛即當下。

一九四九年夏（八月），在中華大地正發生著翻天覆地的變化之際，梁漱溟則同羅膺中、曹慕樊及謝无量夫婦等在重慶北碚縉雲山頂閉關習靜，時間長達一個多月之久。在這期間，他一邊研讀著龍樹的《發菩提心論》、禪宗的《五燈會元》、《六祖壇經》、僧璨大師的《信心銘》、《傳燈錄》等佛家典籍，

〔註48〕 梁漱溟：《梁漱溟全集》（八），419，山東人民出版社，濟南，2005。
〔註49〕 梁漱溟：《梁漱溟全集》（八），419～420，濟南：山東人民出版社，2005。

——邊做著佛家的「四加行」、「亥母」法、「大印」、「達摩十二手」等功課，並每有所悟就記錄下來。

通過此次較長時間的修習，梁漱溟對於生命本身以及自身的生命狀態有了更多的體悟。關於生命本身，他認識到：生命因為貪迷奔逐而陷於有對，而貪迷奔逐的根由則是分別計較之心；佛之所以是覺悟者，正在於他通乎萬有，一體而無對，並由此朗澈證定，動靜自如；人身所以於修佛法最便者，在於人已從有對超進於無對，其超脫於本能之理智理性，正是其超脫於貪迷奔逐之所在。〔註50〕

關於自身的生命狀態，他有了更多的自知之明，並在日記中多有流露。如在一九四九年八月七日的日記中他寫道：「平常余每因極細小不成問題之事而不能入寐。此放不下之心，即屬於奔逐之所表見者。平素表現似能寬坦，其實不然。今修大印，第一障礙在此。」在同年同月十二日的日記中他寫道：「余最大病為心中不能灑落爽利，由此故念念不得踏實，每日一心不免二用，去道最遠，平素未嘗不自知，而以今日修道感覺最深切。」在同年同月十四日的日記中他寫道：「夜間幾無時無夢，心不能閒之病極大；人以為我入道必易，實則適得其反。」在同年同月十七日的日記中他寫道：「忽思密教即身成佛之理，余雖信得，卻無自己即身成佛之志願，來此修持只在調心養心明心，雖成佛不外明心，第因無成佛之決志與自信，工夫便不易得力，不知然否。」在同年同月十九日的日記中他寫道：「一切法中佛法最勝，我豈有疑，然從人類文化發展說，當前需要則在中國文化，而非佛法之時機。同時我於當前中國建國問題及世界文化轉變問題，自覺有其責任，更無第二人代得，在我心中亦可說除此事更無事在，所為皈依者，自感慧力不足。煩惱猶多，求明此心，俾力足任事而煩累可解也。因對世事放不下，修持自難得力。」在同年九月十日的日記中他寫道：「膺中頗以我總在外面用力為病（數日前流露此言），愚亦非不自知其病。此大抵包含有二：向道似切，而所孜孜用力者不中肯要，且嫌手腳笨重，此一層也；再則，於般若中觀以至大手印之理趣未嘗不有所領悟，惜只在尋思卜度中討生活，轉來轉去盡在外面，而愈尋思卜度將愈不得契會真實，此又一層也。兩層殆為一事，可以不分，知之而不能去者，去之則全放下，還是手重之病，且自己心中亦絕對放不下，（意想放下有好處，即是放不下，或意想放下即全完，而不肯放）放不下而提起，仍不免

〔註50〕梁漱溟：《梁漱溟全集》（八），420～424，濟南：山東人民出版社，2005。

於尋思卜度，蓋行則不能無思度也。知之而不能去者大致如此。」〔註51〕

可以看出，對於佛法，梁漱溟有了更親切的體驗，並心嚮往之，然而，對於文化使命的自覺擔當，又使他放不下心。事實上，梁漱溟雖號稱「閉關習靜」，但與外界的聯繫從未中斷，其日記中時不時有關於國內局勢的記載。儒家和佛家固有的緊張導致梁漱溟內心矛盾重重，難以平復，以致他在日記中寫道：「愚之皈依上師，其發心即在有感於不自在苦，而所謂不自在苦者首在失眠症。今於下山之前大犯失眠，正是宣告上山一月之失敗。」〔註52〕

正由於放不下心，一九五零年他才接受中國共產黨的邀請來到北京，希圖在新政權下能為國家的建設做點什麼。如，在其欲建設新中國必先認識老中國的一貫理念支配下，他於一九五零年向毛澤東建議設立一個由他牽頭的中國文化研究所，並寫出了相關草案。但研究所沒有遂其所願成立，倒是出於自己解惑的內在要求，從一九五零年四月起一九五一年八月底，梁漱溟絕大部分時間幾乎是馬不停蹄地先後五次外出參加各種活動，或者參觀新中國建設的新氣象，或者直接參加土改等社會運動。另外，從一九五一年九月至一九五二年底，應著中國共產黨發起的知識分子思想改造運動，梁漱溟接受對自身的思想批判並進行著自我批判。由此，梁漱溟似乎無暇顧及修身養性。實際上，從現存的一九五一年至一九五二年的遺文來看，其間除了一九五一年三、四月間有過若干則「省身錄」〔註53〕外，其他時間未見任何關於修身養性的記載。

但到了一九五三年，情況有了很大變化。這一年，梁漱溟和毛澤東之間發生了一場嚴重的衝撞。事後《批判梁漱溟的反動思想》發表，隨之出現一股批判梁漱溟的熱潮，《梁漱溟思想批判》、《梁漱溟的四十年》、《批判梁漱溟的哲學思想》、《梁漱溟政治思想批判》等大批判論文集和專著相繼出爐。就此，梁漱溟成為反動思想批判的活標靶，並在以後的歲月中不斷地經受著各種大大小小的批判，其中有的批判甚至是很嚴酷的，以至於被批判者身心飽受折磨。這樣，梁漱溟的「外王」之路就被徹底堵死了，精神上也陷入極度苦悶之中。但正如佛家所謂，「即煩惱即菩提」，現實中的挫折促使梁漱溟反省內求，從而在心性修養上更上層樓。

〔註51〕 梁漱溟：《梁漱溟全集》（八），421～426，濟南：山東人民出版社，2005。
〔註52〕 梁漱溟：《梁漱溟全集》（八），425，濟南：山東人民出版社，2005。
〔註53〕 梁漱溟：《梁漱溟全集》（八），465～466，濟南：山東人民出版社，2005。

　　大致說來，梁漱溟是從以下兩個方面加強自己的心性修養：一是向內反省、拷問並勉勵自我；二是做各種輔助功課，如習太極拳、練氣功、做佛課。

　　梁漱溟對自我的反省與拷問可謂嚴苛。在一九五三年一月十二日的日記中他寫道：「自己生活無用力處，更無得力處。常常在〔覓〕事作以遣送時光，雖曰以責任自課，卻不切口近裏，浮誇不實，多所等待，向外不向裏，惶惶然苦無著落，完全是自己沒辦法的一個人，完全在自己偏僻習性支配下，與可憐的世俗蠢人無異。」一九五三年十月十九日的日記記載有：「夜醒後思年來俗念盈胸，沒出息到家，所謂『古之學者為己』者蓋久已忘之。自欺太多太大，如何能負荷繼絕學之任？」在一九五六年四月十九日的日記中他寫道：「德勝門登車後，即反省咒課心不靜一問題。到底未口降伏而出門，顯然咒課於此失敗了。此一例，以小喻大口正是我一生的情形。一生都是不能降伏自己的某些動念，而在被動中生活。即是受佛家所謂根本煩惱的支配，而外面還『粉飾太平』，從未痛加洗刷，而一味支撐門面，逞英豪，裝聖賢。今日之事正是過去一生的縮影，苟不自反，將失敗到底。」一九六六年十月一日的日記記有：「寫語錄 1 則張之於壁，取其針對我之病根而言也。我病在不謙虛，不謹慎，為一切問題之所由生，而主席語錄冊中其以此為訓誡者凡 12 見焉，可謂諄諄矣。」一九六六年十月九日他記道：「夜來醒時念發願文，輒以雜念中輟，不能終其詞，此心浮躁如此，懺悔發願皆空話耳。今後當以終其詞與否為此心靜躁之驗，勉求懺悔發願之真，不容放任。」一九七五年二月二十五日的日記記載有：「昨悟自身虛矯之氣。」一九七七年十月十六日的日記中有：「臨睡洗腳，惜就睡前未能沉心省身。」一九七八年五月二十八日的日記記載有：「維博來助理瑣事，購得電影票，晚飯後陪我看《野豬林》尚演得好；然我不應往看，致亂念慮，今後戒之。」

　　梁漱溟對自己的這種嚴苛甚至還涉及到自己的夢境。一九五三年十月四日的日記記載有：「夜中被惡夢驚醒，深歎無始以來習染之重。此不應有之夢，蓋詔我以知所用力也。」一九五三年十月十五日的日記記載有：「夜來睡頗熟，夢頗長（訪張則之及搬家等事）。自己形象畢露，醒來思之可厭。」一九五六年八月二十四日的日記中有：「夢景俗劣不可耐，深訝與自己夙習不合何以竟致如此邪跡」

　　僅僅自省、拷問顯然是不夠的，關鍵是要日日自新。為了自新，梁漱溟

既以前賢大德的告誡、激勵自己，亦以自己所參悟的儒家或佛家智慧提振自己，或以所負的使命自勉。一九五三年九月三十日的日記抄錄有陸象山語：「要當軒昂奮發，莫恁地沉埋在卑陋凡下處。『反之』即『回來』之謂也。」以及程顥語：「重擔子須是硬脊樑漢方擔得。」一九五三年十月六日的日記記載有：「吃飯好好吃，睡覺好好睡，走路好好走，說話好好說，如此謂之敬。敬則不偷不肆，敬則心在腔子，敬則不逐物亦不遺物。由敬而慎，以入於獨，而後心才發光明。不偷不肆是謂敬（偷是苟偷，肆是放肆）。精神散亂，四下張望，有多少自欺亦不知道，只有收攏精神，集中於意念上，庶乎一有自欺即可知道。隨時而毋自欺，心體明定。」一九六六年九月十六日他自做偈語：「一聲佛號觀世音，聲聲喚醒自家心，即心是佛佛即心，心佛眾生不差甚。一聲佛號觀世音，聲聲喚醒自家心，此心好莫昏昧去，留得當前做主人。心淨知虛空，永離一切有，施捨一切無所吝，亦無所施能施者，此是布施波羅密。心淨如虛空，永離一切有，嗔心不起能忍辱，亦無所忍與能忍，此是忍辱波羅密。心淨如虛空，永離一切有，精進不懈於修持，而實精進不可得，此是精進波羅密。」一九五四年一月十五日的日記記有：「我所深愛者當然就是自覺能動之心（即本體），但同時對於此一時代我所負的任務或使命（即作中西之間或資本主義社會到社會主義社會之間作思想學術的橋樑）尤為一生心事所在，所謂真好真惡當以此為準，兩者之間當然是有關合的，而又不可並為一談。經過三思之後應當早著手於寫書，時時準備材料，以此為生活中之中心工作（生活中必須應付之事當然都要作），即在有此一中心工作的生活中常常警覺於自覺和主動之保持，即所謂省身慎獨是也。」一九五六年五月十六日的日記記有：「自念我有悲願是真的。首先對自己習深業重纏縛之苦，與夫眼見眾生業苦有悲心，從而有願心，願以所曉曉人（正見，正信），又念東方古人（佛法、儒學）所明不為今人所曉，有能以曉之者，今日非我乎？自解放以來，國事已上軌道，我無所用其力，而時會恰好安排我用其力於此一任務，豈可玩忽？至於目前環境設備，天之所予厚矣；豈可孤負？反覆念此三層，是培成正念之基。」

為了自新，梁漱溟還打太極拳、練氣功、做佛課，而做這些功課的目的不只是為了健身，更是為了讓自己浮躁渾濁的心變得沉靜明亮。據其日記記載，一九五三年十月十三日梁漱溟開始正式學習太極拳，一九五六年五月八日則開始學習氣功。此後這兩項活動成了他力所能及時的必修課。又據其日

記，一九五六年四月十三日梁漱溟決定每天咒課一百二十數，而實際上，自此誦讀佛經成了他終生性的功課。

由上述可以看出，在其修身養性的實踐中，梁漱溟是儒佛並舉的。憑著儒家的反省內求，他不斷地提升著自己的人格，而憑藉佛家的悲智雙運，其心境更加超脫明定，二者輾轉相推，使其生命日益擺脫各種內外的束縛而日趨於自由之境。這無疑使梁漱溟加深切地體認到，人心的自覺對於生命之自由有著決定性意義，而這正是他勘定生平所思之作《人心與人生》的主旨所在。

二、融攝諸家的人學之思：說人心道人生

晚年的梁漱溟基於自己長期的理論思考和生命體驗，融合中國儒學、佛學、馬克思主義、達爾文的進化論、柏格森的生命哲學以及各種心理學的有關理論，將實證和思辨相結合，構築了一個圓融的人學體系。其基本架構就是，先從人生（人類生活）言說人心，復從人心談論人生（人生問題）。前者屬於心理學的研究，後者屬於人生哲學或倫理學或道德論的研究。之所以如此架構，依梁漱溟自己的說法，乃是因為，「其言人心也，則指示出事實上人心有如此如此者；其從而論人生也，即其事實之如此以明夫理想上人生所當勉勵實踐者亦即在此焉。」〔註 54〕此即所謂人心、人生非二，理想要必歸合乎事實。〔註 55〕

〔註 54〕　梁漱溟：《梁漱溟全集》（三），540，濟南：山東人民出版社，2005。

〔註 55〕　對這一思路，陳來和王宗昱有不同的看法。陳來認為，這是對事實和價值或者說實然和應然的混淆，因而是不合法的。（陳來：《現代中國哲學的追尋——新理學與新心學》，北京：人民出版社，2001）王宗昱則認為，梁漱溟使用經驗與實證的材料（這相關於事實）並不妨礙其對於人性的先驗論證（這相關於價值），因為他對這些材料實際上做了哲學意義上的解釋；我們甚至可以從經驗的材料出發討論先驗的人性，但這不等於把人性的先驗論證完全建立在實證的基礎上；梁漱溟引入心理學和生理學的實證材料論證人性有雙重作用，即同時說明人的先天本性和後天的現實存在，而正是這使得良知的呈現問題成為潛能和現實的問題，梁漱溟從「近道」解讀《大學》的修養工夫就是基於此。（王宗昱：《梁漱溟》，302～303，臺北：東大圖書股份有限公司，1992）筆者同意王宗昱的看法，並進一步認為：當梁漱溟對作為事實的這些經驗和實證的材料進行解釋時，所謂的「事實」已經不純然是事實，而是已被賦予了人的價值預設，並轉過來成為人的鏡鑒，其情形正如《周易》認定「天行健」，《老子》認定「天道無為」；因而我們可以說，梁漱溟所謂的理想要必歸合乎事實實際是中國傳統的「天人合一」的現代翻版。

（一）生命的最大透露：自覺的人心

梁漱溟認爲，人心是宇宙生命的最大透露。〔註56〕爲此我們就要追問：什麼是宇宙生命？又如何是人心？

關於何爲宇宙生命。梁漱溟認爲，宇宙無始無終，包括時間空間中所存在的一切物質。但這不是一靜止的存在，而是一永無休止的運動、變化和發展的存在。而這一無限的運動、變化和發展的過程就是所謂的「宇宙大生命」。在這裡，梁漱溟將原本只是標誌著有機生物發生、發展及消亡過程的生命的範疇推廣到整個宇宙，用以標示宇宙萬有運動的普遍特性。不可否認，這有其現代科學的依據，但更是對柏格森生命哲學的消化和吸收〔註57〕。那麼，宇宙大生命如何可能呢？其本性又是怎樣的呢？梁漱溟融合進化論和馬克思主義理論指出，「宇宙從無機而有機，而生物，而動物，而人類……總在發展變化著；發展變化是起於內在矛盾的，其間由量變而達質變——亦稱突變或云飛躍——便顯見出由低升高的許多階段區別來。階段大小不等，而涵小於大；區別則從量到質，通而不同。宇宙發展愈到後來，其發展愈以昭著，愈以迅速，前後懸絕不可同語。既見有高低階段，又且有流派分支。此在生物有機體出現後，物種歧出，最爲顯著。人類社會發展史自古至今既有其階段可分，而各方各族的文化復多歧路焉。凡此者，皆以各自內在矛盾爲主，而其環境遭際又互有不同也。」〔註58〕這就是說，宇宙大生命可能性就在於宇

〔註56〕 梁漱溟：《梁漱溟全集》（三），645，濟南：山東人民出版社，2005。

〔註57〕 柏格森對西方傳統形而上學的核心概念「存在（Being）」作出了新的解釋。他認爲，存在不是一實體性的東西，存在只是流動和變化。在此基礎上，他又指出，所謂宇宙不是孤立存在的事物的總和，而是一連續變化的過程。他講道，「宇宙不是被造成，而是正在被不斷地造成」，「沒有已被造成的事物，只有正在創造的事物；沒有自我保存狀態，只有正在變化的狀態。靜止從來就是表面的，或者毋寧說是相對的東西」。（《形而上學導論》，劉放桐譯，29，北京：商務印書館，1963）柏格森將宇宙的這種生成狀態稱之爲「生命之流」。這是一綿延不斷的生命之流，作爲如此，它順著順行和逆行兩個方向運動。順行之時，生命之流凝縮而產生出有機生物；逆行之時，生命之流弛墮而產生出無機物。有機物和無機物，有生命的和無生命的，都是生命創造進化的派生物。作爲生命創造進化的動力的就是柏格森所謂的「生命衝動」。它類似於古代哲學中的「世界靈魂」，但又不是那種人格化的創世主。對此柏格森講道，「神並沒有創造任何事物，神只是一個永不止息的生命力，是行動和自由。可見創造並不神秘。」（《創造進化論》，王珍麗、余習廣譯，196，長沙：湖南人民出版社，1989）可以看出，柏格森的思想頗有泛神論的傾向。梁漱溟對馬克思主義矛盾論的吸收則抹去了其泛神論色彩。

〔註58〕 梁漱溟：《梁漱溟全集》（三），648，濟南：山東人民出版社，2005。

宙萬有的內在矛盾，正是這種內在的矛盾推動著宇宙萬有生生不息，不斷地由低級階段向高級階段發展。作爲如此，宇宙大生命的本性一方面是「莫知其所以然的無止境的向上奮進，不斷翻新」，〔註59〕另一方面則是通乎萬有而爲一體，即無對。

關於何爲人心。他指出，「說人心，應當是總括著人類生命之全部活動能力而說。」〔註60〕這就是說，人心不是一實體性的東西，而是一活動能力，因而「離開人的語嘿動靜一切生活則無以見之矣」。〔註61〕

作爲如此，人心包括三個方面，即本能、理智和理性。其中，本能就是一切生物圍繞解決個體生存和種族蕃衍等兩大問題而預先配備並與動物與生俱來的種種方法手段。理智則是一種反乎本能的東西，「指離開具體事物而起之分別區劃計算推理等作用以爲言」。〔註62〕理性就是從動物式本能中解放出來的情感與意志即無私的感情。在這三者之中，本能原本是人類和其他動物所共有的用以維持生存的能力；但隨著大腦的日漸發達，人類理智大啓，其本能則大大沖淡、鬆弛、削弱，日益貧乏，而主要依靠後天的模仿練習以養成其生活能力；更且由於理智的發展，人類生命從本能中解放出來而豁然開朗，直通向宇宙大生命的渾全無對，其生命活動則不斷地向上爭取靈活、自由，而非出於有所爲，而原先伴隨本能並依乎利害得失的感情，則因理智欲得盡其用必至於無所爲的冷靜，乃轉化爲無私的感情即理性；最終理性成爲人心之體，而理智則爲人心之用。

進而受毛澤東思想的啓發，梁漱溟認爲，作爲這樣的人心，它具有三個方面的特徵，即主動性、靈活性和計劃性。〔註63〕

所謂主動性，「即生命所本有的生動活潑有力耳」。〔註64〕「一切生物的生命原是生生不息，一個當下接續一個當下的；每一個當下都有主動性在。」

〔註59〕　梁漱溟：《梁漱溟全集》（三），555，濟南：山東人民出版社，2005。
〔註60〕　梁漱溟：《梁漱溟全集》（三），547，濟南：山東人民出版社，2005。
〔註61〕　梁漱溟：《梁漱溟全集》（三），538～539，濟南：山東人民出版社，2005。
〔註62〕　梁漱溟：《梁漱溟全集》（二），570，濟南：山東人民出版社，2005。
〔註63〕　當然，正如有論者指出，同樣談主動性、靈活性和計劃性，但毛澤東和梁漱溟的理論歸屬有所不同。前者把包含主動性、靈活性和計劃性的主觀能動性看作是基於對主客體關係的正確認識而展開的革命實踐活動，而後者則將之看作生命本體的規定性；前者的認識論是爲其實踐論服務的，後者將認識論發展爲形而上學。（見陶德麟、何萍：《馬克思主義哲學中國化：歷史與反思》，644～645，北京：北京師範大學出版社，2007）
〔註64〕　梁漱溟：《梁漱溟全集》（三），554，濟南：山東人民出版社，2005。

〔註 65〕人心的主動性則是這種生命本有的主動性的發展擴大，體現為努力、爭取、運用，總是後力加於前力，新新不已。梁漱溟還對於人心的這種主動性進行了一種發生學上的追溯，簡而言之就是，「人心非他，即從原始生物所萌露之一點生命現象，經過難計其數的年代不斷地發展，卒乃有此一偉大展現而已」。〔註 66〕

所謂靈活性，「就是生命不受制於物而恒制勝乎物的表現」。〔註 67〕這種靈活性在生物界過去的進化不已上已得到了充分的表現。但梁漱溟又指出，「生物進化不可遏的大勢如過去之所見者，卻非所語於今天的生物界。在過去的進化途程中，其向靈活前進之度，各物種高下相差，等級甚多；但它們今天一一止於其所進之度了。宇宙間代表此生命本性尚在前進未已者唯有人類耳。其他生物一般都落於其各自生活的刻板文章中，恍如機械在旋轉著，殆無復靈活性之可言。」〔註 68〕同樣，對於人類生命何以獨保有其靈活性梁漱溟也進行了發生學上的追溯。首先就過去生物界不斷趨向靈活性而言，生物機體為維持生存而在內部進行著各種各樣的分工及整合，由之，生物的形體構造、生活機能就不斷地由簡單趨向繁複，而靈活就出在這繁複發展的分合之上。其次就人類獨保有其靈活性而言，人類擁有特別發達的大腦皮質，因而能直接或間接地控制全身各部分機構，其中尤為重要的是大腦皮質的「主動性內抑制」作用，正是它使得人類的行為更多的是出自計劃而非本能。

當然，梁漱溟又強調，「人心要緣人身乃得見，是必然的；但從人身上得有人心充分表見出來，卻只是可能而非必然。」〔註 69〕也就是說，人作為生物機體，其高度發達的功能只是為人心的靈活性開出了機會，人心之靈活性的真正實現還有賴於其他後天條件。並且，「在機體構造上愈為高度靈活作預備，其表見靈活也，固然愈有可能達於高度；然其卒落於不夠靈活的分數，在事實上乃且愈多。此以其空出來的高下伸縮之差愈大故也。」〔註 70〕也正由於此，儒家才說「唯聖人然後可以踐形」。總之，靈活是有待爭取的，因為人心不是現成可以坐享的。

〔註 65〕 梁漱溟：《梁漱溟全集》（三），553，濟南：山東人民出版社，2005。
〔註 66〕 梁漱溟：《梁漱溟全集》（三），551，濟南：山東人民出版社，2005。
〔註 67〕 梁漱溟：《梁漱溟全集》（三），556，濟南：山東人民出版社，2005。
〔註 68〕 梁漱溟：《梁漱溟全集》（三），557，濟南：山東人民出版社，2005。
〔註 69〕 梁漱溟：《梁漱溟全集》（三），563，濟南：山東人民出版社，2005。
〔註 70〕 梁漱溟：《梁漱溟全集》（三），563，濟南：山東人民出版社，2005。

　　所謂計劃性，從梁漱溟對於計劃的定義來看當是指，人們在其行事之前就其所要解決的問題當中的那些對象事物，先從觀念上進行一番乃至多番籌措，以設定一合適的行動方案的能力及其表現。〔註71〕人心之有計劃性在於人「能以外在事物（自身亦其一）攝入心中，通過思維，構成觀念和概念，從而離開其事物猶得據有其相當的代表，而隨時聯想運用之」，〔註72〕即人有構成知識的能力。正是這種構成知識的能力把人的行為的計劃性與其他生物的行為的計劃性從根本上區分開了，即是說，其他生物的計劃是出自種族遺傳的本能，而人的計劃則是出自人的有意識。

　　至此，我們可以看出，相比於主動性和靈活性，計劃性似乎更能表現人之心的特點。那麼我們可否以此說計劃性是人心的基本特徵呢？梁漱溟認為這未嘗不可，但還沒有觸及根本。在他看來，一計劃之能設定是以相應的知識為前提的，而知識非靜以觀物無由得成；又當人根據知識以思索設計之時，非頭腦冷靜不可。這即是說計劃性乃是出於人心之能靜。而人心又何以能靜呢？梁漱溟認為，這是由於生物進化而分出脊椎動物與非脊椎動物，從而出現理智生活的結果。具體說來就是，理智具有反乎本能的傾向，因而與和人類個體生存及種族蕃衍問題相關的事物的關係漸漸鬆弛，乃至最後脫離開來。這樣，理智或關注於此，或關注於彼，對於任何事物均可發生興趣或不生任何興趣。興趣不生即此心之能靜。於此，我們似乎可以說人心的基本特徵就是由理智所致之能靜。梁漱溟肯定了這一點，但又認為與其說能靜是人心的特點，不如說自覺是人心的特點更好。為何如此呢？為此我們首先要明確什麼是自覺。梁漱溟對於自覺並沒有給出一個明確的定義，但他說，「自覺是隨在人心任何一點活動中莫不同時而具有的，不過其或明強，或暗弱，或隱沒，或顯出，殊不一定耳。例如：人在聽到什麼聲音時，他不唯聽到了而已，隨即同時還自知其聽到什麼聲音；人在自己說話的同時，還自知其在說什麼話。甚至一念微動，外人不及知而自己知之甚明。不唯自知其動念而已，抑且自知其自己之知之也。」〔註73〕可見，自覺就是心對於自身的覺察。在此基礎上，梁漱溟認為，以自覺而不是以能靜作為人心的基本特點，其理由就在於：首先，自覺與心靜是分不開的——必有自覺於衷，方可謂之心靜，

〔註71〕　梁漱溟：《梁漱溟全集》（三），566，濟南：山東人民出版社，2005。
〔註72〕　梁漱溟：《梁漱溟全集》（三），566，濟南：山東人民出版社，2005。
〔註73〕　梁漱溟：《梁漱溟全集》（三），587，濟南：山東人民出版社，2005。

而唯有心靜，方有自覺於衷，但較之徒言心靜，自覺於知識及計劃之關係更顯明；〔註74〕其次，自覺性實際是可以涵括主動性、靈活性和計劃性的，或者說主動性、靈活性和計劃性就是自覺性內涵的分析。〔註75〕

既然人心的基本特點就是自覺，那麼，對於人而言，自覺的意義何在呢？首先，人類「任何成就莫非人心自覺之力」；〔註76〕其次然而更重要的是，自覺是人類突破兩大問題而發展出的無私的感情即理性之所寄，而這種感情又正是人類偉大之所在。

總之，憑藉其自覺之心，人類生命與現存其他物類根本不同。要而言之，即當「現存物類陷入本能生活中，整個生命淪為兩大問題的一種方法手段，一種機械工具，浸失其生命本性，與宇宙大生命不免有隔」，〔註77〕而人類由於其自覺之心，上承生物進化以來之形勢，而不拘拘於兩大問題，得以繼續發揚宇宙生命本性，至今奮進未已，巍然為宇宙大生命之頂峰。

於是，人心成為宇宙生命的最大透露。

以此，對於人生的籌劃就有了堅實的基礎。〔註78〕

（二）圓滿的世間生活：道德的儒家

梁漱溟認為，「人類一切長處均從人心內蘊之自覺而來，從乎自覺就有一切，沒有自覺（自覺貧乏無力）就沒有一切（沒有一切創造）。人類從自覺以發揮去，其前途光明，無窮偉大。此其發揮蓋有兩大方向之不同：一則向外，又一則向內。」〔註79〕內蘊自覺的人心向外發揮運用就是意識作用於物，這是一種有對性的生命活動。在這種生命活動中，人類累積經驗，蔚成知識，並憑藉知識宰制自然，其最成功的代表就是近代西洋文明。但如前述，生命

〔註74〕 梁漱溟：《梁漱溟全集》（三），587，濟南：山東人民出版社，2005。
〔註75〕 梁漱溟：《梁漱溟全集》（三），550，濟南：山東人民出版社，2005。
〔註76〕 梁漱溟：《梁漱溟全集》（三），589，濟南：山東人民出版社，2005。
〔註77〕 梁漱溟：《梁漱溟全集》（三），581～582，濟南：山東人民出版社，2005。
〔註78〕 在這裡，梁漱溟延續並完善了其早期的本體論，這就是李維武在《二十世紀中國哲學本體論問題》中首先指出的「生命本體論」。正如李維武指出的，在梁漱溟這裡，生命本體不是一實體性的本體，如西方傳統形而上學意義上的絕對實體，或印度傳統形而上學中的佛性真如，或中國傳統形而上學中的客觀天理，而就是宇宙的大化流行，就是人的文化創造，由此，人的主體性得到了高揚。（見李維武：《二十世紀中國哲學本體論問題》，173～174，長沙：湖南教育出版社，1991）
〔註79〕 梁漱溟：《梁漱溟全集》（三），662，濟南：山東人民出版社，2005。

的本性是由局向通，從有對向無對不斷奮進的。這就意味著人心內蘊之自覺必要從向外轉爲向內，而人類的生命活動則由有對通向無對。由此，包括中國和印度在內的東方文明得以孕育而成。就中國文明而言，儒家可爲其代表；就印度文明而言，佛家可爲其代表。二者之中，儒家是正由有對通向無對，還是世間的；而佛家是徹底皈依乎無對，並轉從無對來引導有對中的一切眾生，是出世間的。這樣，儒家文明一方面和近代西洋文明一樣都屬於世間的；另一方面由於人的自覺之心又是向內而朝向無對的。於是，從生命要不斷爭取自由的本性看，作爲世間生活樣態的一種，儒家文明可以說是最圓滿的。而作爲如此的儒家文明，其根本特徵正在於其道德。

但在梁漱溟看來，如此這般的論證顯然是不夠的，他還要追問道德自身，包括道德的根據是什麼，道德實踐的可能性何在，道德實踐的途徑若何等，並由此證明，完善的道德正是儒家的道德。只有這樣，對儒家道德文明作爲世間生活的圓滿性的說明才可能水到渠成。

梁漱溟首先追溯了道德產生的社會根源，他認爲：「道德一詞在較開化的人類社會任何時代任何地方可以斷言都是少不了的。但它在各時各地不免各有其涵義，所指不會相同，卻大致又相類近耳。這就爲人們在社會中總要有能以彼此相安共處的一種路道，而後乃得成社會共同生活。此通行路道取得公認和共信便成爲當時當地的禮俗。凡行事合於禮俗，就爲其社會所崇獎而稱之爲道德；反之，則認爲不道德而受排斥。禮俗總是隨其社會所切需者漸以形成出現，而各時代各地方的社會固多不同，那麼，其禮俗便多不相同，其所指目爲道德者亦就會不同了。然而不同之中總有些相同之點，因爲人總是人，總都必過著社會生活。」〔註80〕即是說，人總是社會的人，有社會就有交往，有交往就有禮俗，有禮俗而有道德。總之，道德是人類社會生活之必然。

然而，梁漱溟認爲道德的眞根據還不在此。他講道：「是故有存乎一時一地的所謂道德，那是有其不得不然之勢的；但那只是一方面，而另一方面則道德原自有眞，亦人類生命之勢所必然。」〔註81〕即是說道德的眞根據在人

〔註80〕梁漱溟：《梁漱溟全集》（三），730，濟南：山東人民出版社，2005。
〔註81〕梁漱溟關於道德之眞的思想顯然受康德道德哲學的影響。梁漱溟在指出道德乃人類社會生活之必然後，強調，「人類特徵固在其自覺能動性，道德之眞要存乎人的自覺自律」。（《梁漱溟全集》（三），730，濟南：山東人民出版社，2005）而康德認爲，「意志自律是一切道德法則和與之相符合的義務的唯一原

類生命本身，具體地說，就是代表宇宙大生命的人類生命莫知其所以然的無止境的向上奮進、不斷翻新的本性。那麼，人在生活中能踐行這一生命本性便是道德。為進一步說明這一點，梁漱溟還對「道德」一詞進行了獨特的解釋。他說：「『德』者，得也；有得乎道，是謂道德；而『道』則正指宇宙生命本性而說。」〔註82〕

　　既然人類生命的本性如此，則人類應當率性而行，而率性而行就是道德，因而道德之踐履當不成問題。但事實並非如此，這裡就有一個道德實踐的可能性問題。

　　梁漱溟首先指出：動物依靠種族遺傳本能而生活，故其行於其所不得不行，止於其所不得不止，陷於刻板，而喪失奮進創新的生命本性，當然也就沒有率性和不率性可言，也就談不上道德和不道德了；而人類從動物式本能解放出來，為唯一代表生命本性的存在者，其倚重後天的理智而生活，於是有率性不率性及道德不道德的問題。這就是說，就人類而言，率性並非定然之事。當然，唯其如此，率性而向上奮進方顯得可貴，方可謂道德。〔註83〕

　　則：反之，任意的一切他律不僅根本不建立任何責任而且反倒是與責任的原則和意志的德性相對立」。（康德：《實踐理性批判》，鄧曉芒譯，楊祖陶校，43，北京：人民出版社，2003）事實上，梁漱溟也確乎閱讀並摘譯過康德《道德形而上學基礎》（此處依楊雲飛譯名，梁漱溟所讀的中文版的本子是由唐鉞翻譯、商務印書館出版的，書名為《道德形上學探本》）一書中的思想要點。
　　（參見梁漱溟：《人生至理的追尋》，213～215，北京：當代中國出版社，2008）
〔註82〕梁漱溟：《梁漱溟全集》（三），731，濟南：山東人民出版社，2005。
〔註83〕梁漱溟關於是否道德的論定也有康德從動機論道德的影子。梁漱溟曾明確講到：「心為身用，自覺昏昏不明，殆為人類生活常態。此時若無違其社會禮俗，即無不道德之譏評。然而既有失其向上奮進之生命本性，那便落於失道而不德。」（《梁漱溟全集》（三），732～733，濟南：山東人民出版社，2005）可以看出，梁漱溟評價人的行為是否道德，依據的不是其過程或結果是否合乎外在的道德規範即禮俗，而是內在的主觀動機即行為者的意志是否扣合生命向上奮進的本性。而康德認為，道德價值「必然只是建立在行動出自於義務而發生、也就是僅僅為了法則而發生這一點上」。（康德：《實踐理性批判》，鄧曉芒譯，楊祖陶校，111，北京：人民出版社，2003）也就是說，真正道德的行為不僅在客觀上要合乎道德律，而且主觀上應是純粹出於對道德律本身的敬重；如果一種行為僅僅在客觀效果上符合道德律的要求，但摻入了好惡和欲望的動機，則只有合法性，而沒有道德性，只有排除了任何欲念而純粹出於對道德律敬重的行為才有道德性。顯然，梁漱溟和康德的道德評價的思路的確具有相似性，即都注重動機。當然，二者衡量動機的標尺還是不同的。這一標尺在梁漱溟這裡是向上奮進的生命本性，而在康德這裡則是絕對自由的善良意志。

　　率性既非定然，則人可能向上而率性，也可能墮落而不率性。其之所以如此，就在於人之身心的兩極分化。這就是，「人之一言一動乃至一念之萌，皆來自身心無數次往復之間。頭腦心思大大發達了的人類，自是應當心主乎其身的，但事情卻不必然。往往心從身動，心若無可見者。必若心主乎此身，身從心而活動，乃見其為向上前進；反之，心不自主而役於此身，那便是退墮了。」〔註84〕

　　由此可知，道德實踐的可能性就在於心主乎身。在這裡，主乎身之心當然是自覺之人心，因為「必有自覺乃可言心」〔註85〕但身是什麼呢？「說身，指機體、機能、體質、氣質和習慣」，〔註86〕可以看出，在梁漱溟這裡，身是一包括了交互影響的身體和心靈二者在內的整體，可以說是已成之我。因之，心主乎身實際就是自覺之心對已成之我的克服。唯有如此，人才得以不斷奮進向上，日新不已，而真道德才得以顯現。

　　明確了道德之真根據在於自覺向上，道德實踐的可能性在於以身從心，由此我們也就知道了，就個體而言，道德就是以身從心並自覺向上。但人類生命除了其個體的一面，還有其群體的一面，那麼，就群體而言，道德又是什麼呢？梁漱溟認為，人類群居生活中的道德在務盡倫理情誼。〔註87〕

　　何以如此呢？梁漱溟指出：「人類生命與動物生命在本質上不同，是先天之所決定。決定了一個人從降生下來很長時期不能離開旁人而得存活；即便長大成人還是要生活在許多人事關係中，不能離群索居。因為必脫離動物式自然生活，而向文明開化前進方才成其為人類。故爾就人類說，其社會生命一面實重於其個體生命一面。一切文明進步雖有個人創造之功。其實先決條件都來自社會。人類社會的文明進步正是宇宙大生命的唯一現實代表，一個人在這上面有所貢獻，就可許為道德，否則，於道德有欠。」〔註88〕這是說，人的本性先天地決定了個人的生活是離不了旁人的，而正是人與人的相互支撐造就了人類社會及其文明的進步，這就是人類群居生活的道德即務盡倫理情誼的內在根據。

　　又如何是務盡倫理情誼呢？梁漱溟解釋道：「倫者，倫偶；即謂在生活中

〔註84〕梁漱溟：《梁漱溟全集》（三），732，濟南：山東人民出版社，2005。
〔註85〕梁漱溟：《梁漱溟全集》（三），732，濟南：山東人民出版社，2005。
〔註86〕梁漱溟：《梁漱溟全集》（三），734，濟南：山東人民出版社，2005。
〔註87〕梁漱溟：《梁漱溟全集》（三），737，濟南：山東人民出版社，2005。
〔註88〕梁漱溟：《梁漱溟全集》（三），737～738，濟南：山東人民出版社，2005。

彼此相關係之兩方，不論其爲長時相處者抑爲一時相遭遇者。在此相關係生活中，人對人的情理是謂倫理。其理如何？即彼此互相照顧是已。」〔註89〕更具體一點說就是，人與人之間應彼此互以對方爲重，莫爲自己而忽視了對方；而只有有心的人才會不囿於此一身而在心中存有對方，更且非止心中存有對方，甚至心情上所重寧在對方而忘了自己。因此，情誼又可說是情義，其中義即指義務；務盡倫理情誼就是要求人們在社會中能盡其各種倫理上的義務。如此則對社會貢獻莫大焉，就是道德，否則即於道德有欠。

為了進一步明確盡倫的含義，梁漱溟又將道德上的義務和法律上的義務進行了區分。他認爲，倫理道德上的義務是自課的，而國家法律所規定的那種義務則是集體加之於我的。法律規定的義務具有強制性，並始終與權利相對待；而道德的義務則是非強制性的，只是爲義務而義務。爲什麼道德的義務只講義務而不提權利呢？爲此，梁漱溟從兩個方面進行了分析。首先，「人非有所享用享受不能生活，而生活是盡義務的前提，顯然生活權利不能沒有。其所以不提來說，正爲事先存在了。須知這義務原是從倫理彼此相互間生出來的；我既對四面八方與我有關係的人負擔著義務，同時四面八方與我有關係的人就對我負擔著義務；當人們各自盡其對我的義務那時，我的權利享受不是早在其中了嗎？」〔註90〕其次，「情也，義也，都是人類生命中帶來的。生命至大無外；代表此至大無外之生命本性者今唯人類耳。」〔註91〕因而，正如宋代大儒陸象山所說，「宇宙內事乃己分內事」。也就是說，依乎人類生命的偉大，不提個人權利乃自然而然之事。

正因爲倫理情誼的眞精神在於以關係之對方爲重，所以在實踐履倫理道德的時候就不拘定以某一方爲重，而是視一時一事環境條件的變化而各有其宜。譬如，國家或集體在危難中則個人非所重，而在平時生活中則國家應爲其成員個人謀。因之，「彼此互以對方爲重的倫理思想就是一相對論」。〔註92〕也唯有如此才可以說是由仁義行，而不是行仁義。

至此，梁漱溟從個體和群體兩方面對道德的眞精神進行了全面的論述。他最後總結道，「智、仁、勇三者是道德的內涵素質，或云成分。三者都是人

〔註89〕梁漱溟：《梁漱溟全集》（三），738，濟南：山東人民出版社，2005。
〔註90〕梁漱溟：《梁漱溟全集》（三），739，濟南：山東人民出版社，2005。
〔註91〕梁漱溟：《梁漱溟全集》（三），740，濟南：山東人民出版社，2005。
〔註92〕梁漱溟：《梁漱溟全集》（三），741，濟南：山東人民出版社，2005。

類生命中所有，發而爲人群中可敬可愛之行事，是曰道德。」〔註 93〕顯然，這樣的道德正是中國儒家的道德。

這樣，梁漱溟就證成了圓滿的世間生活就是道德的儒家生活。

而作爲如此的生活就是梁漱溟所設想的社會主義生活，也就是一社會人生都藝術化的生活。在這樣的生活中，是禮樂起著安定社會人生的作用。就個人生活而言，禮樂貫穿其由生至死的各個關節。就社會生活而言，有禮俗而無法律，因爲只有社會而無國家了；主管經濟生活、文化教育生活而爲群眾服務的各項研究、設計、行政事務機關及其領導人的產生，皆出於社會尊賢尚智以及人們愛好相互學習之風；人們在獨立自主中過著協作共營的生活，奉行倫理本位主義，個人與集體之間互相以對方爲重；腦與體、城與鄉及工與農等三大差別皆消失，人們享受著藝術化的勞動，各盡所能，各取所需，等等，凡屬科學社會主義之應有的信乎一一實現。總之，作爲這樣圓滿的世間生活就是道德充分顯現的生活，並且道德生活還不是枯燥的，而是優美文雅的。

（三）生命的終極指向：出世的佛家

道德的儒家固然是最圓滿的世間法。然而，「正是在此生活中，客觀條件更無任何缺乏不足之苦，人們方始於苦惱在自身初不在外大有覺悟認識，而後乃求解脫此生來不自由之生命也。」〔註 94〕於是，一方面人們在主觀上有出世覺悟，一方面人們在客觀上亦備足了修出世法的可能條件，而後眞正的宗教興起。而作爲最圓滿的出世間法的宗教，不是別的，就是佛教。而作爲這樣的佛家，它就是人類生命的終極指向。

那麼，佛教何以是最圓滿的出世間法並成爲人類生命的終極指向呢？誠然，如前所述，從生命的本性就是不斷奮進向上，而由有對通向無對來看，佛教因其徹底皈依乎無對而處在最高階段，當然就是最圓滿的，而能成爲人類生命的終極指向。但僅此還不夠，在梁漱溟看來，我們還必須證成佛教相較於其他宗教的優越性以及它作爲出世間法的眞實性。如此，我們才可以說佛教眞正是最圓滿的，而能眞正成爲人類生命的終極指向。

於是我們要追問宗教自身。那麼，什麼是宗教？宗教的眞根據何在？梁漱溟沒有給出宗教的定義，但他通過對宗教事實的歸納得出，宗教不論大小、

〔註93〕　梁漱溟：《梁漱溟全集》（三），742，濟南：山東人民出版社，2005。
〔註94〕　梁漱溟：《梁漱溟全集》（三），750，濟南：山東人民出版社，2005。

高下和深淺，均需具備兩個條件：「甲，宗教在人的理智方面恒有其反智傾向即傾向神秘超絕，總要在超知識、反知識之處建立其根據；乙，宗教在人的情感意志方面恒起著慰安勖勉作用，俾人們感情動搖、意志頹喪者，重自振作生活下去。如所云安心立命者是。」〔註95〕〔註96〕但這兩個條件是從何而來的呢？梁漱溟指出，「此蓋從人類生命既超離禽獸類型，其心乃不必為身而用，出世傾向即隱伏於此，不可免地有時發露，且在螺旋式地發展中，卒必貫徹而來也。」〔註97〕這就是說，宗教的真根據是在出世，宗教者即出世之謂。

當然，儘管都稱出世，但在出世傾向的表現上各宗教又有高下之別。由此各宗教可區分為三大等級：

首先是初級宗教。它總括通常說的多神教。「其所崇信而仰賴的對象，或為族姓祖先，或為鄉邦神祇，或為一山一水之神乃至具有神靈之任何一事一物，總若超居現前知識和推理界域之外，而能為福、為禍於人，一經奉祀禮拜、致其祈禱之後，便覺有希望可恃，乃至夢寐亦得安穩焉。此其人生活是在現實世界固所不待言，而精神上所依賴以生活者，卻超出現實世界，是即萌露有出世傾向矣。」〔註98〕

其次是高級宗教。諸如基督教新舊各教派和伊斯蘭教各派都在此之列。他們所信仰的對象是主宰全世界的唯一大神。「人類生命的卓越偉大精神和慧悟能力往往於此表現發揮，殊非前此多神教之所及。」〔註99〕

第三是最高級宗教。這只有佛教可堪稱之。佛教是唯一圓滿之出世法。

〔註95〕 梁漱溟：《梁漱溟全集》（三），704，濟南：山東人民出版社，2005。

〔註96〕 近代以來，在宗教的研究上最有影響的方法或傾向包括以下三種：一是宗教人類學和宗教歷史學；一是宗教心理學；一是宗教社會學。相應地就有三大類對於宗教的界說，如宗教人類學和宗教歷史學的學者們往往偏重於以宗教信仰的對象為中心來界定宗教，宗教心理學者則多從宗教信仰者的體驗來界定宗教，宗教社會學者一般以社會為中心來看待宗教，把宗教的社會功能作為宗教的核心和基礎。（見呂大吉：《宗教學通論新編》，52～53，中國社會科學出版社，1998）以此來反觀梁漱溟對於宗教構成條件的論說，可以看出它兼括了上述第一、三種界定的優長，即把握到了宗教信仰對象的超人間性以及宗教信仰的社會功能，考慮到梁漱溟不是在對宗教下定義而只是指出宗教的構成條件，應當說這是非常深刻的。

〔註97〕 梁漱溟：《梁漱溟全集》（三），704，濟南：山東人民出版社，2005。

〔註98〕 梁漱溟：《梁漱溟全集》（三），705，濟南：山東人民出版社，2005。

〔註99〕 梁漱溟：《梁漱溟全集》（三），705，濟南：山東人民出版社，2005。

　　為進一步明確宗教的本性，梁漱溟又分別對宗教與迷信鬼神、宗教與科學以及宗教與道德的關係進行了分疏，而在此過程中佛教作為最高級宗教的優越性得到了進一步的凸顯。

　　關於宗教與迷信鬼神的關係。梁漱溟認為，「當人類有文明創造之初便有宗教，甚且可以說人類有宗教乃有其文明創造」，因為「社會（群居）生活是先天決定於人類生命本質的，必在群居中乃有文明創造，而賴以維繫團聚此人群者，總少不得某些對象的崇信禮拜。」〔註100〕具體說來，又有以下幾個方面的原因：

　　第一，遠古初期人群是血緣族姓之群。就其成因而言，身體本能固然是很重要的一個方面，但更重要的一面是，頭腦心思已然發達的人類更要在心理上（精神上）有其凝聚維繫之道。由此，群內統一的崇信禮拜便應運而生。只有在群內建立起統一的崇信禮拜，群的生活方能得以穩固順利進行下去，因為人們言語行事何者為可，何者為不可，離不開一定的規則。而此規則必要歸之於神秘乃具威嚴而人莫敢犯。這就是為什麼宗教發生於早期人群，並延續到後來的緣故。

　　第二，原初之人蒙昧無知，心靈脆弱，對於外界的威脅尤其敏感，因而幻想有其神靈為其做主，而在驚駭畏怖之餘祈禱從之，並漸為各方各族所認同。

　　第三，人生在世，生死、禍福最難預料，而恰恰就是這最牽擾人的情志，於是有慰安人的情志的宗教。

　　第四，人生所不同於動物之處，在於其在希望中討生活。人或因希望得以滿足而快慰，或因接近希望而鼓舞，但更多的則是因希望之不斷而自家忍耐勉勵。然而人所希望的不能得到滿足是常有之事，相反得到滿足的卻很少。於是人陷於困境，於是人們自然就要超越現有的知識界限，而開闢出一超絕神秘的世界，使其希望的範圍更寬廣，內容更豐富，意味更深長，尤其是結果更渺茫不定。於是就產生了一般的宗教迷信。人們的生活靠希望維持，而宗教便是維持希望的。

　　第五，正如費爾巴哈所說，「唯弱者乃需要宗教，唯愚者乃接受宗教」。

　　以上表明，情感意志的脆弱是人們迷信鬼神而走向宗教的由來，對於初級宗教和高級宗教都是如此。但梁漱溟又認為下列情形需要注意：

〔註100〕梁漱溟：《梁漱溟全集》（三），706，濟南：山東人民出版社，2005。

一是初級宗教所信仰的鬼神有出自人類主觀虛構的，也有非盡由主觀虛構的，不能一概而論。鬼神還是有的，只是憑人類目前的知識難以測知。

二是高級宗教所信仰的宇宙唯一大神全屬迷信。

三是佛教信仰迥異於初級宗教和高級宗教。初級宗教和高級宗教還有智力屈從乎感情之嫌，而難免「唯弱者而後需要宗教，唯愚者而後接受宗教」之譏。但由於人類生命代表著無盡無休地向上奮進的生命本性，在創造人類文明上，其勢不能停留在此一階段，因而隱伏於人類生命中的出世傾向，在經由初級宗教達於高級宗教後，其最終必發展到圓滿的境地。即是說，圓滿的出世法的出現是一定的。而圓滿的出世法就是佛教。作為圓滿的出世法的佛教是正信不是迷信。

關於宗教與科學的關係。宗教與科學二者雖同為社會的產物，一道構成人們的心思，又一道為人生而服務，但在活動動機和對象上均不相同。「科學知識以現前個別事物為入手對象，雖步步深入研究，有所聯通，蔚成體系，但不及於渾全宇宙，不作最初、最終任何究極之談。解決當前疑問是其動機。疑問解決，達於實用，又復促其前進。」〔註 101〕而就宗教而言，早期初級宗教是為了安慰因外界無邊廣大威力所致的不安情志；其後的高級宗教則是出於對人類的一種深切關懷。宗教的活動對象外則泛及一切，內則反躬自省，莫得而限定之。也正因為如此，梁漱溟強調，雖然自近代以來，由於科學的進步，許多迷信不攻自破，而人類憑藉科學技術在征服自然方面不斷取得成功，並因此感到了自身的力量，宗教呈現衰退之勢；但是站在宗教立場，人們不應怯懦於科學的攻勢，因為正如憑藉人心的自覺之明科學戰勝了初級宗教乃至暫時戰勝高級宗教，宗教也必將憑藉於此而愈顯其真。而這愈經刮剝其真愈顯的宗教就是佛教，因為正如前述，佛教只有正信而無迷信。在此，佛教再一次顯示出了其作為終極價值的優越性。

關於宗教與道德的關係。「道德之真義應在人莫不有知是知非之心，即本乎其內心之自覺自律而行事。但俗所云道德卻不如是逼真。蓋因人生活於社會中，而各時各地的社會恒各有其是非之準，即所謂禮俗者，為通常所循由而成習慣，合者為是，不合者為非；道德於此，乃與禮俗幾有不可分之勢。社會禮俗率由宗教演來，是則宗教與道德之所以密切為鄰也。」〔註 102〕更且

〔註 101〕 梁漱溟：《梁漱溟全集》（三），713，濟南：山東人民出版社，2005。
〔註 102〕 梁漱溟：《梁漱溟全集》（三），714，濟南：山東人民出版社，2005。

宗教徒每當對著神明致其崇仰、禮拜、祈禱和懺悔，其心情純潔誠敬，便容易從世俗的狹劣之中超脫出來。所以，一般人的品性常常藉此而得到培養。因此，道德和宗教實際上是相聯通的。如果再往深處追究其故，可以說，其所以如此就在於在人類生命深處宗教與道德有其相同的根源，這就是人心之深靜的自覺。

當然表現在社會人生上，宗教和道德還是不同的。「宗教最初可說是一種對於外力之假借，此外力卻實在就是自己，其所仰賴者原出於自己一種構想。但這樣轉一彎過來，便有無比奇效。因為自己力量原自無邊，而自己不能發現。宗教中所有對象之偉大、崇高、永恆、真實、美善、純潔原是人自己本具之德，而自己卻相信不及。經這樣一轉彎，自己隨即偉大、隨即純潔於不自覺。其自我否定每每就是另一方式並進一步之自我肯定。」〔註103〕要而言之，（高級）宗教是一種幫助人提升自己品德的方法。而道德不同，它要人直接地表現其品德，並不借助於任何方法。再者，宗教傾向出世，而道德則否。

那麼，與高級宗教和道德不同，佛教大乘「不經假借，徹達出世，依賴所依賴泯合無間，由解放自己而完成自己」；〔註104〕而且大乘菩薩不捨眾生，不住涅槃，出世了仍回到世間來，弘揚佛法，利濟群生，出而不出，不出而出，如此方成其為圓滿圓融。以此，佛教大乘可說是最圓滿的出世間法。

至此，我們知道了佛教具有其他宗教所不可比擬的優越性。接下來我們要問的是：佛教所持的出世間的真實性何在？

梁漱溟指出：「說世間，主要在說人世間；然人固離開其他眾生不得，說世間即統宇宙生命現象而言之耳。生物既不能離無生物而有其生，則世間者又實渾括生物、無生物為一體而言之也。」〔註105〕即是說，世間就是宇宙間生滅不已的萬物。而所謂的出世間就是不生不滅。世間出世間的關係是：有世間即有出世間；出世間乃世間之所託；然而二者又是不一不異的。由此，「假如許可世間生滅是事實，那麼，出世間不生不滅，毋寧是更真實的事。」〔註106〕

對於「出世間不生不滅，毋寧是更真實的事」，梁漱溟從唯識宗的理論出發，並援引馬克思主義的某些論點，以及一些實證科學的知識，分兩個層次進行了詳細的論證。

〔註103〕梁漱溟：《梁漱溟全集》（三），715，濟南：山東人民出版社，2005。
〔註104〕梁漱溟：《梁漱溟全集》（三），716，濟南：山東人民出版社，2005。
〔註105〕梁漱溟：《梁漱溟全集》（三），716，濟南：山東人民出版社，2005。
〔註106〕梁漱溟：《梁漱溟全集》（三），717，濟南：山東人民出版社，2005。

首先，出世間有其確解。

他指出：生物是不能以其機體為限的，也即不能脫離生物機體所賴以生活的自然環境條件而孤立、靜止地去看它，「而是應當聯繫著那機體和其環境關係，總合為一整體的。」〔註107〕同樣，認識一個人也是如此。「馬克思嘗謂『自然界是人的非有機的軀體』。其義蓋在此。佛家所以稱一個人的身體為『正報』，而其所依存的大自然界則為『依報』。一個人是其正報、依報所合成，分離不得。」〔註108〕

又，在社會生命，文明不同，其世界即不同；在個體生命，其資質不同，其發育成長不同，乃至其官能健全或健康狀況不同，便各自生活在各自世界中。

因之，人與其所生活的世界是一體的。

然而，在佛家唯識學看來，這一體的世界在根本上是由自識變生所致，即一切唯心所造。既然如此，出世間的確解便不難明瞭。這就是，依著佛家逆生機體向外逐物之勢的瑜伽工夫，斷離能、所二取，不再探問從而不再變生相分，萬象歸還一體（空一切相的宇宙本體），從而生命獲得完全的解放，不再沉淪於生死之中。

其次，假如承認世間的真實性，那麼出世間就更真實。

在此，梁漱溟援引《瑜伽師地論》中的四真實之義講道：

第一，世間極真實。這是肯定現在通常所謂的感性知識是有其真實性的。實際上，世間生活首先就是建立在分別對立中的事物上，即人們常識中的那些觀念上。這些常識性的觀念雖然並未能深入事物的本質，卻自有其真實性。正如《瑜伽師地論》所說：「謂地唯是地，非是火等。如地如是，水、火、風、色、聲、香、味、觸、飲、食、衣、乘、諸莊嚴具、資產什物、塗香華華鬘、歌舞伎樂、種種光明、男女承事、田園、邸店、宅舍等事，當知亦爾。苦唯是苦，非是樂等；樂唯是樂，非是苦等。以要言之：此即如此非不如此；是即如是非不如是；決定勝解所行境事。一切世間從其本際展轉傳來想自分別共所成立，不由思惟籌量觀察然後方取，是名世間極成真實。」〔註109〕

第二，道理極真實。這是肯定現在通常所謂的理性知識有其真實性。較

〔註107〕梁漱溟：《梁漱溟全集》（三），718，濟南：山東人民出版社，2005。
〔註108〕梁漱溟：《梁漱溟全集》（三），718，濟南：山東人民出版社，2005。
〔註109〕梁漱溟：《梁漱溟全集》（三），724，濟南：山東人民出版社，2005。

之於感性知識，理性知識能透過現象深入事物本質而通達其內部聯繫。科學家實事求是的研究所得，以及佛家從生命自反的方向寂默覺照中所見的一些事實，都屬此列，都屬世間事，都有眞實性。

但是，上述兩者之所以被許以眞實性，乃是因爲它們在俱生我執之妄情的生活中各有其效用。然而，也正由於此，「世人多從第六意識所起分別法執、分別我執的作用上慣常地加重了執著之勢，違遠事物眞際，使得貪、瞋、癡的煩惱轉陷益深，以致造作出許多愚蠢、罪惡來。」〔註110〕所以，佛要破除我、法二執。破除二執，則眞自顯。

於是有：

第三，煩惱障淨智所行眞實。煩惱障從我執而來。有四種根本煩惱：我癡、我見、我慢和我愛。所以稱之爲「煩惱障」，是因爲此煩惱障蔽眞理，使人陷入煩擾昏亂。只要淨除此障，染識遂轉成淨智，眞理自現。

第四，所知障淨智所行眞實。淨除法執之障蔽，則佛家所說的「眞如」或「法性」或現在通常所謂的宇宙本體，就會顯現。

此兩者都屬於出世間。顯然，如果說世間的並起於虛妄的我、法二執的那些感性和理性的知識，因其在生活中的效用，尚且能被許以眞實，那麼，出世間即破除了我執的煩惱障淨智所行和破除了法執的所知障淨智所行，當然就加更眞實了。或者毋寧說，破除了二執的淨智所行即出世間是絕對的眞實。

於是，梁漱溟證成了佛教作爲出世間法是絕對眞實的。

由此，佛教憑藉其對於生命本性的完全的契合，以及其相對於其他宗教的優越性和作爲出世間法的絕對的眞實性，而成爲眞正圓滿的出世間法，而眞正成爲人類生命的終極指向。

總之，梁漱溟生命之路的歸宿顯現爲：

第一，儒佛在其生命踐行上實現了高度的融合，這表現爲，他憑藉佛家的悲願和智慧，以及儒家的道德自覺和擔當意識，驅動自身成己而成物。

第二，循著其自早年起就一貫堅持的以事實證理想的思想路徑，他廣泛吸取當代包括自然、社會、人文等在內的各種科學成果，將實證和思辨相結合，用作爲生命的「心」在縱向上將自然與人，在橫向上將西、中、印等三種人生溝通起來，並指明未來的人生路向，從而建構起了一個圓融的人學思想體系。可以說，就其思想自身的稟性而言，它達到了它所可能達到的高度。

〔註110〕梁漱溟：《梁漱溟全集》（三），725，濟南：山東人民出版社，2005。

結語　梁漱溟生命之路的本性：守護生命的「大人」

　　我們已經刻畫出了梁漱溟的生命之路，而其「大人」本性由此顯現。並且作為如此，他成為了「生命的守護者」。

一、「大人」梁漱溟

　　由前述可知，梁漱溟一生矢志尋求並踐行合理的人生，由此，他出入儒佛並最終兼攝儒佛，縱觀西、中、印並最終融合西、中、印，且行且思，且思且行，思行合一，也即不斷地領悟著並踐行著人生的大道，從而成為得道者即「大人」。而其作為「大人」所展示的生命境界，就其內涵而言不是別的，正是中國傳統文化早就道說了的「仁」、「智」、「勇」。這就是說，梁漱溟是仁者、智者、勇者，從而是「大人」。

（一）仁者無私

　　何為仁？《說文解字》云，「仁，親也，從人從二」。〔註1〕這表明仁在根本上指涉的是一種人際關係，並且它不是一般的人際關係，而特別是相互親愛的人際關係。《說文解字》又云，「古文仁從千心。」〔註2〕這意味著仁不僅是人們相互親愛的關係，而且是發自人心的，從而使這種親愛關係真正得以維繫的一種愛人的情感。而孟子強調，「由仁義行，非行仁義也。」〔註3〕這

〔註1〕許慎：《說文解字》，161，北京：中華書局，1963。
〔註2〕許慎：《說文解字》，161，北京：中華書局，1963。
〔註3〕《孟子‧離婁下》。

則表明，在作爲人們相互親愛的關係的仁和作爲愛人的情感的仁之間，後者更爲根本。總之，仁在根本上是一種愛人之心，而此愛人之心必發乎外而流行於人際之間，從而有人際之間相互親愛的關係。

仁既指愛人，則仁者就是愛人的人。作爲如此，仁者一方面博愛，另一方面則成己成人。《論語》有云，「子貢曰：如有博施於民，而能濟眾，何如？可謂仁乎？子曰：何事於仁，必也聖乎！堯舜其猶病諸！夫仁者，己欲立而立人，己欲達而達人。能近取譬，可謂仁之方也已。」〔註4〕博施濟眾即博愛，立己而立人，達己而達人，即成己成人。

據此，梁漱溟可謂仁者。這在於：

第一，梁漱溟是博愛者。因爲博愛，他總想救黎民於水火，而積極探索人類社會的道路，因之一度相信並沉湎於社會主義，因他認爲社會主義通過廢除私有財產，可以一勞永逸地解除社會的疾患和人民的苦難。

因爲博愛，面對黑暗的而他卻無能爲力的社會現實，他陷入深深的苦悶，幾乎無以自拔而兩次自殺，自殺未遂，而後一度歸心佛法。但即便是歸心佛法，他仍惦念眾生，因此歸心佛法、研究佛法實際上成了他拯救人類的另一種方式。對此一個鮮明的證據就是他寫作並發表了立於佛家的人生哲學著作《究元決疑論》——他之所以寫作並發表這篇著作就是因爲他又一次認爲自己找到了解除人類苦痛的良方。

因爲博愛，他的目光越來越貼近中國的社會現實，這就是在親眼目睹中國軍閥混戰給人民說造成的巨大災難後，他情難自禁，揮毫寫下了《吾曹不出如蒼生何》，而這一篇著作據有的學者認爲，預示了他以後改造社會的「梁漱溟式」方案。〔註5〕

因爲博愛，他不甘心坐而論道，在通過《東西文化及其哲學》的寫作而想清楚了人類應然的生活道路之後，又旋即思考引領人類走上合理生活道路的現實方案，並積極將之付諸實踐，於是有了他在山東曹州的辦學和教育改革，以及後來長達十年的以儒家理性爲根本的鄉村建設實踐活動。

因爲博愛，在飽經多次實踐失敗的挫折之後，他清醒地重新審視自己，認識到自己的使命所在，從而沉潛運思，以立言的方式實踐其救世大願。於是就有了爲建設新中國而認識老中國的《中國文化要義》，以及爲整個人類而

〔註4〕《論語·雍也》。
〔註5〕善峰：《梁漱溟社會改造構想研究》，32，濟南，山東大學出版社，1996。

籌劃的《人心與人生》。

因爲博愛，梁漱溟作爲一個城裏人卻有一顆農民的心。其先輩累代宦遊北方，他自己也是從小就居住在北京城裏，可以說從不知農民生活若何；另外，憑藉震爍古今中西的《東西文化及其哲學》，他完全可以優游於學術或仕宦之途；但他卻投身農村運動而茹苦自甘。而一旦走入鄉村眼見農民受苦，他更是寢食難安。如他在《寄曉青甥》一信中所講，「元宵前尚不肯回家（非不想念家人）；回家矣，終不肯聽戲（亦不肯叫你們聽戲）；蓋在外縣地方，看見老百姓受苦，覺得我們一聽戲，隨便就是幾塊或十幾塊（包廂十塊不止），實屬太過；而此心惻惻焉亦不生貪玩樂之心也。」〔註6〕他或爲農民的疾苦聲淚俱下，〔註7〕或爲農民的利益據理力爭而置毛澤東的最高權威於不顧。

第二，梁漱溟成己並成人。梁漱溟的一生可說是爲「成己」而奮鬥的一生。這首先表現爲他要立功。還在其少年時，他就受其父和父執彭翼仲的影響，不甘心做自了漢，一心要爲國家、爲社會幹一番大事業，即立大功，成爲有功之人。爲此，他努力自學以爲將來大展宏圖積累資本。而梁漱溟自認一生最重要的時期即從事鄉村建設和奔走抗戰和國內和平時期，如果撇開成敗不論的話，這一時期可說是其事功的巔峰時期，這更表明了欲圖成爲有功之人的心願。其次表現爲他要立德。當年少的梁漱溟一心要成爲有功之人時，個人的人格修養在他看來只是輔助立功的一個工具，但在遇到郭人麟後，他醒悟了，意識到了高尚的人格實是成就大業的前提，也即立大功必先立大德。自此，立德即成爲有德之人成爲了其一生自覺致力的事業。在其沉潛於世後，立德尤其成爲了其生命的重心。並且在梁漱溟這裡作爲德，它不僅指儒家之德，還有佛家之德，即是說，他儒佛雙修，生命由此達到了自由的境地。再次表現爲他要立言。儘管傾向事功的梁漱溟一再申明他不爲學問而學問，但事功成功的前提是有正確的思想，尤其當面對現實的人生之路該怎麼走和中國之路該怎麼走這兩個大問題時更需要高瞻遠矚。由此，他要成爲一個有洞見的思想家，並且作爲一個以救世自任者，他還要將他關乎這兩個大問題的，

〔註6〕梁漱溟：《梁漱溟全集》（八），342，濟南，山東人民出版社，2005。
〔註7〕王先進在《回憶吾師梁漱溟先生》中講道，「梁漱溟先生講到軍閥混戰，人民生活痛苦，七八十歲的老頭，在大熱天還啃黑窩窩頭（高粱麵做的）。他怒氣衝衝，拿小草（韉）拍桌子，一方面大聲演講，一方面淚水從眼鏡下像雨點似的流下。這時全場寂穆，聽不見一點聲音。」（見梁培寬：《梁漱溟先生紀念文集》，12，北京：中國工人出版社，2003。）

並凝聚了其全部生命體驗的洞見告訴世人，以此為世人指點迷津。簡而言之，他要立言，要成為人之師。《究元決疑論》的寫作和發表正是這種宏願的最初的集中表達。隨後又有《東西文化及其哲學》、《鄉村建設理論》、《中國文化要義》、《人心與人生》等。它們無不滲透著梁漱溟欲以言救世、因言成師的意向。總之，就梁漱溟而言，成己即立功、立德和立言。

在儒家這裡，成己固然是根本，但人若只是停留於成己卻算不得仁者，還要成人方為仁者。梁漱溟正是如此。梁漱溟成人的途徑主要是教育，即通過教育使他人成為有德有識、能言能行的生命健全的人。他早年辭去北大教職前往山東曹州辦學，並按照自己關於人生的理念進行教育改革，就是其成人的最初實驗。隨後長達十年的鄉村建設則是以教育為手段，化社會為學校，以「理性之人」的養成為其根本宗旨，立足當前卻意在未來，立足中國卻放眼世界的大規模的成人實踐。而縱貫其一生的私人講學活動，更是一種對於師生相互提攜，亦師亦友，既成人也成己的成人之道的切實踐履。

不僅如此，作為具有佛家之德的人，梁漱溟還以其得自佛家的智慧點化他人，在其晚年尤其如此。如對早年跟隨其從事鄉村建設，後在「文革」中被定為「歷史反革命」，徒刑五年後又被送原籍管制的吳顧毓，梁漱溟除為昭雪其冤案多方奔走外，還以自己的學佛心得勸喻他。比如在吳顧毓被管制期間，梁漱溟寫信給他講道，「病中宜勤誦《金剛經》文。如不能全背誦之，則背誦其一二章節亦好，如此則雜念可減，而心境可淨可靜。生死猶晝夜耳，不必在心。」〔註8〕

（二）智者無惑

何謂智？荀子曰，「所以知之在人者謂之知，知有所合謂之智。」〔註9〕合，即主觀合乎客觀；由此可知，智首先是指洞見了事物的本性。孟子曰，「天下之言性也，則故而已矣。故者以利為本。所惡於智者，為其鑿也。如智者若禹之行水也，則無惡於智矣。禹之行水也，行其所無事也。如智者亦行其所無事也，則智亦大矣。」〔註10〕行其所無事，即不施人為；由此可知，順從事物的本性方為智。綜合二者，智就是洞見並順從事物的本性，也即知道並遵道而行。於是，智者就指知道並遵道而行的人。

〔註8〕 梁漱溟：《梁漱溟全集》（八），211，濟南：山東人民出版社，2005。
〔註9〕 《荀子‧正名》。
〔註10〕《孟子‧離婁下》。

據此，梁漱溟可謂智者。這在於：

首先，梁漱溟知道。梁漱溟一生上下求索的不外乎兩大問題，即人生問題和社會問題；其中至為根本的則又是人生問題。因而所謂的梁漱溟知道從根本上講乃是說他知道人之道，即他知道人是什麼，人如何才是行走在道上。

當然，正如他成仁並非一日之功，他知道也非一蹴而就。其最早的關於人之道的系統論說要算《究元決疑論》。在此他認識到，由於宇宙本體的無性，因而人作為宇宙萬法之一其本性也是無性，從而世間人所追求的價值、目的等等，其實都是本然清淨的心體忽然念起陷於「無明」所生的幻相，都是虛妄不實的。由此，人要回覆其「無性」之本性，唯有出世間，即完全放棄感覺與欲念。也就是說，如此人才算行走在道上。然而，《究元決疑論》所言說的人之道固然在理論上可以自圓其說，但由於在實際上我們不能指望世間之人都能體悟人生真諦而放棄世間生活，因而面對現實問題它無法真正奏效，他本人的生活體驗就是一個最好的證明。這促使他進一步探求人之道。於是就有《東西文化及其哲學》對於人之道的更為圓通的論說。在此，梁漱溟認識到：生活就是生活者，生活者就是生活；而生活又是「事的相續」，即「意欲」運用眼、耳、鼻、舌、身、意等六種工具的一問一答；作為如此，超越於其上的本體則是無私、超絕的存在。以此，人類生活的道路將依以下三大階段遞進：以西方文化為代表的意欲向前旨在征服自然求生存的人生為第一階段；以中國文化為代表的意欲持中旨在調理人自身的生命以實現人與自然、人與人的和諧的人生為第二階段；以印度文化為代表的意欲向後旨在親證本體以獲得情感的勸慰的人生為第三階段也是最高階段。而現在人生的道路將轉入第二階段。這樣，梁漱溟既指出了人的現實出路，也指明了其終極歸宿。而在《人心與人生》中，梁漱溟又立足於人心論人生。他指出，生命與心同義，心是自由自覺和向上無對的，因而人作為一生命的本性也就是自由自覺和向上無對的，以此人生的道路就是由有對的西方人生，經過正由有對通向無對的中國儒家人生，最後到達作為終極的徹底無對的印度佛家人生。至此，就其思想自身的秉性而言梁漱溟算是徹底洞見了人的本性及其道路，不可不謂知道。

其次，梁漱溟還遵道而行。梁漱溟曾一再申明，「因為我對於生活如此認真，所以我的生活與思想見解是成一整個的，思想見解到哪裏就做到哪裏。如我在當初見得佛家生活是對的，我即刻不食肉不娶妻要作他那樣生活，八

九年來如一日。而今所見不同，生活亦改。」〔註 11〕這已經表明，他不僅在求道，同時也在踐道。而他一生憑藉佛儒兩家的智慧振拔自己、度己度人、成己成物的行跡，更是其遵道而行的最好的注腳。

（三）勇者無畏

何謂勇？孔子有云，「知者不惑，仁者不憂，勇者不懼。」〔註 12〕仁者知道，故不惑；仁者博愛，故不憂；而憑藉智慧與博愛，他依道而行，故不懼，而爲勇者。也就是說，眞正的勇是有道之勇，而非爲了一己私利而逞意氣的匹夫之勇。

據此，梁漱溟可謂是一個勇者。

梁漱溟的一生也可以說就是爲了完成某種他自認爲是天賦的使命而勇往直前，勇猛精進的一生。而他下面的這番話可以說是對其有道之勇的最好注釋。他講道，「我是對中國前途充滿了希望，絕對樂觀的一個人。我胸中所有的是勇氣，是自信，是興趣，是熱情。這種自信，並不是盲目的、隨便而有的；這裡面有我的眼光，有我的分析與判斷」，「我是看到了前途應有的轉變與結局，我相信旁人亦能慢慢地看到；因爲從事實上一天一天在暗示我們所應走的而唯一可能的方針路線（鄉村建設）。我的自信不難成爲大家的共信，我的勇氣可以轉移大家的灰頹之氣。大概中國社會不轉到大家有自信、有勇氣之時，則中國將永遠沒有希望。然而民族自救的最後覺悟、最後潮流畢竟是到了！我們就是要發動這潮流，釀成這潮流！這方向指針我是能以貢獻給社會的；——我充分有這自信。單有方向指針還不夠，還須有爲社會大眾所信託的人格，爲大家希望之所寄。因此，我要自勉作一個有信用的人，不令大家失望。」〔註 13〕這就是說，他憑藉自己的智識看到了中國的道路，並勇當民族的帶路人。

梁漱溟的勇典型地體現在他對於民族文化慧命的擔當上。比如，五四時期，就在西化思潮甚囂塵上，而中國傳統文化在得西風之勢的文化精英的討伐下衰微已極的關頭，他頂住壓力，著作和發表《東西文化及其哲學》，登高一呼，豎起以孔學爲代表的儒學大旗，開啓了現代新儒學的山林，使傳統文化尤其是其主幹儒家的慧命得以延續，不可謂不勇。並且這勇不僅體現在對

〔註 11〕梁漱溟：《梁漱溟全集》（一），343，濟南：山東人民出版社，2005。
〔註 12〕《論語・子宰》。
〔註 13〕梁漱溟：《梁漱溟全集》（二），47～48，濟南：山東人民出版社，2005。

作爲傳統文化主幹的儒家的理論辯護上，更體現在他的努力踐行上——他不只是在個人的生活上踐行儒家的理念，還推己及人，即通過開展學校教育和作爲社會教育的鄉村建設，力圖使更多的人走在儒家的道路上。同樣，在文化大革命中，當人們將孔孟之道和林彪事件扯在一起而掀起一股「批林批孔」運動，對孔子大肆討伐、蹂躪，梁漱溟又冒死挺身而出，作了題爲《今天我們應當如何評價孔子》的長達八個小時的發言，對儒家的眞義力加捍衛，而給予討伐者以痛擊。而當討伐者因梁漱溟的發言有「重大政治問題」而對其進行長時期的批判，並在最後要求其眞正徹底地「認罪」時，梁漱溟脫口而出，「三軍可奪帥也，匹夫不可奪志」，並解釋道，「我認爲，孔子本身不是宗教，也不要人信仰他，他只是要人相信自己的理性，而不輕易去相信別的什麼。別的人可能對我有啓發，但也還只是啓發我的理性。歸根結底，我還是按我的理性而行動。因爲一定要我說話，再三問我，我才說了『三軍可奪帥也，匹夫不可奪志』的老話。吐露出來，是受壓力的人說的話，不是在得勢的人說的話。『匹夫』就是獨人一個，無權無勢。他的最後一著只是堅信他自己的『志』。什麼都可以奪掉他，但這個『志』沒法奪掉，就是把他這個人消滅掉，也無法奪掉。」〔註 14〕梁漱溟有其志，並守其志，故成其勇。

二、生命守護者的恒久價值

　　守護者之所以能成爲守護者在於他知道事物的邊界，並讓事物居留於其邊界之中即保持其自身。因而作爲生命的守護者，他知道生命的邊界，並讓生命保持其自身。那麼誰是這個生命的守護者呢？「大人」。「大人」作爲仁者關愛生命；「大人」作爲智者，知道人作爲生命是什麼，又不是什麼；「大人」作爲勇者，勇於擔當守護生命的職責。憑藉於此，「大人」願意、能夠並勇於道說生命的本性，同時其自身就是生命本性的直接顯現。梁漱溟是「大人」，因而是生命的守護者。於是，問題就在於：在梁漱溟這裡生命的本性是什麼，又如何保持生命的本性。爲此，我們有必要先指出現代人生的危機，因爲正是在現代人生面臨重重危機的境況下梁漱溟作爲生命守護者的意義尤其得到了凸顯。

〔註14〕李淵庭、閻秉華：《梁漱溟先生年譜》，313，桂林：廣西師範大學出版社，2003。

（一）現代人生的危機

現代人生的危機根本上在於虛無主義、享樂主義和技術主義的流行。

所謂虛無主義，簡單地說就是否認人及其居住的世界有其意義，即一切都沒有基礎，沒有目的，沒有價值，也即一切都是沒有根據的。所以，追問人是什麼，人不是什麼是沒有意義的，因為在虛無主義看來，人根本就無所謂是什麼，也無所謂不是什麼。同樣，追問人為什麼活著，又為什麼不活，為什麼這樣活而不那樣活，是這樣活有價值還是那樣活有價值，也沒有意義，因為在虛無主義看來，人活不活和怎樣活其實都是無所謂的。這樣，人實際上把自己從精神的王國中驅逐出去了。而一旦失去了精神的引領，人便為欲望所牽引，於是作為欲望無邊的享樂主義盛行。而欲望的實現需要借助於技術，並且技術不僅滿足人已有的欲望，還不斷刺激新的欲望，從而不斷擴大欲望的邊界，於是技術成了這個時代的上帝。這就是技術主義的流行。

虛無主義、享樂主義和技術主義的流行無疑給人類的生活造成了巨大的災難性影響。這表現為人與自然，人與人，以及人與自身的關係的空前緊張。所以如此，首先是由於虛無主義解構了人與自然、人與人以及人與自身的關係的一切固有法則，於是一切皆有可能，無所謂好與壞、善與惡。其次是由於享樂主義實際上成了消費主義，人們為了消費而消費，不僅消費自然萬物，還消費自身和他人，一切都成為了可消費物；由此自然被掠奪式地開發，生態環境不斷遭到破壞而惡化，人類的持續發展面臨著失去自然支撐的危險，人與人則由於爭奪自然或社會資源而關係緊張，個人由於追逐物欲而精神頹廢，身心不和。再次是技術主義不僅加劇了人與自然之間的對立，而且它將人也作為了其對象物，並使人成了「單向度的人」，也就是精神殘缺者。

可以看出，就虛無主義、享樂主義和技術主義三者而言，其中最為根本的當是虛無主義，即人失去了其作為生命的本性，因為正是由於此，人才成為了欲望的追逐者、技術的奴隸，也即物化了。

於是，現代人生走出危機的關鍵就在於批判虛無主義，恢復人作為生命的本性，並重新釐定人與欲望的關係以及人與技術的關係。而這正是梁漱溟作為「大人」即生命的守護者已經向我們昭示了的。

（二）現代人生的燈塔

梁漱溟確定了生命的本性，並在此基礎上對人與欲望的關係及人與技術的關係作出了界定，以此分別回應了現代虛無主義、現代享樂主義和現代技

術主義，從而守護了生命，或者說成爲了現代人生的燈塔。

在虛無主義看來，追問人作爲生命的本性是徒勞的，因爲一切皆爲虛無，故生命的本性也是虛無。但這樣一種姿態只不過是欲有所歸而又不知所歸的現代鄉愁的變相表達，正如，「日暮鄉關何處是，煙波江上使人愁」。於是問題就在於，我們將如何給生命劃界，從而重建我們的家園。在《究元決疑論》中，梁漱溟從佛家立場出發，認爲人作爲生命的本性就是無性。這種對於生命本性的無規定的規定在他以後關於生命的思考中得到了延續。在《東西文化及其哲學》中，梁漱溟指出生活就是生活者，生活者就是生活，這實際表明人作爲生命其根基就在於其生命本身，也就是說，我們不需要用生命以外的東西來規定生命，生命自己爲自己劃界。作爲如此，生命的本性就是無目的的向上奮進。在《人心與人生》中，梁漱溟把生命的這種本性的實現建立在自覺的人心上。在他看來，人有其心，而此心作爲宇宙生命的最大透露，其本質規定性就是理性，也就是向上和無對；正是憑藉人心對於作爲其本質規定性的理性的自覺，人自身的生命呈現爲一方面無止境地向上奮進即向上，另一方面通乎萬有而爲一體即無對。

據此，梁漱溟回應了現代虛無主義。這就是，生命的本性不是虛無，它就是向上和無對；作爲如此，它有其基礎，就是內在於人並作爲宇宙生命最大透露的自覺的人心；它有其目的，這是一無目的的目的，即無限奮進以圓足生命自身的可能性；它有其價值，就是生命自身。總之，生命是有其根據的。

關於人與欲望，當梁漱溟指出人的心理由本能、理智和理性三部分構成，且理性爲人的根本規定性時，他就已經劃定了人與欲望的關係的邊界，簡而言之就是，人不能沒有欲望，但人要主宰其欲望。比如，就作爲人類欲望表現之一面的本能與人的關係，梁漱溟講道，「本能是工具，是爲人類生活所不可少的工具。正以其爲工具也，必當從屬於理性而涵於理性之中。本能突出而理性若失者，則近於禽獸矣。」〔註 15〕因此，作爲符合生命本性的合理的人生，它一方面拒絕禁欲，因爲生是人圓足生命可能性的前提，而生就不能無欲，另一方面它當然拒絕貪欲，這不僅在於貪欲作爲對於欲望的欲望使人與欲望合而爲一從而使人成爲非人，還在於作爲如此的欲望，它恰是對於自然的欲望的壓抑。〔註 16〕合理的人生既不是貪欲，也不是禁欲，而是要人鄭

〔註 15〕梁漱溟：《梁漱溟全集》，614～615，濟南：山東人民出版社，2005。
〔註 16〕對此，梁漱溟曾特別提出要區分欲望與志氣，因爲他發現在現實生活中人們

重，「實即自覺地聽其生命之自然流行，求其自然合理耳。」〔註17〕在這裡，梁漱溟強調合理的人生是「自覺」的而不是「自發」的，無非是說要讓欲望接受自覺之心的指引，而不是任由欲望主宰人自身。

據此，梁漱溟回應了現代享樂主義。這就是，享樂主義追求欲望的無邊實現，使人爲欲望所佔據，也即讓人等同於欲望，由此生命陷於停滯而失去其向上無對的本性。因此，人要恢復和保持其生命的本性，摒棄享樂主義而擺正人與欲望的關係乃是必須的，而人一旦恢復並保持其生命的本性，摒棄享樂主義並擺正人與欲望的關係則又是自然的。

關於人與技術，同樣，當梁漱溟確定人的心理由本能和理智、理性三部分組成時，他也已經劃定了人與技術的關係的邊界。這就是人是主體，技術爲人所用。梁漱溟所謂的「理性爲體，理智爲用」可看作是對人與技術的這種關係的本源性的表達，因爲如他所講，「合理的人生」要合乎作爲「事實」的人心。人與技術的這種關係首先表現爲，不像動物憑藉其本能就能生活，人類須依靠其理智通過後天的學習掌握技術、製造工具方能維持生活。這即是說人離不開技術。這種關係其次表現爲，人固然離不開技術，但不是人附屬於技術，而是技術附屬於人，技術是人的生命活動的副產品。正如梁漱溟所講，「知識技能是生活的工具，是死的；只有生命本身才是活的。必待活潑的生命去進求，而後知識技能才得有；必待活潑的生命去運用，而後其功用乃著。生命消沉無力，則知識技能一切談不到；而果得生命活潑，亦自然知所進求運用，正自不難著其功。」〔註18〕總之，技術只有被整合到向上無對的人生中才是符合其本性的。

據此，梁漱溟實際上回應了現代技術主義。這就是，技術走向技術主義，使原本是人的手段的技術變成了人的目的，而原本作爲技術的目的的人則變成了技術的手段，即人作爲生命的本性被技術吞噬掉了。〔註19〕因此，人要

常常把欲望當作志氣，而在欲望之途上奔逐，與向上的人生適成南轅北轍。比如他在《朝話·欲望與志氣》中講道，「在這個時代的青年，能夠把自己安排對了的很少。在這時代，有一個大的欺騙他，或耽誤他，容易讓他誤會，或讓他不留心的一件事，就是把欲望當志氣。這樣地用功，自然不得其方。也許他很賣力氣，因爲背後存個貪的心，不能不如此。可是他這樣賣力氣，卻很不自然，很苦，且難以長進。」（梁漱溟：《梁漱溟全集》（二），49，濟南：山東人民出版社，2005）

〔註17〕梁漱溟：《梁漱溟全集》（二），82，濟南：山東人民出版社，2005。
〔註18〕梁漱溟：《梁漱溟全集》（二），341，濟南：山東人民出版社，2005。
〔註19〕梁漱溟曾講到，「說『目的』有至高、至上，乃至絕對不易之意味，或至少意

恢復和保持其作爲生命的本性，摒棄技術主義而重新釐正人與技術的體用關
係乃是必須的，而人一旦恢復和保持其作爲生命的本性，則摒棄技術主義而
重新釐正人與技術的體用關係又是自然的。這正如梁漱溟反覆提到的，未來
的「新社會以人爲主體，是人支配物而非物支配人」。〔註20〕

綜上述，梁漱溟以其行其思，詮釋了生命，捍衛了生命，由此其生命之
路成爲了守護生命的「大人」之路。

味著最主要吧。凡說方法、手段、工具、途徑等等，那就看爲達成目的而怎
樣方便利用，沒有一定的了。此其爲從屬，不居重要可知。但有時方法、手
段被重視起來，變得好似目的一樣，亦世所恒有。」（《梁漱溟全集》（三），
702，濟南：山東人民出版社，2005）

〔註20〕 梁漱溟：《梁漱溟全集》（二），561，濟南：山東人民出版社，2005。

參考文獻

梁漱溟著作、訪談錄及年譜

1. 李淵庭、閻秉華：《梁漱溟先生年譜》，桂林：廣西師範大學出版社，2003。

2. 汪東林：《梁漱溟問答錄》，武漢：湖北人民出版社，2004。

3. 梁漱溟：《梁漱溟全集》，濟南：山東人民出版社，2005。

4. 〔美〕艾愷採訪，梁漱溟口述，一耽學堂整理：《這個世界會好嗎——梁漱溟晚年口述》，北京：東方出版中心，2006。

5. 梁漱溟：《人生至理的追尋》，北京：當代中國出版社，2008。

相關研究著作

1. 〔法〕柏格森：《形而上學導論》，劉放桐譯，北京：商務印書館，1963。

2. 〔瑞士〕布克哈特：《意大利文藝復興時期的文化》，何新譯，北京：商務印書館，1979。

3. 陳崧：《五四前後東西文化問題論戰文選》，北京：中國社會科學出版社，1985。

4. 〔英〕羅素：《一個自由人的崇拜》，胡品清譯，長春：時代文藝出版社，1988。

5. 〔美〕艾愷：《最後一個儒家——梁漱溟與現代中國的困境》，鄭大華等譯，長沙：湖南人民出版社，1988。

6. 林毓生：《中國傳統的創造性轉化》，北京：生活·讀書·新知三聯書店，1988。

7. 〔法〕柏格森：《創造進化論》，王珍麗、余習廣譯，長沙：湖南人民出版社，1989。

8. 李維武：《二十世紀中國哲學本體論問題》，長沙：湖南教育出版社，1991。

9. 馬勇：《梁漱溟評傳》，合肥：安徽人民出版社，1992。

10. 王宗昱：《梁漱溟》，臺北：東大圖書股份有限公司，1992。

11. 高力克：《歷史與價值的張力——中國現代化思想史論》，貴陽：貴州人民出版社，1992。

12. 韓強：《現代新儒學心性理論評述》，瀋陽：遼寧大學出版社，1992。

13. 梁培寬：《梁漱溟先生紀念文集》，北京：中國工人出版社，1993。

14. 武東生：《現代新儒家人生哲學研究》，瀋陽：遼寧大學出版社，1994。

15. 鄧子美：《傳統佛教與中國近代化——百年文化衝撞與交流》，上海：華東師範大學出版社，1994。

16. 〔德〕馬克思、恩格斯：《馬克思恩格斯選集》（一），北京：人民出版社，1995。

17. 曹躍明：《梁漱溟思想研究》，天津：天津人民出版社，1995

18. 郭齊勇、龔建平：《梁漱溟哲學思想》，武漢：湖北人民出版社，1996。

19. 善峰：《梁漱溟社會改造構想研究》，濟南：山東大學出版社，1996。

20. 朱漢國：《梁漱溟鄉村建設研究》，太原：山西教育出版社，1996。

21. 呂大吉：《宗教學通論新編》，北京：中國社會科學出版社，1998。

22. 〔德〕海德格爾：《面向思的事情》，陳小文、孫周興譯，北京：商務印書館，1999。

23. 〔英〕李約瑟：《中國古代科學思想史》，陳立夫等譯，南昌：江西人民出版社，1999。

24. 景海峰、黎業明：《梁漱溟評傳》，北京：人民出版社，1999。

25. 馮友蘭：《中國現代哲學史》，廣州：廣東人民出版社，1999。

26. 楊菲蓉：《梁漱溟的合作理論與鄒平的合作運動》，重慶：重慶出版社，2001。

27. 袁陽：《浪漫的補天者——梁漱溟心路歷程尋迹》，成都：四川文藝出版社，1999。

28. 鄭大華：《梁漱溟傳》，北京：人民出版社，2001。

29. 陳來：《現代中國哲學的追尋——新理學與新心學》，北京：人民出版社，2001。

30. 何信全：《儒學與現代民主》，北京：中國社會科學出版社，2001。

31. 張祥浩：《復興民族文化的探索——現代新儒家與傳統文化》，南京：江蘇人民出版社，2003。

32. 李澤厚：《中國現代思想史論》，天津：天津社會科學院出版社，2003。

33. 黎明：《西方哲學死了》，北京：中國工人出版社，2003。

34. 〔德〕康德：《實踐理性批判》，鄧曉芒譯，楊祖陶校，北京：人民出版社，2003。

35. 許章潤：《說法 活法 立法——關於法律之為一種人世生活方式及其意義》，北京：清華大學出版社，2004。

36. 夏利：《梁漱溟政治研究》，長春：吉林人民出版社，2005。

37. 景海峰：《新儒學與二十世紀中國思想》，鄭州：中州古籍出版社，2005。

38. 陳志尚：《人學原理》，北京：北京出版社，2005。

39. 趙敦華：《西方人學觀念史》，北京：北京出版社，2005。

40. 方立天：《佛教哲學》，北京：中國人民大學出版社，2006。

41. 梁啟超：《歐遊心影錄》，北京：東方出版社，2006。

42. 鄭大華：《民國思想史論》，北京：社會科學文獻出版社，2006。

43. 鄭大華：《民國思想家論》，北京：中華書局，2006。

44. 何曉明：《返本與開新——近代中國文化保守主義新論》，北京：商務印書館，2006。

45. 陶德麟、何萍：《馬克思主義哲學中國化：歷史與反思》，北京：北京師範大學出版社，2007。

46. 鄧曉芒、易中天：《黃與藍的交響——中西美學比較論》，武漢：武漢大學出版社，2007。

47. 李澤厚：《批判哲學的批判——康德述評》，北京：讀書·生活·新知三聯書店，2007。

48. 顧紅亮：《儒家生活世界》，上海：上海人民出版社，2008。

相關研究論文

1. 王宗昱：《是儒家，還是佛家——訪梁漱溟先生》，《中國文化與中國哲學》第 1 輯，北京：東方出版社，1986。

2. 鄭大華：《梁漱溟與五四時期的文化保守主義》，《求索》1987 年第 4 期。

3. 王宗昱：《梁漱溟與柏格森哲學》，《社會科學家》1989 年第 03、04 期。

4. 何曉明：《現代新儒家早期代表論略》，《天津社會科學》1990 年第 5 期。

5. 武東生：《梁漱溟早期人生哲學思想注要》，《東嶽論叢》1991 年第 2 期。

6. 胡偉希：《梁漱溟的「人生三路向」說與中西印文化的互補》，《孔子研究》1994 年第 1 期。

7. 柴文華、蔡惠芳：《文化的形而上建構》，《齊齊哈爾師範學院學報》1994 年第 4 期。

8. 景海峰：《梁漱溟對西方文化的理解與容受》，《深圳大學學報》1994 年 11 月。喬清舉：《梁漱溟文化思想通論》，《孔子研究》1995 年第 1 期。

9. 程恭讓：《梁漱溟的佛學思想述評》，《孔子研究》1998 年第 2 期。

10. 程恭讓：《從太虛與梁漱溟的一場爭辯看人生佛教的理論難題》，《哲學研究》2002 年第 5 期。

11. 祝薇：《現代新儒學與馬克思主義哲學的一個交匯點——從《人心與人生》看梁漱溟晚年思想的變化》，《學術探索》2004 年第 5 期。

12. 顏炳罡：《仁·直覺·生活態度——梁漱溟對孔子哲學的創造性詮釋》，《東嶽論叢》2004 年 9 月。

13. 陳來：《「以對方爲重」：梁漱溟的儒家倫理觀》，《浙江學刊》2005 年第 1 期。

14. 文碧芳：《宋明理學中理學與心學的同異及其互動》，《武漢大學學報》2005 年第 4 期。

15. 鄭大華：《梁漱溟與馬克思主義》，《湖南大學學報》2006 年 9 月。

16. 彭國祥：《儒家傳統的身心修煉及其治療意義——以古希臘羅馬哲學傳統爲參照》，楊儒賓，祝平次編《儒學的氣論與工夫論》，上海：華東師範大學出版社，2008。

17. 黃玉順：《當代儒學「生活論轉向」的先聲》，《河北大學學報》2008 年第 4 期。

附錄一：生命・道德・教育——梁漱溟的道德建設理路

小引

　　針對道德建設問題，研究者們或基於某種視角的道德分類，或基於道德建設與制度設施的關聯，都提出了相應的道德建設路徑。比如：有人把道德區分爲三種類型即情感型道德、理性型道德、信念型道德，認爲今天的道德重建，實質就是以道德理性來彌補傳統道德信念和道德情感的失落所留下的空缺。〔註1〕有人基於公德與私德及其相互關係的釐定，認爲加強私德涵養和公德建設，並實現兩者的轉化和貫通，是公民道德建設的雙重任務，〔註2〕並且個人品德建設是一切道德建設的根底。〔註3〕有人將道德分爲事功之德與人道之德，認爲，在現實的道德建設中，應當注意在兩種不同意義上開展道德建設和制度建設，而今天特別要重視事功之德的建設。〔註4〕還有人認爲，道德建設是一個系統工程，它要求經濟、政治、法制和文化等方面的建設提供必要的保障，而要實現這個要求就必須建立健全的倫理制度。〔註5〕道德建設路徑必然涉及道德的價值取向，在這個問題上，有人認爲，道德建設應以自由、平等、民主爲價值靈魂。〔註6〕另有人認爲，自由、自覺、創新，既是人

〔註1〕　張曙光：《道德三要素與道德三形態——關於當前道德建設的理論與實踐的思考》，《開放時代》1997.1。

〔註2〕　廖小平：《公德和私德的釐定與公民道德建設的任務》，《社會科學》2002.2。

〔註3〕　廖小平：《個人品德建設：道德建設的個體維度》，《道德與文明》，2008.2。

〔註4〕　周可眞：《「德治」的兩種維度：事功之德與人道之德》，《江海學刊》2003.2。

〔註5〕　錢廣榮：《論道德建設》，《道德與文明》，2003.1。

〔註6〕　高兆明：《道德建設的現代性反思：形勢、問題與對策》，《玉溪師範學院學報》，

的類特性，也是道德建設的價值基礎，因而，「美德就是人本身」這一命題突出體現了道德建設的根本方向。〔註7〕

　　毫無疑問，上述探討都是很具體而深刻的，但它們基本都是圍於道德建設自身來談道德建設問題。我們能不能站在一個更高的視角上來思考道德建設呢？對這一問題，梁漱溟的相關思考與實踐或許能給我們一些啓示。

　　梁漱溟關於道德建設的基本理路大致可歸結爲這麼三個命題：人作爲生命的本性就是向上創造（此爲道德的人性根基）；〔註8〕道德是創造性人生的藝術（此爲道德的基本內涵）；〔註9〕教育就是幫助人創造（此爲道德的實現途徑）。〔註10〕

一、人作爲生命的本性就是向上創造

　　在梁漱溟看來，向上創造作爲人的本性其最後的根據在於作爲人的生命始源的宇宙大生命的本性就是向上創造。那麼，何爲宇宙大生命呢？梁漱溟在吸取、消化現代科學和柏格森生命哲學的基礎上認爲，宇宙無始無終，包括時間空間中所存在的一切物質，但這不是一靜止的存在，而是一永無休止的運動、變化和發展的存在，而這一無限的運動、變化和發展的過程就是所謂的「宇宙大生命」。至於宇宙大生命如何可能，梁漱溟又融合進化論和馬克思主義理論指出，「宇宙從無機而有機，而生物，而動物，而人類……總在發展變化著；發展變化是起於內在矛盾的，其間由量變而達質變——亦稱突變或云飛躍——便顯見出由低升高的許多階段區別來。階段大小不等，而涵小於大；區別則從量到質，通而不同。宇宙發展愈到後來，其發展愈以昭著，愈以迅速，前後懸絕不可同語。既見有高低階段，又且有流派分支。此在生物有機體出現後，物種歧出，最爲顯著。人類社會發展史自古至今既有其階段可分，而各方各族的文化復多歧路焉。凡此者，皆以各自內在矛盾爲主，而其環境遭際又互有不同也。」〔註11〕這就是說，宇宙大生命可能性就在於宇宙萬有的內在矛盾，正是這種內在的矛盾推動著宇宙萬有生生不息，不斷

　　　　2002.4。

〔註 7〕 吳培德：《美德就是人本身——論新時期道德建設的根本方向》，《西南大學學報》，2012.1。

〔註 8〕 梁漱溟：《梁漱溟全集》（二），94，濟南：山東人民出版社 2005。

〔註 9〕 梁漱溟：《梁漱溟全集》（二），87，濟南：山東人民出版社 2005。

〔註10〕 梁漱溟：《梁漱溟全集》（二），96，濟南：山東人民出版社 2005。

〔註11〕 梁漱溟：《梁漱溟全集》（三），648，濟南：山東人民出版社，2005。

地由低級階段向高級階段發展。以此，宇宙大生命的本性乃是「莫知其所以然的無止境的向上奮進，不斷翻新」。〔註12〕

然而，宇宙大生命的本性如何落實爲人的本性呢？或者換句話說，人何以能彰顯宇宙大生命這一向上創造的本性呢？這在於人有其自覺之心。對於人的自覺之心梁漱溟作了一番心理學意義上的解釋。

一方面，人心包括三個方面，即本能、理智和理性。其中，本能就是一切生物圍繞解決個體生存和種族蕃衍等兩大問題而預先配備並與動物與生俱來的種種方法手段。理智則是一種反乎本能的東西，「指離開具體事物而起之分別區劃計算推理等作用以爲言」。〔註13〕理性就是從動物式本能中解放出來的情感與意志即無私的感情。在這三者之中，本能原本是人類和其他動物所共有的用以維持生存的能力；但隨著大腦的日漸發達，人類理智大啓，其本能則大大沖淡、鬆弛、削弱，日益貧乏，而主要依靠後天的模仿練習以養成其生活能力；更且由於理智的發展，人類生命從本能中解放出來而豁然開朗，直通向宇宙大生命的渾全無對，其生命活動則不斷地向上爭取靈活、自由，而非出於有所爲，而原先伴隨本能並依乎利害得失的感情，則因理智欲得盡其用必至於無所爲的冷靜，乃轉化爲無私的感情即理性；最終理性成爲人心之體，而理智則爲人心之用。

另一方面，作爲這樣的人心，它表現出主動性、靈活性和計劃性等特性。

所謂主動性，「即生命所本有的生動活潑有力耳」。〔註14〕「一切生物的生命原是生生不息，一個當下接續一個當下的；每一個當下都有主動性在。」〔註15〕人心的主動性則是這種生命本有的主動性的發展擴大，體現爲努力、爭取、運用，總是後力加於前力，新新不已。梁漱溟還對於人心的這種主動性進行了一種發生學上的追溯，簡而言之就是，「人心非他，即從原始生物所萌露之一點生命現象，經過難計其數的年代不斷地發展，卒乃有此一偉大展現而已」。〔註16〕

所謂靈活性，「就是生命不受制於物而恒制勝乎物的表現」。〔註17〕這種靈活性在生物界過去的進化不已上已得到了充分的表現。但梁漱溟又指出，

〔註12〕 梁漱溟：《梁漱溟全集》（三），555，濟南：山東人民出版社，2005。
〔註13〕 梁漱溟：《梁漱溟全集》（二），570，濟南：山東人民出版社，2005。
〔註14〕 梁漱溟：《梁漱溟全集》（三），554，濟南：山東人民出版社，2005。
〔註15〕 梁漱溟：《梁漱溟全集》（三），553，濟南：山東人民出版社，2005。
〔註16〕 梁漱溟：《梁漱溟全集》（三），551，濟南：山東人民出版社，2005。
〔註17〕 梁漱溟：《梁漱溟全集》（三），556，濟南：山東人民出版社，2005。

「生物進化不可遏的大勢如過去之所見者，卻非所語於今天的生物界。在過去的進化途程中，其向靈活前進之度，各物種高下相差，等級甚多；但它們今天一一止於其所進之度了。宇宙間代表此生命本性尚在前進未已者唯有人類耳。其他生物一般都落於其各自生活的刻板文章中，恍如機械在旋轉著，殆無復靈活性之可言。」〔註18〕同樣，對於人類生命何以獨保有其靈活性梁漱溟也進行了發生學上的追溯。首先就過去生物界不斷趨向靈活性而言，生物機體為維持生存而在內部進行著各種各樣的分工及整合，由之，生物的形體構造、生活機能就不斷地由簡單趨向繁複，而靈活就出在這繁複發展的分合之上。其次就人類獨保有其靈活性而言，人類擁有特別發達的大腦皮質，因而能直接或間接地控制全身各部分機構，其中尤為重要的是大腦皮質的「主動性內抑制」作用，正是它使得人類的行為更多的是出自計劃而非本能。

所謂計劃性，從梁漱溟對於計劃的定義來看當指，人們在其行事之前就其所要解決的問題當中的那些對象事物，先從觀念上進行一番乃至多番籌措，以設定一合適的行動方案的能力及其表現。人心之有計劃性在於人「能以外在事物（自身亦其一）攝入心中，通過思維，構成觀念和概念，從而離開其事物猶得據有其相當的代表，而隨時聯想運用之」，〔註19〕即人有構成知識的能力。正是這種能力把人的行為的計劃性與其他生物的行為的計劃性從根本上區分開了，即是說，其他生物的計劃是出自種族遺傳的本能，而人的計劃則是出自人的有意識。

正是憑藉其自覺之心，人類生命與現存其他物類根本不同。要而言之，即當「現存物類陷入本能生活中，整個生命淪為兩大問題的一種方法手段，一種機械工具，浸失其生命本性，與宇宙大生命不免有隔」，〔註20〕而人類由於其自覺之心，上承生物進化以來之形勢，而不拘拘於兩大問題，得以繼續發揚宇宙生命向上創造的本性，至今奮進未已，巍然為宇宙大生命之頂峰。

正是這奠定了道德的人性根基。

二、道德是創造性人生的藝術

關於道德，梁漱溟首先追溯了其產生的社會的根源。他認為：「道德一詞在較開化的人類社會任何時代任何地方可以斷言都是少不了的。但它在各時

〔註18〕梁漱溟：《梁漱溟全集》（三），557，濟南：山東人民出版社，2005。
〔註19〕梁漱溟：《梁漱溟全集》（三），566，濟南：山東人民出版社，2005。
〔註20〕梁漱溟：《梁漱溟全集》（三），581～582，濟南：山東人民出版社，2005。

各地不免各有其涵義，所指不會相同，卻大致又相類近耳。這就爲人們在社會中總要有能以彼此相安共處的一種路道，而後乃得成社會共同生活。此通行路道取得公認和共信便成爲當時當地的禮俗。凡行事合於禮俗，就爲其社會所崇獎而稱之爲道德；反之，則認爲不道德而受排斥。禮俗總是隨其社會所切需者漸以形成出現，而各時代各地方的社會固多不同，那麼，其禮俗便多不相同，其所指目爲道德者亦就會不同了。然而不同之中總有些相同之點，因爲人總是人，總都必過著社會生活。」〔註 21〕即是說，人總是社會的人，有社會就有交往，有交往就有禮俗，有禮俗而有道德。總之，道德是人類社會生活之必然。

然而，梁漱溟認爲道德的眞根據還不在此。他講道：「是故有存乎一時一地的所謂道德，那是有其不得不然之勢的；但那只是一方面，而另一方面則道德原自有眞，亦人類生命之勢所必然。」〔註 22〕即是說道德的眞根據在人類生命本身，具體地說，就是代表宇宙大生命的人類生命莫知其所以然的無止境的向上奮進、不斷翻新的本性。那麼，人在生活中能踐行這一生命本性便是道德。爲進一步說明這一點，梁漱溟還對「道德」一詞進行了語義學上的解釋。他說：「『德』者，得也；有得乎道，是謂道德；而『道』則正指宇宙生命本性而說。」〔註 23〕

簡言之，實踐生命的向上創造的本性便是道德。

作爲如此，道德在現實中表現爲有德之人一面要成己，一面要成物。「成己就是在個體生命上的成就，例如才藝德性等；成物就是對於社會或文化上的貢獻，例如一種新發明或功業等。」〔註 24〕並且，成己與成物往往是無法分離的，只不過成己屬於內裏的創造，成物屬於外面的創造。當然，內裏的創造是根本。

但不論成己還是成物，其直接推動者卻是人自身的物質的或精神的欲望；而欲望若沒有智慧的引領將會使人墮入黑暗的深淵；由之，聽憑盲目的欲望驅使的人，其現實活動將不是向上創造，而是墮落毀滅，既不成己，更不成物。正是看到了這一點，梁漱溟將志氣與僅動念於軀殼的欲望做了區分。他對當時的青年語重心長地講道，「在這個時代的青年，能夠把自己安排對了

〔註 21〕梁漱溟：《梁漱溟全集》（三），730，濟南：山東人民出版社，2005。
〔註 22〕梁漱溟：《梁漱溟全集》（三），730，濟南：山東人民出版社，2005。
〔註 23〕梁漱溟：《梁漱溟全集》（三），731，濟南：山東人民出版社，2005。
〔註 24〕梁漱溟：《梁漱溟全集》（二），95，濟南：山東人民出版社，2005。

的很少。在這時代，有一個大的欺騙他，或耽誤他，容易讓他誤會，或讓他不留心的一件事，就是把欲望當志氣。這樣地用功，自然不得其方。也許他很賣力氣，因為背後存個貪的心，不能不如此。可是他這樣賣力氣，卻很不自然，很苦，且難以長進。雖有時也會起一個大的反動，覺得我這樣是幹什麼？甚或會完全不幹，也許勉強幹。但當自己勉強自己時，讀書做事均難入，無法全副精神放在事情上。甚且會自己搪塞自己。越聰明的人，越容易有欲望，越不知應在那個地方擱下那個心。心實在應該擱在當下的。可是聰明人，老是擱不在當下，老往遠處跑，煩躁而不寧。所以沒有志氣的固不用說，就是自以為有志氣的，往往不是志氣而是欲望。彷彿他期望自己能有成就，要成功怎麼個樣子。這樣不很好嗎？無奈在這裡常藏著不合適的地方，自己不知道。自己越不寬鬆，越不能耐，病就越大。所以前人講學，志氣欲望之辨很嚴，必須不是從自己軀殼動念，而念頭真切，才是真志氣。」〔註25〕

如果說，實踐生命的向上創造的本性便是道德主要還是從人類生命個體而言，但由於人類生命除了其個體的一面，還有其群體的一面，那麼，就群體而言，道德又是什麼呢？梁漱溟認為，人類群居生活中的道德在務盡倫理情誼。

何以如此？梁漱溟指出：「人類生命與動物生命在本質上不同，是先天之所決定。決定了一個人從降生下來很長時期不能離開旁人而得存活；即便長大成人還是要生活在許多人事關係中，不能離群索居。因為必脫離動物式自然生活，而向文明開化前進方才成其為人類。故爾就人類說，其社會生命一面實重於其個體生命一面。一切文明進步雖有個人創造之功。其實先決條件都來自社會。人類社會的文明進步正是宇宙大生命的唯一現實代表，一個人在這上面有所貢獻，就可許為道德，否則，於道德有欠。」〔註26〕這是說，人的本性先天地決定了個人的生活是離不了旁人的，而正是人與人的相互支撐造就了人類社會及其文明的進步，這就是人類群居生活的道德即務盡倫理情誼的內在根據。

何謂務盡倫理情誼？梁漱溟解釋道：「倫者，倫偶；即謂在生活中彼此相關係之兩方，不論其為長時相處者抑為一時相遭遇者，在此相關係生活中，人對人的情理是謂倫理。其理如何？即彼此互相照顧是已。」〔註27〕更具體

〔註25〕 梁漱溟：《梁漱溟全集》（二），49，濟南：山東人民出版社，2005。
〔註26〕 梁漱溟：《梁漱溟全集》（三），737～738，濟南：山東人民出版社，2005。
〔註27〕 梁漱溟：《梁漱溟全集》（三），738，濟南：山東人民出版社，2005。

一點說就是，人與人之間應彼此互以對方爲重，莫爲自己而忽視了對方；而只有有心的人才會不囿於此一身而在心中存有對方，更且非止心中存有對方，甚至心情上所重寧在對方而忘了自己。因此，情誼又可說是情義，其中義即指義務；務盡倫理情誼就是要求人們在社會中能盡其各種倫理上的義務。如此則對社會貢獻莫大焉，就是道德，否則即於道德有欠。

爲進一步明確盡倫的含義，梁漱溟又將道德上的義務和法律上的義務進行了區分。他認爲，法律規定的義務具有強制性，並始終與權利相對待；而道德的義務則是非強制性的，只是爲義務而義務。所以如此，一則「這義務原是從倫理彼此相互間生出來的；我既對四面八方與我有關係的人負擔著義務，同時四面八方與我有關係的人就對我負擔著義務；當人們各自盡其對我的義務那時，我的權利享受不是早在其中了嗎？」〔註28〕一則「情也，義也，都是人類生命中帶來的。生命至大無外；代表此至大無外之生命本性者今唯人類耳。」〔註29〕也就是說，依乎人類生命的偉大，不提個人權利乃自然而然之事。

總之，如果我們精神不斷向上奮進，生命與宇宙通而爲一，則個體生命和諧，我的生命與社會其他的人的生命和諧即群體生命和諧。而道德「即是生命的和諧，也就是人生的藝術。」〔註30〕

三、教育就是幫助人創造

無疑，人作爲一特殊的生命需要教育，因爲，「我們人一生下來就要往前生活。生活中第一需要的便是知識。」〔註31〕而知識或學問的形成，大多必須借助經驗。人類文明的進步正是由於前人不斷將其創造性經驗教給後人，後人繼續開拓深入才得成就的。

不僅如此，作爲一特殊的生命，人的向上創造的本性源於其自覺之心，而「人心要緣人身乃得可見，是必然的；但從人身上得有人心充分表見出來，卻只是可能而非必然。」〔註32〕即是說，自覺的人心並不是現成可以坐享的，也從教育而來。

〔註28〕 梁漱溟：《梁漱溟全集》（三），739，濟南：山東人民出版社，2005。
〔註29〕 梁漱溟：《梁漱溟全集》（三），740，濟南：山東人民出版社，2005。
〔註30〕 梁漱溟：《梁漱溟全集》（二），87，濟南：山東人民出版社，2005。
〔註31〕 梁漱溟：《梁漱溟全集》（四），661，濟南：山東人民出版社，2005。
〔註32〕 梁漱溟：《梁漱溟全集》（三），563，濟南：山東人民出版社，2005。

　　於是問題就在於，什麼樣的教育才能讓人向上創造的本性充分地顯現，從而讓人成爲應和宇宙大生命的有道德的人？

　　爲此，梁漱溟首先對東西教育進行了比較。他說，「大約可以說中國人的教育偏著在情志的一邊，例如孝悌⋯⋯之教；西洋人的教育偏著知的一邊，例如諸自然科學⋯⋯之教。」〔註33〕由於人一生下來首先面臨的就是利用工具謀取生存的問題，而利用工具就不能沒有知識，「所以無論教育的意義如何，知識的授受總不能不居教育上最重要之一端。」〔註34〕西方人按照其文化路徑，在知識方面的成就最大；而中國人按照其文化路徑，在知識方面的成就則要弱得多。所以就人的生存問題而言，西方偏於知識的教育要勝於中國的偏於情志的教育。

　　但是，「生活的本身全在情志方面，而知的一邊——包固有的智慧與後天的知識——只是生活之工具。工具弄不好，固然生活弄不好，生活本身（即情志方面）如果沒有弄得妥帖恰好，則工具雖利將無所用之，或轉自貽戚；所以情志教育更是根本的。這就是說怎樣要生活本身弄得恰好是第一個問題；生活工具的講求固是必要，無論如何，不能不居於第二個問題。所謂教育不但在智慧的啓牖和知識的創造授受，尤在調順本能使生活本身得其恰好。」〔註35〕這樣，就人的生活本身而言，中國偏於情志的教育又要勝於西方偏於知識的教育。

　　通過比較，梁漱溟實際上已經做出了自己的選擇，這就是知識的教育和情志的教育不可偏廢，而又以情志的教育爲根本。用梁漱溟自己的話說就是，「教育應當是著眼一個人的全生活而領著他去走人生大路，於身體的活潑，心理的活潑兩點，實爲根本重要；至於知識的講習，原自重要，然固後於此。」〔註36〕這樣的教育實際上就是讓人向上創造的整全的生命的教育。

　　那麼，如何實現這一教育理想呢？梁漱溟在談到他所理想的社會時講道，「我們理想的社會：第一、人與人沒有生存競爭，而人與人合起來控制自然利用自然；第二、社會幫助人生向上，一切合於教育意義，形成一個完全教育化的環境，啓人向學之誠，而萃力於創造自己；其結果，亦就是學術發

〔註33〕 梁漱溟：《梁漱溟全集》（四），661，濟南：山東人民出版社，2005。
〔註34〕 梁漱溟：《梁漱溟全集》（四），661，濟南：山東人民出版社，2005。
〔註35〕 梁漱溟：《梁漱溟全集》（四），663，濟南：山東人民出版社，2005。
〔註36〕 梁漱溟：《梁漱溟全集》（四），784，濟南：山東人民出版社，2005。

明文化進步，而收效於社會。這樣，才合於『人生在創造』那意義。」〔註37〕
這大體概括了梁漱溟之幫助人向上創造而實現其道德人生的教育理想的思
路。其中的關鍵就是形成一個完全教育化的環境和啓人向學之誠。梁漱溟離
開北京大學講壇轉而從事社會實踐後，其辦學或搞鄉村建設基本都是圍繞這
一思路進行的。

　　就辦學而言，梁漱溟強調，作為學校的教育「應當一面在事實上不離開
現社會，而一面在精神上要領導現社會」。〔註38〕就是說，學校要社會化，但
這一社會化不是一味地迎合社會，而是在立足於社會現實的基礎上提升社
會。他說，「這學校教育的目標，有句很好的話說：『本校教育的目標，是在
培養鄉村兒童和民眾所敬愛的導師。換句活說，就是我們盼望本校的學生一
面能夠教導兒童，辦一所良好的鄉村學校，一面又能夠輔導民眾，將他自己
所辦的學校成為改造鄉村社會的中心。』為要達到這樣的教育目標，於是它
把下列四事為培養人才之準的：一、要養成農人的身手，二、要養成科學家
的頭腦，三、要養成藝術家的興味，四、要養成社會改造家的精神和熱心。
這些說法，都很合於我們的意思。」〔註39〕他還斷定，曉莊學校培養的學生
至少有兩種好處：一、有能力，包括勞作的能力、智慧方面的能力、作團體
社會生活的能力；二、有合理的生活。而得到這兩種好處的學生正是他所理
想的向上創造的人。

　　就鄉村建設而言，梁漱溟則強調社會學校化。他在山東省鄒平縣從事鄉
村建設就是以鄉農學校的形式進行的。所謂鄉農學校「是以此小範圍鄉村社
會而組織成的，同時鄉農學校所作的工夫，還即以此鄉村社會作對象。鄉農
學校的組成分子，就是此全村社會的人。」〔註40〕構成鄉農學校的有三種人：
一是鄉村領袖；二是成年農民；三是鄉村運動者。前兩種人是鄉村社會的重
要成分，所以要先從他們入手，使他們在鄉農學校的名義下聯合起來，造成
一種共同向上的關係，因為學校的宗旨就是謀求個人的和社會的向上進步。
至於鄉村運動者，相對於鄉村民眾可說是一新的成分，即是說他是代表一個
新意思而來的，他是懷抱著志願要來更新這社會的。沒有鄉村運動者，就不
能發生向上的作用和進步的意義。這三種人在校長（由鄉間知識開明、品行

〔註37〕　梁漱溟：《梁漱溟全集》（二），96，濟南：山東人民出版社，2005。
〔註38〕　梁漱溟：《梁漱溟全集》（四），836，濟南：山東人民出版社，2005。
〔註39〕　梁漱溟：《梁漱溟全集》（四），839～840，濟南：山東人民出版社，2005。
〔註40〕　梁漱溟：《梁漱溟全集》（五），347，濟南：山東人民出版社，2005。

端正者擔任)、校董(由鄉間有信用有力量的人組成)、教員(由鄉村運動者擔任)、學生(鄉間一般民眾)形式下聯成一氣,就可以發生作用,就可以讓鄉村社會活起來,從而實現個人和社會的向上進步。

不論是學校社會化,還是社會學校化,都是致力於形成一個完全教育化的環境,儘量使更多的人乃至全民參與到教育活動中來而共同進步。而開展教育,知識的授受固然必不可少,更根本的卻是啓人向學之誠,因為有向學之誠,人的整個生命力才會得以煥發,才會在德性、知識、才能等各方面有所創造。

所以辦學時梁漱溟強調,「我們的眞動機是在自己求友,由於青年爲友。」〔註41〕與青年爲友就是,墮落的要引導他不墮落而奮勉,煩悶的要指點他而得安慰有興致,「總而言之,都要他們各自開出一條路子來走,其如何求知識學問,練習作事,不待言而自然都可以行了。」〔註42〕至於爲自己求友則是由於「還想得些有心肝的好漢子大家彼此幫忙走路。」〔註43〕因爲學生社會固然往往不是墮落就是煩悶,便是教師個人也難免如此。人生始終是有所未盡而要往前走的,即始終是有賴師友指點幫助的。所以一學校的校長和教職員原應當是一班同氣類的,彼此互相取益的私交近友,而不應當只是一種官樣職務的關係,湊在一起。辦教育就是要「聚攏一班朋友同處共學,不獨造就學生,還要自己造就自己。」〔註44〕

而在進行鄉村建設時,梁漱溟十分注重精神陶煉。彼時中國鄉村一切舊的風尚、規矩、觀念,都由動搖而摧毀,而新的又未建立,以致精神上陷入破產,表現爲鄉中人既無樂生之心,更談不上有什麼進取的念頭。而鄉村建設要搞得起來首先就要鄉村中人活起來,因爲「人活了之後,自然會找路子;如根本的地方沒有生機(人不能自動),給他方法、技術,他也不能用。」〔註45〕所以各鄉農學校都有精神陶煉的科目。但要讓鄉村中人活起來,雖然有許多講究,最根本的卻是做鄉村工作的人自己先要活起來。爲此,梁漱溟特別強調,「我們『鄉村服務人員之精神陶煉』一科目,就是要啓發大家的深心大願。」〔註46〕所謂深心即悲憫,它是從對人生的反省而發出的。有深心就有

〔註41〕 梁漱溟:《梁漱溟全集》(四),783,濟南:山東人民出版社,2005。
〔註42〕 梁漱溟:《梁漱溟全集》(四),785,濟南:山東人民出版社,2005。
〔註43〕 梁漱溟:《梁漱溟全集》(四),785,濟南:山東人民出版社,2005。
〔註44〕 梁漱溟:《梁漱溟全集》(四),785,濟南:山東人民出版社,2005。
〔註45〕 梁漱溟:《梁漱溟全集》(五),498,濟南:山東人民出版社,2005。
〔註46〕 梁漱溟:《梁漱溟全集》(五),492,濟南:山東人民出版社,2005。

一種大的志願力，而大願乃是一無所不包的大願。「這一種願力，超越個體生命；彷彿有一個大的生命，能夠感覺個體生命問題以上的問題。」〔註47〕而這只是人類才可能有的，並且只要是人類就可能有。所以，梁漱溟又指出，胸懷深心大願不是說我們都想做一個超出常人的人，而只是不願意做一個不夠的人，願意努力圓足人類生命所具之可能性。

簡言之，教育就是要打通學校和社會而創設一個完全教育化的環境，以此啓發人向上之心，煥發其生命力，從而圓足人作爲一創造性生命的可能性。

餘論

以上對梁漱溟的道德建設理路分別從道德的人性根基、道德的基本內涵和道德的實現途徑等三方面做了一個大致的說明。這裡再做一個貫通性的小結，這就是：人作爲宇宙大生命的最大代表，其本性是向上創造；由此，實踐這一向上創造的生命本性的人就是道德之人；因而，教育的使命就在於幫助人創造，從而圓足人作爲一創造性生命的可能性，而道德自在其中。

梁漱溟的這一道德建設理路提醒我們：

第一，道德建設的有效進行要求教育從人是一種有著無限創造潛能的生命這個高度著眼。我們當前的教育很大程度上沒有把人當作特別的生命看，人在事實上被看成了工具，教育就在事實上成了工具的打磨。這導致了一方面直接的道德教育遭致忽視，另一方面人的某些潛能由於與主流市場需求不對口而走向邪路，成爲社會破壞性的力量。所以，就這點而言，道德建設現狀的改變要以整個教育方向的改變爲前提，也即要求教育就是生命的教育，就是讓生命去生的教育，就是讓生命的創造潛能自由迸發的教育。事實上，若教育能以生命爲本，幫助人創造，那麼依照馬斯洛的需要層次論，人容易成爲或者就是有道德的善的人。

第二，基於第一點，我們要創設一種完全教育化的環境激發每一個人的向上之心，煥發其生命力。完全教育化的環境要求溝通學校和社會，使學校社會化，社會學校化。我們當前不盡如人意的道德狀況也與學校和社會相脫離的教育現狀相關。從學校這一邊來說，它不能社會化。這表現爲，一方面教師埋頭教授知識，學生埋頭學習知識，教學活動不能與其所處社會環境相融，不能讓學生在參與社會活動的過程中鍛鍊其智識和德性；另一方面學校

〔註47〕梁漱溟：《梁漱溟全集》（五），494，濟南：山東人民出版社，2005。

未能成爲社會的精神高地以引領社會，反倒隨波逐流，與社會不良習氣沆瀣一氣。從社會這一邊來說，它不能學校化。這表現在，人們追求效率而強調競爭，各行業組織或地域組織多已不是那種以倫理情誼爲本源，以人生向上爲目的的情誼化的或教育化的組織，缺少眞正的旨在幫助成員向上的生命關懷和教育。這當然也就擠壓了本來有限的道德生成的空間。其實，學校社會化的結果是它所培養的學生生命更健全，社會學校化則往往導致個體與組織的交互促進和共同成長。

附錄二：梁漱溟中國式民主的三重根
——兼及其對中國特色民主政治建設的啓示

小引

　　一般而言，建立在農業自然經濟基礎上的傳統中國社會是一個宗法——專制社會，其文化則是以內聖——外王爲目標的倫理——政治型文化，民本傳統源遠流長，〔註1〕卻無民主傳統〔註2〕。但在《中國文化要義》中，梁漱溟基於其對民主內涵的考察認爲，「中國非無民主，但沒有西洋近代國家那樣的民主」。〔註3〕按照他對世界文化未來走向的判斷，以及中國文化要獲取新生必須堅持從老根上發新芽的思路，這實際上成爲他在破解近代以來的中西文化困局，從而爲中國也爲世界尋找出路的過程中，具體籌劃中國式民主的起點。那麼，他所要籌劃的中國式民主的根基在哪裏呢？

　　再者，自20世紀下半葉起，隨著許多國家的政治、經濟、文化的快速發展，代議制民主普遍遭遇危機，由之協商民主逐漸興起。這反映在中國的民

〔註1〕 馮天瑜認爲，「『尊君』和『民本』相反又相成，共同組成中國文化的一體兩翼」。（馮天瑜：《中國文化發展軌跡》，17，上海：上海人民出版社，2000）

〔註2〕 劉澤華認爲，「中國傳統思想文化的主體是政治思想和政治文化，而其主旨是王權主義。思想文化的王權主義又根源於『王權支配社會』這一事實」。（劉澤華：《王權主義》，4，上海：上海人民出版社，2000）轉引自閆小波：《近代中國民主觀念之生成與流變——一項觀念史的考察》，29，南京：江蘇人民出版社，2012。

〔註3〕 梁漱溟：《梁漱溟全集》（三），242，濟南：山東人民出版社，2005。

主政治建設中就是，中國共產黨提出中國特色的民主包括兩種形式即選舉民主和協商民主，並將曾在中國革命和社會主義建設過程中發揮過重要作用的人民政協制度納入協商民主的制度安排之中。〔註4〕協商民主的興起不僅表現為其理論的研究熱潮，還表現為其實踐的多樣展開，但總的來說還處於探索之中。在這樣一個世界性的民主政治調整的關口，梁漱溟大半個世紀以前所從事的關於中國式民主可能性的思考，會不會也能給我們當下的民主政治建設提供某種啓示呢？

本文將主要回答前一個問題，而僅在餘論部分涉及後一問題，其中特別提到梁漱溟關於中國式民主的思考對於人民政協協商民主的可能意義，這是因為人民政協作為相對成熟的民主政治組織和制度在中國政治生活中具有重要地位，並事實上與協商民主有一定程度的親和性，〔註5〕能相對容易轉換為協商民主的平臺，從而對中國民主政治的建設和社會的和諧穩定產生重大的促進作用。

一、中國式民主的根據之一：中國文化的普遍價值

梁漱溟有一個論斷，「政治的根本在文化」。〔註6〕這樣，中國式民主之所以是中國式民主，而不是西方那樣的民主，就在於它始終是建基於中國固有的特殊文化。因此，號準中國文化的精神脈搏是籌劃中國式民主的前提。

梁漱溟對於中國文化的認識有一個逐步深化的過程，但一以貫之的是他始終將西方文化作為參照，在中西對比中揭示中國文化的精神特質，並指出其應當努力的方向。

在其早期著作中《東西文化及其哲學》中，梁漱溟基於其對文化的界定而展開對中西文化特質的探討。他講道，「文化是什麼東西呢？不過是那一民

〔註4〕《中共中央關於加強人民政協工作的意見》指出：「人民通過選舉、投票行使權利和人民內部各方面在重大決策之前進行充分協商，盡可能就共同性問題取得一致意見，是我國社會主義民主的兩種重要形式。堅持和完善人民政協這種民主形式，既符合社會主義民主政治的本質要求，又體現了中華民族兼容並蓄的優秀文化傳統，具有鮮明的中國特色。發展社會主義民主政治，建設社會主義政治文明，要善於運用人民政協這一政治組織和民主形式。」（《中共中央關於加強人民政協工作的意見（摘要）》.政協全國委員會辦公廳、中共中央文獻研究室編：《人民政協重要文獻選編·下卷》，793，北京：中央文獻出版社、中國文史出版社，2009）

〔註5〕陳家剛：《協商民主與政治協商》，《學習與探索》2007年第2期。

〔註6〕梁漱溟：《梁漱溟全集》（六），702，濟南：山東人民出版社，2005。

族生活的樣法罷了。生活又是什麼呢？生活就是沒盡的意欲（Will）——此所謂「意欲」與叔本華所謂「意欲」略相近，——和那不斷的滿足與不滿足罷了。通是個民族通是個生活，何以他那表現出來的生活樣法成了兩異的彩色？不過是他那爲生活樣法最初本因的意欲分出兩異的方向所以發揮出來的便兩樣罷了。」〔註7〕

　　文化是生活的樣法，而生活樣法的根源在於意欲。以此，中西文化所以表現出不同的特質乃是由於各自不同的意欲。梁漱溟斷定：西方文化之所以是西方文化是因爲它「是以意欲向前要求爲其根本精神的」，〔註8〕由於意欲向前，西方人「遇到問題都是對於前面去下手，這種下手的結果就是改造局面，使其可以滿足我們的要求」；〔註9〕中國文化之所以是中國文化是因爲它「是以意欲自爲、調和、持中爲其根本精神的」，〔註10〕由於意欲自爲、調和、持中，中國人「遇到問題不去求解決，改造局面，就在這種境地上求我自己的滿足」。〔註11〕

　　由此，與西方文化相比，中國文化顯現出以下特異的色彩：

　　第一，非論理的精神。西方文化講究論理，也即科學精神發達。「而在中國是無論大事小事，沒有專講他的科學，凡是讀過四書五經的人，便什麼理財司法都可做得，但憑你個人的心思手腕去對付就是了。雖然書史上邊有許多關於某項事情——例如經濟——的思想道理，但都是不成片段，沒有組織的。而且這些思想道理多是爲著應用而發，不談應用的純粹知識，簡直沒有。」〔註12〕中國文化非論理精神或者說玄學精神發達。

　　第二，個性不伸展。西方人個性伸展。而中國人沒有「自己」。他們一面是皇帝的臣民，一面或者是父母的兒女，或者是丈夫的妻子，或者是師傅的學徒，總而言之是屬於別人所有的東西。而且他們還「相信天地間自然的秩序是分尊卑上下大小的，人事也當按照著這秩序來」。〔註13〕所以，中國人總想天下定要有個作主的人才成。這樣，「有權、無權打成兩截」，「有權的無限

〔註7〕　梁漱溟：《梁漱溟全集》（一），352，濟南：山東人民出版社，2005。
〔註8〕　梁漱溟：《梁漱溟全集》（一），353，濟南：山東人民出版社，2005。
〔註9〕　梁漱溟：《梁漱溟全集》（一），381，濟南：山東人民出版社，2005。
〔註10〕　梁漱溟：《梁漱溟全集》（一），383，濟南：山東人民出版社，2005。
〔註11〕　梁漱溟：《梁漱溟全集》（一），381，濟南：山東人民出版社，2005。
〔註12〕　梁漱溟：《梁漱溟全集》（一），356，濟南：山東人民出版社，2005。
〔註13〕　梁漱溟：《梁漱溟全集》（一），363，濟南：山東人民出版社，2005。

有權，無權的無限無權」。〔註14〕所以在中國獨裁、專制延綿久遠。中國人個性不伸展由此可見。

第三，社會性不發達。按照梁漱溟的說法，個性伸展與社會性發達是一體兩面的。「個性伸展即指社會組織的不失個性，而所謂社會性發達亦即指個性不失的社會組織。」〔註15〕因爲，「所謂組織不是併合爲一，是要雖合而不失掉自己的個性，也非是許多個合攏來，是要雖個性不失而協調若一。」〔註16〕所以個性伸展的西方人社會性也發達。比如他們極重對於社會的公德。而中國人既個性不伸展，社會性也就不發達。比如，對於公德中國人差不多不講，「所講的都是這人對那人的道德，就是私德」。〔註17〕「中國人講五倫，君臣怎樣，父子怎樣，夫婦怎樣，兄弟怎樣，朋友怎樣，都是他的生活單是這人對那人的關係，沒有什麼個人對社會大家的關係。」〔註18〕

以上三點特異的色彩又可歸結爲兩點：科學精神的缺乏和民主精神的缺乏，再考慮到梁漱溟所說的「現在的西方化所謂科學（science）和『德謨克拉西』之二物，是無論世界上哪一地方人皆不能自外的」，〔註19〕可以看出，所謂中國文化的這些異彩同時也是中國文化的缺陷，也就是說中國文化缺乏某些現代性要素。

但這並不意味著中國文化不能成爲現代的文化。根據文化是生活的樣法，而生活樣法的根源在於意欲，以及人類在生活中不可避免地要遇到人對物的問題、人對人的問題、人對自己的問題，梁漱溟將世界文化劃分爲依次遞進的三種類型：意欲向前著力於人對物的問題的西方文化、意欲自爲、調和、持中著力於人與人的問題的中國文化、意欲反身向後著力於人對自己的問題的印度文化。對於三種文化的演進關係，他講道，「人類文化之初，都不能不走第一條路」，但「第一路走到今日，病痛百出，今世人都想抛棄他，而走這第二路」，「而最近未來文化之興，實足以引進了第三問題，所以中國化復興之後將繼之以印度化復興。於是古文明之希臘、中國、印度三派竟於三期間次第重現一遭」。〔註20〕這樣，中國文化成爲具有普遍性價值的現代文化

〔註14〕 梁漱溟：《梁漱溟全集》（一），364，濟南：山東人民出版社，2005。
〔註15〕 梁漱溟：《梁漱溟全集》（一），367，濟南：山東人民出版社，2005。
〔註16〕 梁漱溟：《梁漱溟全集》（一），367，濟南：山東人民出版社，2005。
〔註17〕 梁漱溟：《梁漱溟全集》（一），369，濟南：山東人民出版社，2005。
〔註18〕 梁漱溟：《梁漱溟全集》（一），369，濟南：山東人民出版社，2005。
〔註19〕 梁漱溟：《梁漱溟全集》（一），338，濟南：山東人民出版社，2005。
〔註20〕 梁漱溟：《梁漱溟全集》（一），526～527，濟南：山東人民出版社，2005。

乃是必然的了。

　　當然，梁漱溟又注意到，中國文化早熟，要成爲具有普遍性價值的現代文化就須補課。爲此他提出了一個宏觀的文化方案：「第一，要排斥印度的態度，絲毫不能容留；第二，對於西方文化是全盤承受，而根本改過，就是對其態度要改一改；第三，批評的把中國原來態度重新拿出來。」〔註21〕

　　對西方文化全盤承受意味著接納科學與民主，但要以中國文化爲根基；而以中國文化爲根基不是無條件地沿襲中國文化，而是批判地保留。這基本是試圖兩全其美的中體西用的套路。〔註22〕循著梁漱溟的思路，我們大致可以作這樣較爲具體的理解：中國文化以解決人對人的問題爲要，屬於倫理——道德型文化，其優勢在於凸顯了人際交互主體性和持守了人的類本質道德精神，其突出的問題在於輕忽物欲和作爲個體的自我的萎縮；西方文化以解決人對物的問題爲要，屬於欲望——工具型文化，其優勢在於能較爲充分地發展工具和改善人的物質性生存境遇，其突出的問題在於物化嚴重和作爲個體或類的自我的膨脹；因而以批判後的中國文化爲根基吸納西方的科學和民主就是以健全的倫理道德精神駕馭作爲工具的科學和民主。這頗類於康德的主張：人始終是目的，實踐理性高於理論理性。

　　那麼在本文的論域內，梁漱溟對於中西文化的診斷，以及基於這一診斷而對世界最近未來文化的展望和設計，就爲他的中國式民主的建構奠定了文化價值的根基。這即是說，既然世界最近未來文化是中國文化，因而特殊的中國文化具有普遍性價值，那麼根據政治的根本在文化，未來的民主也必定是中國式民主，作爲如此的民主也必定具有普遍性價值。

二、中國式民主的根據之二：中國社會的特殊結構

　　如果說在《東西文化及其哲學》中，梁漱溟還主要是從文化精神的角度對中西文化進行診斷、抉擇，而肯定了中國式民主是必然的和具有普遍性價

〔註21〕梁漱溟：《梁漱溟全集》（一），528，濟南：山東人民出版社，2005。

〔註22〕郭齊勇等認爲，簡單地將梁漱溟的思想歸納到「中體西用」這個模式裏是不全面的，以立足於「西體中用」和「中體西用」這二者之間的「以中國文化爲本位」的「中西互爲體用說」定位其思想，更符合梁漱溟本人一貫的追求「對」的理性精神。（參閱郭齊勇：《梁漱溟哲學思想》，150，武漢：湖北人民出版社，1996）但本文認爲，從實踐理性高於理論理性的角度看，中國文化中的倫理道德的眞精神當就是「體」，而我們欲接引的近代西方作爲工具的科學和民主當就是「用」，因而說梁漱溟的思路基本是「中體西用」的套路也是符合其思想實情的。

值，那麼在以後的著作如《鄉村建設大意》、《鄉村建設理論》、《中國文化要義》中逐步展開的關於中國文化的論述，則主要是從傳統中國社會的特殊結構著眼，以期為其統籌全域的中國社會改造為什麼必須如此這般地進行奠定根據，當然也為中國式民主建設的具體路徑奠定根據。

然而，這又涉及到另外一個問題，即社會改造的必要性何在？

在《鄉村建設大意》中，梁漱溟如此說：「中國文化有形的根就是鄉村，無形的根就是老道理。」〔註23〕「中國的老道理，不但能夠站得住；並且要從此見精彩，開出新局面，為世界人類所依舊——不過我們要注意，新局面的開出，是從老道理的真精神裏開出來的。」〔註24〕「最近的破壞，已經破壞到中國文化的根；既已破壞到根，所以新文化的開創，亦非從頭另來不可，亦非從老根上再轉變出一個新局面來不可——以鄉村為根，以老道理為根，另開創出一個新文化來。無論是政治、經濟……什麼組織構造，通統以鄉村為根，以老道理為根。從此開出新道路，救活老民族。『開出新道路，救活老民族。』這便叫做『鄉村建設。』」〔註25〕

而在《鄉村建設理論》梁漱溟又說：「中國問題並不是什麼旁的問題，就是文化失調；——極嚴重的文化失調，其表現出來的就是社會構造的崩潰，政治上的無辦法。」〔註26〕「政治問題實為總關鍵。撇開政治問題，而談建設，求進步（經濟建設、國防建設，乃至任何建設），無非瞎撞。認得政治問題實為一切先決問題者，比較進了一步。而不知此政治問題繫於整個社會構造問題；撇開整個社會構造問題去想辦法，完全是無根的，不但不能應急，恐怕更耽誤事。」〔註27〕

「中國歷史到今日要有一大轉變，社會要有一大改造，正須以奔赴遠大理想來解決眼前問題抑今日實到了人類歷史的一大轉變期，社會改造沒有那一國能逃。外於世界問題而解決中國問題，外於根本問題而解決眼前問題，皆不可能。鄉村建設運動如果不在重建中國新社會構造上有其意義，即等於毫無意義！」〔註28〕

〔註23〕 梁漱溟：《梁漱溟全集》（一），613，濟南：山東人民出版社，2005。
〔註24〕 梁漱溟：《梁漱溟全集》（一），614，濟南：山東人民出版社，2005。
〔註25〕 梁漱溟：《梁漱溟全集》（一），614～615，濟南：山東人民出版社，2005。
〔註26〕 梁漱溟：《梁漱溟全集》（二），164，濟南：山東人民出版社，2005。
〔註27〕 梁漱溟：《梁漱溟全集》（二），166，濟南：山東人民出版社，2005。
〔註28〕 梁漱溟：《梁漱溟全集》（二），166，濟南：山東人民出版社，2005。

梁漱溟上述大致表達了這麼幾層意思：第一，中國文化的老根保存在鄉村社會這個有機體中，因此，當在近代西方經濟、政治、文化的壓迫下，中國的一切似乎都要破壞殆盡的時候，要重光中國文化就要以鄉村社會爲本。正所謂，禮失而求諸野。第二，從鄉村社會開出新道路以救活老民族又要以社會構造爲本，也就是改造鄉村社會結構，並在此基礎上重建作爲解決中國問題總關鍵的中國政治。第三，解決中國問題不僅要基於中國全域而抓住鄉村社會改造這個根本，而且這種改造還要有一種世界的眼光，也就是要明瞭中西文化問題所在及西方文化必然走向中國文化的大勢，因而在鄉村社會改造中自覺地以中國文化的眞精神爲根有揀擇地接引西方文化。

顯然，要實現這一基於社會改造的開出新道路以救活老民族的文化戰略，吃透中國傳統鄉村社會有形的組織結構和浸潤其間的無形的文化眞精神以及二者之間的關聯是前提，唯有在此基礎上我們才能對其進行批判性地改造，而實際打開中國文化乃至世界文化新局面。當然，也唯其如此我們才能實際地建設中國式民主。

於是，梁漱溟著手研判中國傳統鄉村社會。他斷定：「假如我們說西洋近代社會爲個人本位的社會、階級對立的社會；那麼，中國舊社會可說爲倫理本位、職業分立。」〔註 29〕梁漱溟對中國社會特點的這一歸約固然不大合於馬克思主義的唯物史觀，但從長時段歷史視野看確乎是慧眼獨具。

所謂中國舊社會是倫理本位的社會是說，在舊中國，人們將始源於家族的如父母、兄弟、姊妹、夫婦、子女、宗親等等倫理關係推擴至其他種種社會關係之中，即以倫理來組織一切社會關係，大凡經濟、政治、社會諸領域，莫不如此。或如梁漱溟所說，「取義於家庭之結構，以製作社會之結構」。〔註 30〕而倫理落實到日常生活中就是具體的禮俗，它「便是後二千年中國文化的骨幹，它規定了中國社會的組織結構，大體上一直沒變」。〔註 31〕

那麼，貫注浸潤在這無形的倫理精神和以之爲內核的有形的禮俗設施中的便是梁漱溟所謂的「理性」。關於其所獨標的「理性」的內涵，綜合他隨著討論的問題的轉換而隨機作出的各種解釋，大體可以這樣把握：理性既指生活眞理自身，也指尋求生活眞理的能力；〔註 32〕作爲生活眞理自身，其核心

〔註 29〕 梁漱溟：《梁漱溟全集》（二），166，濟南：山東人民出版社，2005。
〔註 30〕 梁漱溟：《梁漱溟全集》（三），91，濟南：山東人民出版社，2005。
〔註 31〕 梁漱溟：《梁漱溟全集》（三），119，濟南：山東人民出版社，2005。
〔註 32〕 郭齊勇：《梁漱溟哲學思想》，111，武漢：湖北人民出版社，1996。

內容就是儒家的倫理情誼和人生向上；作爲尋求生活眞理的能力，它指通達、開明、和平的心理素質。

以此，梁漱溟又有如下一番話：「日本學者五來欣造說：在儒家，我們可以看見理性的勝利。儒家所尊崇的不是天，不是神，不是君主，不是國家權力，並且亦不是多數人民。只有將這一些（天、神、君、國、多數），當作理性之一個代名詞用時，儒家才尊崇它。這話是不錯的。儒家假如亦有其主義的話，推想應當就是『理性至上主義』。就在儒家領導之下，二千多年間，中國人養成一種社會風尙，或民族精神，除最近數十年浸浸漸滅，今已不易得見外，過去中國人的生存，及其民族生命之開拓，胥賴於此。這種精神，分析言之，約有兩點：一爲向上之心強，一爲相與之情厚。」〔註33〕

總之，中國傳統社會是以理性作爲其根本精神的倫理本位的社會。

與倫理本位相應，中國社會結構的另一面就是職業分立（或曰職業分途）。舊中國社會之所以是職業分途的社會原因在於無對立的階級。爲講明這一點，梁漱溟指出：「從寬泛說，人間貴賤貧富萬般不齊，未嘗不可都叫作階級。但階級之爲階級，要當於經濟政治之對立爭衡的形勢求之。」〔註34〕以此，他對決定作爲農業社會的中國有沒有階級的關鍵即土地分配問題進行了考察後發現：「第一、土地自由買賣，人人得而有之。第二、土地集中壟斷之情形不著；一般估計，有土地的人頗占多數。」〔註35〕而正是這種土地分配狀況，加之工商業對於農業的依附，導致中國不能出現這樣一種剝削性的對立爭衡的經濟關係，即「生產工具與生產工作分家，佔有工具之一部分人不工作，擔任工作之一部分人不能自有其工具」。〔註36〕故此梁漱溟總結道，「秦漢以來之中國，單純從經濟上看去，其農工生產都不會演出對立之階級來。」〔註37〕

然則政治上的情形又如何呢？

從爲政的官僚階層看，「戰國而後，自中央到地方，一切當政臨民者都是官吏。官吏之所大不同於貴族者，即他不再是爲他自己而行統治了。他誠然享有統治之權位，但既非世襲，亦非終身，只不過居於一短時之代理人地位。」

〔註33〕 梁漱溟：《梁漱溟全集》（三），132～133，濟南：山東人民出版社，2005。
〔註34〕 梁漱溟：《梁漱溟全集》（三），139，濟南：山東人民出版社，2005。
〔註35〕 梁漱溟：《梁漱溟全集》（三），146，濟南：山東人民出版社，2005。
〔註36〕 梁漱溟：《梁漱溟全集》（三），140，濟南：山東人民出版社，2005。
〔註37〕 梁漱溟：《梁漱溟全集》（三），151，濟南：山東人民出版社，2005。

〔註38〕官吏不爲自己而行統治，故不會與被統治者對立。況且「統治被統治常有時而易位，更何從而有統治被統治兩階級之對立？」〔註39〕

再從作爲社會成員主體的四民的關係看，士與農不隔，士與工商亦不隔。「士、農、工、商之四民，原爲組成此廣大社會之不同職業。彼此相需，彼此配合。」〔註40〕

最後，由於前述情形，「君臨於四民之上的中國皇帝，卻當眞成了『孤家寡人』，與歐洲封建社會大小領主共成一統治階級，以臨於其所屬農民者，形勢大不同。」〔註41〕這表現爲：第一，雖有宗親與之其同利害共命運，但爲數極少，且這些宗親只在中央握權，沒有土地人民，無眞正的實力；第二，與之共同治理的官吏作爲代理者不會與皇帝同利害共命運；第三，官吏多出自士人，心裏觀念和實際利害與四民相近或相同，因而大致與眾人站在一邊；第四，固然官吏要忠於其君，但正因爲如此，他卻要愛民如子和直言極諫，因而要從大局上說話。

由於上述原因，政治上兩階級及其對立爭衡的情勢也不存在了。

所以舊中國社會是職業分途的社會。

基於前述，梁漱溟進一步指出，倫理本位與職業分途不單單是舊中國社會結構這一體的兩面，還交相爲用。從職業分途影響倫理本位來看，一方面因爲職業分途，經營規模小，促使人們相依爲命共同奮鬥，因而倫理關係天然地得到鞏固；另一方面職業分途之四民各求前途，沉浮不定，由是有家門盛衰觀念，或追念祖先，或望子成龍，或兄弟相勉，使人更篤於倫理而勤其業。從倫理本位影響職業分途來看，因爲以倫理爲本位，財產視其大小隱然若爲倫理關係親疏遠近者共享，從而免除經濟集中之可能而有助於職業分途，更且由此政治上的壟斷也不成，而政治上的不壟斷又反過來減免經濟上的壟斷，從而職業分途得以穩固。

舊中國社會無階級，因而形成一特殊的社會結構即倫理本位和職業分途，從而不像一個國家，也就是說在舊中國，「國家消融在社會裏，社會與國家相渾融」。〔註42〕那麼作爲如此，其特殊的治世之道具體而言又是什麼樣的

〔註38〕 梁漱溟：《梁漱溟全集》（三），151～152，濟南：山東人民出版社，2005。
〔註39〕 梁漱溟：《梁漱溟全集》（三），152，濟南：山東人民出版社，2005。
〔註40〕 梁漱溟：《梁漱溟全集》（三），153，濟南：山東人民出版社，2005。
〔註41〕 梁漱溟：《梁漱溟全集》（三），153，濟南：山東人民出版社，2005。
〔註42〕 梁漱溟：《梁漱溟全集》（三），163，濟南：山東人民出版社，2005。

呢？梁漱溟說：「從來中國社會秩序所賴以維持者，不在武力統治而寧在教化；不在國家法律而寧在社會禮俗。質言之，不在他力而寧在自力。貫乎其中者，蓋有一種自反的精神，或曰向裏用力的人生。」〔註43〕其中教化、禮俗、自力三者一以理性爲其內容。而理性得以表現其活力於社會中間以盡其維持之功則倚靠士人。作爲四民之首，「士人不事生產，卻於社會有其絕大功用；便是他代表理性，主持教化，維持秩序；夫然後，若農、若工、若商始得安其居，樂其業」。〔註44〕

至此，梁漱溟基於老根上發新芽的思路而對傳統中國社會結構所作的剖析，就爲他如此這般的社會改造方略給出了一個前提性的說明。就本文論域而言，它則爲梁漱溟的中國式民主奠定了社會結構的根基，因爲中國式民主之爲中國式民主，中國式民主要有生命力，就不能是對近代以來的西方民主的簡單移植，而是要依託中國固有的社會結構土壤生長出來。

三、中國式民主的根據之三：淵源有自的普遍人性

講明了中國文化的普遍價值和中國社會的特殊結構，梁漱溟的中國式民主的合法性似乎就得到了完全的說明。其實不然。依梁漱溟的觀點，文化就是一民族的活法，因而說建基於其特殊的社會結構的特殊的中國文化具有普遍價值，就等於說中國人的這種特殊的活法具有普遍價值。換句話說，歷史發展到今天，是人就必須如中國人這般地活著。於是問題就來了：爲什麼只要是人就須這般地生活？這是一個關乎人性的至爲根本的問題。講明了這個問題，中國文化作爲世界文化的合法性和梁漱溟如此這般的社會改造方略的合法性就都將得到根本的闡明，同時作爲其有機組成部分的中國式民主的合法性亦將得到根本的闡明。

於是，按其理想要必歸合乎事實的原則，本著先從人生（人類生活）言說人心，復從人心談論人生（人生問題）的思路，梁漱溟展開了對人性必如是、人生必如是的系統論說。

梁漱溟認爲，人心是宇宙生命的最大透露。〔註45〕

所謂的宇宙生命是指宇宙中一切物質永無休止的運動、變化和發展的過程。在這裡，梁漱溟將原本只是標誌著有機生物發生、發展及消亡過程的生

〔註43〕 梁漱溟：《梁漱溟全集》（二），179，濟南：山東人民出版社，2005。
〔註44〕 梁漱溟：《梁漱溟全集》（二），185，濟南：山東人民出版社，2005。
〔註45〕 梁漱溟：《梁漱溟全集》（三），645，濟南：山東人民出版社，2005。

命的範疇推廣到整個宇宙，用以標示宇宙萬有運動的普遍特性。正因爲如此，梁漱溟又有「宇宙大生命」一說。他說：「說宇宙大生命者，是說生命通乎宇宙萬有而爲一體也。」〔註46〕不可否認，這有其現代科學的依據，但更是對柏格森生命哲學的消化和吸收。〔註47〕那麼，宇宙生命如何可能呢？其本性又是怎樣的呢？梁漱溟融合進化論和馬克思主義理論指出：宇宙從無機物發展出有機物，又由一般生物發展出動物，由動物而人類，總在發展變化著；發展變化起於內在矛盾的，經由量變而達質變，從而分出由低到高的許多階段；階段大小不等，而涵小於大，區別則從量到質，通而不同；宇宙愈是往後發展愈是迅速，前後懸絕不可同語，既見有高低階段，又且有流派分支；人類社會發展史自古至今有其階段性，而各方各族的文化各各歧異，皆主要由於各自內在矛盾不同，加以其環境遭際的互有不同。簡言之，宇宙大生命的可能性在於宇宙萬有的內在矛盾。由此，宇宙大生命的本性一面是「莫知其所以然的無止境的向上奮進，不斷翻新」，〔註48〕另一面則是通乎萬有而爲一體，即無對。

所謂人心「是總括著人類生命之全部活動能力而說。」〔註49〕這就是說，人心不是一實體性的東西，而是一活動能力，因而離開人的語嘿動靜等一切生活則無以表現。

作爲如此，人心包括三個方面，即本能、理智和理性。其中，本能就是一切生物圍繞解決個體生存和種族蕃衍等兩大問題而預先配備並與動物與生俱來的種種方法手段。理智則是一種反乎本能的東西，「指離開具體事物而起之分別區劃計算推理等作用以爲言」。〔註50〕理性就是從動物式本能中解放出

〔註46〕梁漱溟：《梁漱溟全集》（三），582，濟南：山東人民出版社，2005。
〔註47〕柏格森將宇宙的生成狀態稱之爲「生命之流」。這一綿延不斷的生命之流，順著順行和逆行兩個方向運動。順行之時，生命之流凝縮而產生出有機生物；逆行之時，生命之流弛墮而產生出無機物。有機物和無機物，有生命的和無生命的，都是生命創造進化的派生物。作爲生命創造進化的動力的是「生命衝動」。它類似於古代哲學中的「世界靈魂」，但又不是那種人格化的創世主。對此柏格森講道，「神並沒有創造任何事物，神只是一個永不止息的生命力，是行動和自由。可見創造並不神秘。」（《創造進化論》，王珍麗、余習廣譯，196，長沙：湖南人民出版社，1989）可以看出，柏格森的思想頗有泛神論的傾向。梁漱溟對馬克思主義矛盾論的吸收則抹去了其泛神論色彩，但依然保留著中國傳統思想對於宇宙的詩性理解。
〔註48〕梁漱溟：《梁漱溟全集》（三），555，濟南：山東人民出版社，2005。
〔註49〕梁漱溟：《梁漱溟全集》（三），547，濟南：山東人民出版社，2005。
〔註50〕梁漱溟：《梁漱溟全集》（二），570，濟南：山東人民出版社，2005。

來的情感與意志即無私的感情。在這三者之中，本能原本是人類和其他動物所共有的用以維持生存的能力；但隨著大腦的日漸發達，人類理智大啓，其本能則大大沖淡、鬆弛、削弱，日益貧乏，而主要依靠後天的模仿練習以養成其生活能力；更且由於理智的發展，人類生命從本能中解放出來而豁然開朗，直通向宇宙大生命的渾全無對，其生命活動則不斷地向上爭取靈活、自由，而非出於有所爲，而原先伴隨本能並依乎利害得失的感情，則因理智欲得盡其用必至於無所爲的冷靜，乃轉化爲無私的感情即理性；最終理性成爲人心之體，而理智則爲人心之用。

進而受毛澤東思想的啓發，梁漱溟認爲，作爲這樣的人心，它具有三個方面的特徵，即主動性、靈活性和計劃性。

所謂主動性，「即生命所本有的生動活潑有力耳」。〔註51〕人心的主動性則是這種生命本有的主動性的發展擴大，體現爲努力、爭取、運用，總是後力加於前力，新新不已。梁漱溟還對於人心的這種主動性進行了一種發生學上的追溯，這就是，「人心非他，即從原始生物所萌露之一點生命現象，經過難計其數的年代不斷地發展，卒乃有此一偉大展現而已」。〔註52〕

所謂靈活性，「就是生命不受制於物而恒制勝乎物的表現」。〔註53〕這種靈活性在生物界過去的進化不已上已得到了充分的表現。但梁漱溟又指出，「生物進化不可遏的大勢如過去之所見者，卻非所語於今天的生物界。在過去的進化途程中，其向靈活前進之度，各物種高下相差，等級甚多；但它們今天一一止於其所進之度了。宇宙間代表此生命本性尚在前進未已者唯有人類耳。其他生物一般都落於其各自生活的刻板文章中，恍如機械在旋轉著，殆無復靈活性之可言。」〔註54〕同樣，對於人類生命何以獨保有其靈活性梁漱溟也進行了發生學上的追溯。首先就過去生物界不斷趨向靈活性而言，生物機體爲維持生存而在內部進行著各種各樣的分工及整合，由之，生物的形體構造、生活機能就不斷地由簡單趨向繁複，而靈活就出在這繁複發展的分合之上。其次就人類獨保有其靈活性而言，人類擁有特別發達的大腦皮質，因而能直接或間接地控制全身各部分機構，其中尤爲重要的是大腦皮質的主動性內抑制作用，正是它使得人類的行爲更多的是出自計劃而非本能。

〔註51〕 梁漱溟：《梁漱溟全集》（三），554，濟南：山東人民出版社，2005。
〔註52〕 梁漱溟：《梁漱溟全集》（三），551，濟南：山東人民出版社，2005。
〔註53〕 梁漱溟：《梁漱溟全集》（三），556，濟南：山東人民出版社，2005。
〔註54〕 梁漱溟：《梁漱溟全集》（三），557，濟南：山東人民出版社，2005。

但梁漱溟又強調，「人心要緣人身乃得見，是必然的；但從人身上得有人心充分表見出來，卻只是可能而非必然。」〔註55〕即是說，人作爲生物機體，其高度發達的功能只是爲人心的靈活性開出了機會，人心之靈活性的眞正實現還有賴於其他後天條件。並且，「在機體構造上愈爲高度靈活作預備，其表見靈活也，固然愈有可能達於高度；然其卒落於不夠靈活的分數，在事實上乃且愈多。此以其空出來的高下伸縮之差愈大故也。」〔註56〕正由於此，儒家才說「唯聖人然後可以踐形」。總之，靈活是有待爭取的，因爲人心不是現成可以坐享的。

所謂計劃性是指人們在行事之前就其所要解決的問題當中的那些對象先從觀念上進行籌措以設定一合適的行動方案的能力及其表現。人心之有計劃性在於人「能以外在事物（自身亦其一）攝入心中，通過思維，構成觀念和概念，從而離開其事物猶得據有其相當的代表，而隨時聯想運用之」，〔註57〕即人有構成知識的能力。正是這種構成知識的能力把人的行爲的計劃性與其他生物的行爲的計劃性從根本上區分開了，即其他生物的計劃是出自種族遺傳的本能，而人的計劃則是出自人的有意識。

至此，我們可以看出，相比於主動性和靈活性，計劃性似乎更能表現人之心的特點。那麼我們可否以此說計劃性是人心的基本特徵呢？梁漱溟認爲這未嘗不可，但還沒有觸及根本。在他看來，一計劃之能設定是以相應的知識爲前提的，而知識非靜以觀物無由得成；又當人根據知識以思索設計之時，非頭腦冷靜不可。這即是說計劃性乃是出於人心之能靜。而人心又何以能靜呢？梁漱溟認爲，這是由於生物進化而分出脊椎動物與非脊椎動物，從而出現理智生活的結果。具體說來就是，理智具有反乎本能的傾向，因而與和人類個體生存及種族蕃衍問題相關的事物的關係漸漸鬆弛，乃至最後脫離開來。這樣，理智或關注於此，或關注於彼，對於任何事物均可發生興趣或不生任何興趣。興趣不生即此心之能靜。於此，我們似乎可以說人心的基本特徵就是由理智所致之能靜。梁漱溟肯定了這一點，但又認爲與其說能靜是人心的特點，不如說自覺是人心的特點更好。爲何如此呢？爲此我們首先要明確什麼是自覺。梁漱溟對於自覺並沒有給出一個明確的定義，但他說，「自覺

〔註55〕梁漱溟：《梁漱溟全集》（三），563，濟南：山東人民出版社，2005。
〔註56〕梁漱溟：《梁漱溟全集》（三），563，濟南：山東人民出版社，2005。
〔註57〕梁漱溟：《梁漱溟全集》（三），566，濟南：山東人民出版社，2005。

是隨在人心任何一點活動中莫不同時而具有的，不過其或明強，或暗弱，或隱沒，或顯出，殊不一定耳。例如：人在聽到什麼聲音時，他不唯聽到了而已，隨即同時還自知其聽到什麼聲音；人在自己說話的同時，還自知其在說什麼話。甚至一念微動，外人不及知而自己知之甚明。不唯自知其動念而已，抑且自知其自己之知之也。」〔註 58〕可見，自覺就是心對於自身的覺察。在此基礎上，梁漱溟認爲，以自覺而不是以能靜作爲人心的基本特點，其理由就在於：首先，自覺與心靜是分不開的——必有自覺於衷，方可謂之心靜，而唯有心靜，方有自覺於衷，但較之徒言心靜，自覺於知識及計劃之關係更顯明；〔註 59〕其次，自覺性實際是可以涵括主動性、靈活性和計劃性的，或者說主動性、靈活性和計劃性就是自覺性內涵的分析。

　　既然人心的基本特點就是自覺，那麼，對於人而言，自覺的意義何在呢？首先，人類「任何成就莫非人心自覺之力」；〔註 60〕其次然而更重要的是，自覺是人類突破兩大問題而發展出的無私的感情即理性之所寄，而這種感情又正是人類偉大之所在。

　　總之，憑藉其自覺之心，人類生命與現存其他物類根本不同。要而言之，即當「現存物類陷入本能生活中，整個生命淪爲兩大問題的一種方法手段，一種機械工具，浸失其生命本性，與宇宙大生命不免有隔」，〔註 61〕而人類由於其自覺之心，上承生物進化以來之形勢，而不拘拘於兩大問題，得以繼續發揚宇宙生命本性，至今奮進未已，巍然爲宇宙大生命之頂峰。

　　這也就是說，作爲一類存在物，人的本性就是宇宙生命的本性，就是向上奮進和通而無對，而這正是理性。

　　於是，中國文化在最近的未來成爲世界文化的合法性就在於其所體現的根本精神就是普遍的人性即理性，梁漱溟以傳統社會結構爲參照的社會改造方略的合法性就在於它最扣合這種普遍的人性。由是，梁漱溟的中國式民主的普遍人性的根基得以奠定，即是說，引領中國式民主前行的根本法則是普遍的人性理性。

〔註 58〕　梁漱溟：《梁漱溟全集》（三），587，濟南：山東人民出版社，2005。
〔註 59〕　梁漱溟：《梁漱溟全集》（三），587，濟南：山東人民出版社，2005。
〔註 60〕　梁漱溟：《梁漱溟全集》（三），589，濟南：山東人民出版社，2005。
〔註 61〕　梁漱溟：《梁漱溟全集》（三），581～582，濟南：山東人民出版社，2005。

餘　論

梁漱溟以中國文化的普遍價值、中國社會的特殊結構和源於宇宙的普遍人性作爲中國式民主的三重根據，實際上就是告訴我們：建設中國式民主要以對中國文化的主體性的堅持爲前提；具體建構中國式民主要尊重中國自身的傳統；中國式民主要有一個終極依據，這一依據不是近代西方所謂的自由，而是發達於中國文化的理性。

今天看來，梁漱溟的某些具體觀點或許是可以商榷的，但不論其是其非，對於我們的民主政治建設依然不乏教益，或至少在一定程度上可以給我們以某種提醒。這包括：

第一，堅持中國文化的主體性才可能有中國特色的民主政治。這是說，一方面不盲從強勢的西方文化，而是堅信中國文化自有其不可磨滅的眞精神、眞價值，並以此作爲國人安身立命的大本大源；另一方面對於其他民族文化包括近代以來強勢的西方文化不是視爲威脅而絕對排斥，而是正面迎接並積極而有揀擇地吸收其精華，爲我所用。這樣，才有與時俱進的中國文化，進而有與時俱進的中國特色的民主政治，當然也才有作爲其中一環的中國特色的人民政協協商民主。

第二，尊重中國自身的傳統中國特色的民主政治才能眞正紮根。文化價值的實現是要以一定的社會生活的安排爲依託的，因而中國文化的主體性的堅持就落實爲對於傳統的中國社會生活安排樣式的尊重、繼承和發揚、創新上，捨此中國文化的主體性將是虛妄無根的。因而就民主政治的建設而言，就是要充分研究傳統中國社會生活中的一些帶有民主因素的制度性安排或習慣性做法，然後因應形勢沿著民主的方向對之加以形式上的改良和功能上的轉換、創新，從而形成有根的中國特色的現代民主政治設施。更具體地就人民政協協商民主的建設來講，傳統中國社會可資利用的資源更加豐富，因爲如梁漱溟所言，中國人好講理，不但民間講的就是一個理，朝堂之上也講理，而講理就跟協商民主有相當的契合性。

第三，始終堅持歷史唯物論，同時堅持理性的範導，中國特色的民主政治才能運祚長久。近代以來的西方以自由爲其民主的根本原則，梁漱溟則以中國文化的根本精神即理性爲其中國式民主的根本原則。二者都是以抽象的人性論爲根據的，而一般認爲，抽象的人性論脫離具體的歷史環境而認定普遍不變的人性，是非科學的。比如，在歷史唯物論看來，人是現實的、可以

通過經驗觀察到的、處在發展過程中的人，在其現實性上人是一切社會關係的總和，因而，「人們創造自己的歷史，但他們並不是隨心所欲地創造，並不是在他們自己選定的條件下創造，而是在直接碰到的、既定的、從過去承繼下來的條件下創造。」〔註1〕這一歷史觀深刻闡明了人的現實本性，以及人之繼承歷史和創造歷史的關係——繼承中創造，創造中繼承，是科學的，應當作爲我們社會實踐的指南。實際上，不論是堅持中國文化的主體性，還是尊重中國自身的傳統，無非都是說建設中國特色的民主政治不能割斷中國歷史，但不割斷歷史不等於因襲歷史，而是憑著人的主觀能動性，以已有的歷史爲前提，創造新歷史。

但這並不否認抽象的、非科學的人性論如梁漱溟提出的「理性」的恒常價值。比如，就人民政協制度與協商民主理論在價值訴求上的契合性，有研究者認爲它主要體現爲：二者都強調包容性；二者都將滿足公共利益作爲最高的政治訴求；二者都承認利益相關者參與決策過程的權利；二者都認爲協商過程即是利益主體相互討論、彼此妥協的過程；二者都比較看重通過制度設計來制約政治權利的膨脹。〔註2〕我們會發現，其中前四個方面的契合正可以說是基於梁漱溟所說的「理性」，這在於：理性的基本內涵是奮發向上和通乎一體而無對；「無對」落實到倫常之中就是「以對方爲重」；「以對方爲重」既不同於主體性，也不同於「交互主體性」，而是強調「他者」優先，它不僅突出了對他者的承認，也強調了對他者的情誼、義務和尊重，並且這種尊重不是交換意義上的，而是「不計自己」「犧牲自己」「彷彿沒有自己」地「以對方爲重」；顯然，這對於注重包容、承認、妥協和公共利益的協商民主具有重要意義，或者說它可以作爲協商民主的價值根基。

因而，具體到人民政協協商民主的建設，我們一方面要堅持以科學的歷史唯物論作指導，以此釐定其價值訴求、基本任務和組織形式等，另一方面也要堅持梁漱溟所說的「理性」的範導。這樣，包括人民政協協商民主在內的中國特色的民主政治才能真正地有本有源，與時俱進，運作長久。

〔註1〕《馬克思恩格斯選集》（一），55，北京：人民出版社，1995。
〔註2〕李允熙：《從政治協商走向協商民主——中國人民政協制度的改革與發展研究》，108～111，北京：社會科學文獻出版社，2012。

後　記

　　這部書稿是以我八年前同名的博士論文為基礎修訂而成，能這樣說起來也是個緣分。2010 年底從湖北大學畢業取得博士學位後，除了兩次為了湖北省哲學史學會年會而圍繞梁漱溟寫了兩篇論文之外，我很少回到梁漱溟思想研究這個主題上來，而是向西走，硬著頭皮啃康德和海德格爾的著作，讀《聖經》，最近兩年又開始往文學漂移，從去年起我就潛心翻譯和解讀了一些英國宗教詩人 Ronald Stuart Thomas（1913-2000）的詩歌，並有心在餘生翻譯和解讀他的大部分詩歌，今年再度自學德語，翻譯和解讀奧地利詩人 Rainer Maria Rilke（1875-1926）的詩歌，更奢望有一天能閱讀康德、海德格爾等德國思想家的德文原著。我似乎離梁漱溟越來越遠了，甚至離中國思想越來越遠了，要成為思想的遊魂了。

　　但是，去年十一月中旬的某一天，我接到我的博士導師何曉明教授先生的一個電話，這一切改變了，或者準確地說，由於這個電話我的生命和思想開始走上一個更加清晰的軌道。何老師的電話很簡短，很溫暖，他告訴我他把我的博士論文推薦給了臺灣花木蘭文化事業有限公司，並告知我相關的聯繫方式，然後我就和花木蘭文化事業有限公司北京辦公室的楊嘉樂老師聯繫上了，再後來就有了這本今天仍讓我心懷忐忑的書稿。那麼，就在當初拿出並隨意翻閱我那塵封已久的博士論文的時候，我被感動了，被論文字裏行間的激情感動了，被自己在那個艱難歲月中的激情感動了。就是在那一刻，我突然意識到，我並沒有離開梁漱溟，因為無論是在中西之間游蕩，還是在文學和哲學之間漂移，盤桓在我心頭的始終是關於人怎麼活的問題，而這正是梁漱溟思考一生並努力用自己的生命去親證的問題。我一下子被照亮了，原

來我一直都沒有離開自己生命的原點，正如梁漱溟也一直沒有離開他生命的原點。「驀然回首，那人卻在燈火闌珊處」，這怎能不令人唏噓。

夜已深。當在電腦上敲完最後一個字符，我不禁長舒一口氣——不管這部書稿最終的命運如何，我總算對八年前的努力有了一個交代，並且，以此為契機，我的生命踐行和人生之思也將開啓新的篇章。

這是個緣分，而緣分起於緣因，所以要深深地感謝。

感謝我的家人這麼多年來對我無條件地支持，儘管曾經那麼艱難，儘管我並沒有取得什麼成績。

感謝湖北大學中國思想文化史研究所的所有導師的培養。

感謝我的博士導師何曉明教授先生的悉心指導和提攜。

感謝花木蘭文化事業有限公司對本書稿的惠納和審閱。

感謝花木蘭文化事業有限公司的職員楊嘉樂老師細心周到的服務。

緣因很多，要感謝的人也還有很多，不能一一道來，恕我一併感謝。

黃造煌

2018 年 9 月 26 日